JN033530

黒人と白人の世界史

「人種」はいかにつくられてきたか

世界人権問題叢書 104

オレリア・ミシェル 著
児玉しおり 訳
中村隆之 解説

明石書店

Aurélia MICHEL :
"UN MONDE EN NÈGRE ET BLANC.
Enquête historique sur l'ordre racial"
© Éditions du Seuil, 2020
This book is published in Japan by arrangement with Éditions du Seuil,
through le Bureau des Copyrights Français, Tokyo.

私のものを見る視点は、疑いなく私自身の歴史によってつくられている。そして、おそらく歴史に蔑まれた人のみが歴史に疑問を呈するに至るのだろう。逆に、歴史におだてられていると感じる人たちは（彼らによって歴史は書かれているのだから、実際そうなのだが）彼らの歴史の囚人である。ピンでとめられた蝶のように、自分たちのあるがままの姿を見ることができず、自分たちや世界について何も変えることができないのだ。

ジェームズ・ボールドウィン

「白人の罪悪感（La culpabilité de l'homme blanc）」
一九六五年八月、『エボニー』誌掲載、エレーヌ・ボラッツ訳
『台風の目への帰還（Retour dans l'œil du cyclone）』所収
二〇一五年、パリ、クリスチャン・ブルゴワ刊、一一七頁

凡例

・原文の（）は、原則として（）とした。
・原文の《》は、「」で表記した。ほか、学術用語や日本語ではなじみのない言葉に訳者が「」または〈〉を補足した。
・原文のイタリックは、原則として〃のなかに入れた。
・わかりにくい言葉などを［］で訳注として補足した。
・原文の l'Amérique, les Amériques は、南北のアメリカ大陸およびカリブ海、メキシコ湾の島々全体、あるいはその中の諸地域を示すものとして訳語を「アメリカ」とし、「アメリカ合衆国」（les États-Unis）と区別した。
・原文の nègre は、訳語を「ニグロ」とし、noir / black を「黒人」とした。
・原文の Indien は、アメリカ（両大陸＋島々）の先住民を指す「インディアン」とした。indigène は、ヨーロッパ植民地における現地の人々（アフリカ人、アジア人）を指す「現地民」とした。
・原文の nation は「国家」あるいは「国民」とした。
・原文の les Indes は原則として、訳語を「インディアス」とした。インディアスとは、スペイン人が発見、征服、植民したアメリカ諸地域およびフィリピン諸島の総称であるが、本書ではヨーロッパ諸国が発見、征服、植民したアメリカ諸地域を指すものとする。
・原文の les Antilles は「アンティル諸島」とした。本書では北アメリカのフロリダ半島南からベネズエラの北までのすべての島を指す（いわゆる「西インド諸島」と同義）。ただし、フランス情勢の文脈では、大アンティル諸島と小アンティル諸島のうちのフランス領の島々のみを指す場合もある。

黒人と白人の世界史——「人種」はいかにつくられてきたか——目次

第III部　白人の支配　183

序文

本書の結びといってもよいかもしれないことから始めよう。一九四七年、創設間もないユネスコに民族学、社会学、遺伝学、人類学、生物学の著名な学者たちが招集された。人種の科学的定義について裁定を下し、人種を引き合いに出すようなイデオロギーをひねりつぶすためだった。それは、ホロコーストという深い傷に対する最初の反応であるだけでなく、第二次大戦後の新たな国際機関において優位を占める植民地政策に対して、批判的立場を明らかにするものだった。学者たちによる長い調査の結果は、一九五〇年に〝人種とは何か?〟という題名の冊子の形で刊行された。豊富な図表を含む非常に啓蒙的なこの冊子の回答は、人種はまったく存在しない、あるいは大したものではない、というものだった。これにより、生物学的に根拠のない人種という概念は、どんな差別的政策も正当化するものではないこと、一九四八年に宣言され、すべての民主主義国家――たとえ植民地宗主国であっても――に批准された普遍的人権の侵害を正当化するものではないことが確定された。それどころか、人種主義（racisme）、あるいは人種を明らかな不平等の根拠にすることは、倫理的な非難の、多くの場合は法的な罰則の対象になるとされた。

つまり、人種は存在しない。ユネスコの結論は多くの人々に受け入れられ、人種主義はそれを実行する人も含めて強く非難されるようになったが、われわれの社会から人種に基づく不平等や人種主義的な暴力を一掃するには十分でないどころか、ほど遠かった。西洋全体に共通する歴史に根差した暴力や暗黙の了解の威力を測るには、あることを試してみるだけでいい。教室でも、校庭でも、テレビでも何でもいいから、公的な場で「ニグロ（nègre）」という言葉を発してみるのだ。反応は素早く、すさまじいものだろう。当初の意味から何度も変わり、完全に時代遅れの言葉になったにもかかわらずだ。比較するために、「農奴（serf）」あるいは「自由農民（vilain）」［中世の自由農民を指す。転じて下劣な人という意味もある］と言ってみるといい。これらの言葉もやはり過去の歴史構築や、トラウマ、支配、社会的蔑視に関係のある言葉だが、暴力的な負荷をもたらすことはほとんどない。奴隷とアフリカ人という言葉を長い間結びつけてきた、一六世紀から存在する換喩「ニグロ」という言葉には、強い現代性があるのだ。今でも、フランス人（白人）のなかには「ノワール（noir：黒人）」という語を避けて、より婉曲な「ブラック（*black*）」という言葉を使う人が多いのは、この暴力性の反映だ。「ブラック」という言葉は、「黒人」という言葉が想起させる現実を遠ざけるのかもしれない。ちなみに「白人」という形容も、人種主義的序列の意図を直接引き受けるのでない場合は、非常に強い攻撃性をもつ。「黒人」という言葉と同じ現実を暴露するのである。

したがって、科学的には無効であっても、政治的、社会的現実として人種は存在する。この現実は否定されると同時に完全に認知されている。これまで長い間、証言され、記述され、公共の場でも目にされてきた事実とその過程全体を理解することが、本書の主な課題なのである。

歴史家やほとんどの犠牲者が知る事実は、文学的あるいは政治的な膨大な資料体の中で告発され、数え上げられてきた。とりわけ、黒人作家のフレデリック・ダグラス、タナハシ・コーツ、W・E・B・デュボイス、エメ・セゼール、フランツ・ファノン、ジェームズ・ボールドウィンらは、奴隷制や人種主義の暴力や差別と闘い、人種主義社会における個人的経験を証言した。奴隷制時代についての小説や映画が何十と生み出され、テレビドラマ『ルーツ』（一九七七年）、より最近のものでは『ジャンゴ 繋がれざる者』（二〇一二年）、『それでも夜は明ける』（二〇一三年）[1]といった的を射た作品も制作された。こうした作品が多くの人々に与えた驚きや動揺は、われわれがどれほど過去から守られたままであったかを暴露している。

ところが、この政治的、社会的現実についての認識が大きく進歩したのは最近になってからだ。たとえばフランスではとりわけ、学校の歴史の学習指導要領に大西洋地域の奴隷制や奴隷貿易についての教育を導入するよう義務づける二〇〇一年のトビラ法のもとで実践された。もちろん、そうした法律の成果は、それを実行に移す教師の意欲と能力にいまだに頼っている。言うまでもなく、その指導要領の実践は教師によってまちまちだが、今の若い大人の世代は、世界のどこかで過去に酷い人間のドラマがあったことをよりよく教育され、認識しているといえるだろう。

こうした教育は、奴隷制がヨーロッパの近代化、とりわけフランスの近代化の要だったことを理解する機会になるはずだ。なぜなら、フランスは奴隷制と植民地制度をおそらく最も高度に強力に推進した国だからだ。しかしながら、その歴史と現代との関連、人種主義の現実との関連づけはいまだに十分になされていない。おそらく、それらの暴力を語るには差し障りがある、もっといえば不可能なためだろう。事実を前にして、たとえば奴隷制の歴史を周縁の歴史、被害者の歴史、記憶の回復さらには痛悔の歴史にしてしまうような反復の自衛メカニズムもあるかもしれない。しかし、現在われわれが生きるグローバル化した産業経済の基礎となった大西洋資本主義の発展——そこで奴隷制と植民地制度が大きな役割を果たした——は、周縁的なものでしかないといえるだろうか。明白な事実が顔の真ん中の鼻のように目立つのに、歴史と現代の関係性を理解するための教育ツールがそろっているのに、われわれはその現実を遠巻きにし続けている。この否認の姿勢はだれを守っているのか。何から守っているのか。われわれは過去の暴力に連帯しているのだろうか。もちろん、そうではない。事実は耐えがたく、同時に擁護不可能だ。しかし、その事実を遠くに押しやり、歴史の外縁にし続けているというグロテスクな歪曲には責任がある。とりわけ、現代のわれわれの社会の基礎をなす、前代未聞かつ大規模で工業的な、途方もないと同時に合理化された蛮行の現在への影響を否定していることには責任がある。したがって、少なくとも過去二世紀に出版された大量の書物や知識のおかげで、目を背けずにこの現実を認識する時がやってきた。それは緊急ですらある。そのためには、これまでも数え切れないほど提示されてきたが、本書でも再提示される三つの側面を受け入れなければならない。われわれの歴史における奴隷制と人種主義の中心性、暴力性、継続性だ。

本書は新事実を明かすわけではない。最新の研究から引用することはあっても、すでに確立された事実を用いるのみだ。本書は総括を目的とし、近代世界の構築における人種の筋道をたどる試み、共通の物語、少なくとも共同議論の基礎となる物語を述べる試みである。読者の方々――市民、教師、学者、生徒、学生、興味のある人――の理解に役立つよう、膨大な参考文献を引用し、その既知の史料を参照されることを提案する。本書は歴史書であるため、年代順の段階とプロセスの指標を提示する調査である。歴史学の根幹ともいえる調査を通して、歴史家は意味を与え、集団的な暴力とそれが生み出し続けるトラウマについて研究することができるのである。

最後に、私のアプローチの背景、とくに私が白人の歴史家であるという事実について説明しよう。白人の歴史家であるという条件は――それに気づいたのは信じられないほど遅い時期だったが――、私のアプローチの仕方を説明してくれる。ラテンアメリカの専門家であるとともに、不平等問題に敏感で、あらゆるヒューマニストと同様に不公正と支配にすぐに憤慨する私は、二〇〇九年にパリ＝ディドロ大学でブラック・アメリカ［黒人奴隷貿易と奴隷制の影響を受けた南北アメリカの文化圏］についての講義を任される前は、大西洋地域の奴隷制における計り知れない悲劇について漠然とした認識しかもっていなかった。講義の準備をしつつ、読書や学生とのやり取りをするにつれて、この事実の前代未聞の暴力性と日常生活で気づかされる人種主義的反応――トラウマを与える歴史の遺産に違いない――を関連づけることができた。とりわけ、その反応がわれわれ白人を何から守ろうとしているのかを理解した。それは、受け入れることが難しい、振るわれた暴力――その完全な非正当性のために、新たな暴力でしか隠蔽することができない――を認識することから白人を守ろうとしているのだ。

侮辱やラトンナード［マイノリティー、とくにマグレブ人への身体的暴力］、軽蔑的な無知の暴力は、それらがすべて正当だった／正当だろうということの証拠になる。モンテスキューは有名な格言で、その仕組みを要約している。彼は黒人奴隷制に反対する糾弾のなかで、皮肉を込めてこう言っている。「この人たちが人間であると想像するのは、われわれにはとっては不可能だ。なぜなら、人間だと認めれば、われわれ自身がキリスト教徒ではないと思い始めるだろうから」[2]。この言葉は、白人――そして、これによって人種化された（racisé）個人や集団も――がこの二世紀にわたって陥ってきた罠を明確に物語る。そこから脱却するために、本書は道徳面は脇において、ニグロと白人の世界の歴史を構築するために、事実の不可侵性ならびに、われわれの社会の発展においてその事実が中心的役割を果たしたことを把握するよう促す。

なぜなら、社会学が解体して明るみに出したこと、哲学や議論や活動家の運動、文学や映画がわれわれの社会の人種主義的暴力について政治的、集団的考察をもたらしたことと並行して、歴史知識の構築が重要だからだ。つまり、人種の歴史は可能であり、歴史学の対象になりうるということだ。人種は、公立学校がその退治法を学ぶべき、司法が処罰すべきといった、単に不純あるいは不道徳な思想ではない。それは、一六世紀のヨーロッパの拡大と大西洋奴隷貿易とともに始まり、アフリカとアジアの植民地化を通して広まったプロセスであり、われわれの資本主義・民主主義社会にいまだに残る人種主義的暴力の残滓が依拠するものだ。このプロセス全体について今日われわれがもっている歴史知識は、端的に「白人の秩序」と呼べるものをわれわれに理解させてくれるはずだ。この白人の秩序は、ヨーロッパにおけるキリスト教世界の旧制度と近代の大西洋における発展の遺産であり、啓蒙時代とフランス革命の時代から発達した。この社会的、経済的、軍事的、政治的、イデオロギー的な秩序は、ヨーロッパ出身の男性個人の権威に基づいている。その権威の多数の属性のうち例をいくつか挙げると、自由、家族、所有、祖国への欲求だ。この白人の秩序は常に脅威にさらされ脆弱なために、それを誹謗するもの、とりわけ自らの矛盾――とくに平等・民主主義社会の促進において――に対して必死に自衛した。人種はその論拠の一つなのだ。

つまり、人間のあらゆる現象と同様、「ニグロ」という言葉を作った男性形単数の「白人」の世界も自身の歴史をもっている。その白人世界にも始まりがあり、軌跡があり、おそらくいつかは終わりがあるだろう。われわれは本書とともに白人世界の歴史を再現することによって、少しでもそれを過去のものとし、そうして多数の輝かしい変化を想像する賭けをしよう。

イントロダクション——ニグロと白人、言葉の歴史

〔原書の〕書名には記されていないが、本書は西洋近代史における人種の位置づけを扱うものである。いったい、人種とは何だろうか。この問いが発せられたとたん、しばしば袋小路に追い込まれる。そもそも人種は存在するのか、一つの思想あるいは概念なのだろうか。科学的な仮説なのだろうか、それとも作り話にすぎないのだろうか。社会的な現実なのか、解剖学的に明白な事実なのか。フランスでは、人種の存在を認めることはすでに人種主義的態度であるといわれることが多い。言い方を変えれば、人種主義を伴わない人種はないから、人種という言葉の影響を止めるために、その言葉を使わないことにしようと考えたのだ。ところが、人種主義は人種という言葉なしでも存在するため、問題は解決しない。一九七〇年代、社会学者コレット・ギヨマン[1]は、個人ではなく集団の性質を決定すること、明白か否かにかかわらず生物学的とみなされる属性に基づく差別によって支配することを人種主義と定義した。この定義は重要である。なぜなら、第一に人種主義の支配的性格、第二に、実際には生物学的性質やその可視性を超えて完全に作り上げられた人種主義の性質、という二つの要素を含んでいるからだ。人種主義が拠って立つところの属性（鼻、体毛、足指、血液型）がどうであろうと、

人種主義は支配を支えるものなのだ。しかし、この定義は多くの別の疑問を浮上させる。その属性はあらゆる身体的、精神的特徴の同一視を指すのだろうか。赤毛の人への差別は人種主義なのか。身体的特徴ではなく宗教文化に関係するイスラム嫌悪は人種主義なのか。外国人嫌悪はどうなのか。あるいは、あらゆる種類の嫌悪は？　そうした問いに、人文科学としての歴史学はある種の回答をもたらす。他者性（altérité）に基づいたあらゆる支配や排斥のうちで、人種に基づいたものは特殊だということだ。この支配は、世界のどんな地域にも、どんな時代にも、どんな社会にも存在する他者に対する優越感や暴力とは異なる。もちろん、排斥の対象とするために他者性を構築するという事実は、生物学的なものや自然なものとは何ら関係がないが、社会に広く普及した現象である。数あるそうした現象の表れのなかで、人をある人種に割り当てることは独特な手法をとっており、世界の西洋化という文脈の一環をなす。その手法を分析するために、人種というものの発生の年譜を調べてみることから始めることができるだろう。明確な定義がないなら、言葉の歴史から得られるヒントから出発し、その推移、語源、意味の変遷、使用法、そうした言葉が名づけたものに対する影響力を追っていくことは有益だろう。

「race」という言葉が現在の意味をもつようになったのは、かなり時代を下ってからだ。この語源のよくわからない言葉が現れたのは、一五世紀末のヨーロッパである。[2]一般大衆と違って家系を遡ることができる封建貴族の特性である血統を意味した。最近の歴史研究によると、ヨーロッパ貴族は一五世紀から一六世紀頃、「土着」の関係よりも「血統」を優先するパラダイムに変化した。それは後継や遺産相続のルールを変えて封建貴族の財政危機に対応するためだった。[3]一七世紀になると、動物界の系統を意味するのに「race」という言葉が使われるようになった。それが一般に普及し、古典主義時代（一七世紀）のフランス語では「民族（peuple）」と同義語になり、そのために啓蒙主義の博物学者が、人類を本質的に区別するほどではないにしろ、人間の集団を区別するのにしばしば使った。[4]一八世紀末以降になって、次第に現在の意味「人種」をもつようになり、一八三〇年代から四〇年代には意味が固定し、共通とみなされる身体的、精神的な特徴に基づいて人類の下部集団を分類するようになった。

このように、「race」という言葉の意味の歴史的変遷をたどっていくと、いくつかのヒントが明らかになる。その言葉の概念がヨーロッパ、とくにラテン語系に由来すること（英語の *race* はフランス語の rasse あるいは race という単語が由来で、一八世紀までは使われなかった）、また、近代的意味の「race（人種）」は、奴隷制が消滅していく一八世紀末から一九世紀末という長い時間の流れのなかで出現したという点だ。したがって、人種という概念はヨーロッパの奴隷制に先立つものではなく、奴隷制を正当化するものでもなかったのだ。別の言い方をすれば、私が教える学生のなかのある黒人学生が、ある日、「ヨーロッパ人は人種主義者だからアフリカ人を奴隷にしたわけではないんですね」と意外そうに言ったことと同じだ。後述するように、それは逆なのだ。ヨーロッパ人は、アフリカ人を奴隷にしたために人種主義者になったのだ。したがって、人種主義を理解するには、ヨーロッパ人がアフリカで奴隷売買をするようになった経緯を再構築する必要があるだろう。つまり、奴隷売買の理由は、人種という概念の出現に先立ち、肌の色とはまったく関係ないものだった。

今少し言葉を調べてみよう。人種という概念が現れる少し前に、ヨーロッパ出身の人々を意味する

「白人」という言葉が使われ始めた。白色人種を特徴づけるコーカソイドというカテゴリーが作られたのも一八世紀末になってからだ。しかし、白人に「白」という色が使われ始めたのは人種より前になる。この言葉は、一七世紀末以降のアメリカ〔本書では南北アメリカ大陸および周辺の島を指し、アメリカ合衆国と区別する〕で少しずつ日常会話に現れるようになった。カリブ海の島々で奴隷を使ったプランテーション経済が発展していった時期である。[5] アメリカ征服の初期には、ヨーロッパ人は自分たちを「キリスト教徒」と定義すれば、インディアンと区別するのに十分だった。その後、植民地帝国が堅固になっていくと、「スペイン人」とか「ポルトガル人」というカテゴリーが現れた。しかし、植民するヨーロッパの国の数が増え、何十年かの間に彼らの子孫クレオール――現地アメリカ生まれを意味する――が多くなると、黒人でも、インディアンでも、混血でもない人々を「肌の色」で区別するようになった。白人という言葉は、出生地や宗教、国籍に関係なく、インディアス〔ヨーロッパ諸国が発見、征服、植民したアメリカ諸地域〕で部族の命令や奴隷制によって強制労働させられない、ヨーロッパに出自のある人を指し示すようになった。しかも、二〇〇年の間にヨーロッパ人とアフリカ人、インディアンの間で混血が進むなか、白い色は支配階級の印になっていった。肌の白い色が貴族の印になったものだから、植民者のヨーロッパ出自ははるか遠く、少し混血が入ってそれほど「白く」なくても、やはり彼らは白人であることに変わりなかったのである。

したがって、白さという概念は大西洋経済が最も開花した時期に現れた。そして、「有色」となった混血や解放奴隷、インディアンの権利主張や、彼らが完全な当事者として大西洋経済に参加することを妨げた。一八世紀中に家系の純血性を構築するための司法手続きを根拠として、白さはより白くなり——つまり、白人性の定義は厳しくなり——、一方の非白人は非白人の性質を割り当てられるあらゆる分類（ムラート〔白人と黒人の混血〕、メスティーソ〔白人とインディアンの混血〕、カルトロン〔黒人の血が四分の一〕、オクタヴロン〔黒人の血が八分の一〕）によって社会の上層部に上ることを妨げられた。

肌の白さが人種に先行した事実によって、以下の点も明らかになる。肌の色による差別が形成されたのは、ヨーロッパ人が植民地と奴隷制に必要な〝他者〟を作り出したアメリカにおいてだったということだ。詳細は後述するが、この点からも、人種は、科学あるいは知識に基づいた概念というよりも、植民地社会で規定された政治的機能だったといえよう。

ところで、一七世紀末に白さという概念があったということは、「白い」という言葉以前に、別の言葉があったことになる。それは、アメリカの開拓がアフリカ人奴隷の労働力を利用することで新たな段階に入る一世紀前につくられた。もちろん、その言葉はポルトガル語で「ネグロ（*negro*）」、スペイン語でも同じ「ネグロ（*negro*）」であり、他の国々が大西洋の奴隷貿易に参加するにつれて、英語では「ニガー（*nigger*）」、フランス語では「ネーグル（nègre）」、フラマン語では「ネーヘル（*neger*）」と呼ばれた。この言葉は、翻訳されずにポルトガル語からそのまま他言語に移し替えられ（フランス語では「ネーグル」という言葉に相当する「ノワール（黒人）」が一六八五年の黒人法典などに使われているが）、二つの暗喩を融合したものだ。その一つ目は古いものだ。古代ギリシャ人は「日に焼けた顔」を意味する「アイティオプス（*aithiops*）」という言葉——そこからエチオピアという名が派生した——を作ったといわれる。同じように、アラビア語の「ダル・エル・スーダーン（*Dar el*

Sudan）」という表現は、サハラ砂漠以南の土地を指す「黒人の国」を意味する。二つ目は、一五世紀にヨーロッパ人がアジアへの交易海路を開こうとしてアフリカの西海岸沿いを航海したとき、その地域の住民を「黒い」と表現したことだ。しかし、百年後の「ニグロ」という言葉は別の意味をもつ。その語は、ポルトガル人がアフリカで買い、主にスペインやポルトガルの支配するアメリカに売った奴隷のみを指した。つまり、その頃には、アメリカに入植したヨーロッパ人にとってアフリカ人と奴隷の中間の意味に相当するように変化していたのだ。当時、アフリカからやってくる黒人はすべて奴隷だった。スペイン帝国統治下でインディアンの奴隷が禁止された後は、ほとんどすべての奴隷は黒人だった。こうして一つの換喩が定着した。一部を意味する言葉が全体に使われるようになったのだ。つまり、黒い肌の色と奴隷制が一つの語に固定され、その意味の拡張によってアフリカが奴隷の地になったのだ。それはフランス語にも伝わった。フランスの大西洋経済が躍進した時代の一七二一年、「ネーグル」という言葉が新語としてトレヴー辞典［イエズス会編纂の辞書］に収録された。そこには、サハラ砂漠以南のアフリカを意味する「ニグリシー（Nigritie：ネーグルの国）」という奇妙なトートロジーの単語も見られる。一般には使われなかったようだが、当時のアフリカのイメージ転換をよく表している[6]。

単に、ある現実――つまり、大西洋経済においてアフリカ人売買が支配的だったこと――を示すのではなく、固有の効果を生み出す符号として定着した「ニグロ」という語の影響を理解するためには、奴隷が黒人でなかった、あるいはすべてが黒人ではなかった時代に戻るといった歴史学者のような努力をしてもらわなければならない。なぜなら、奴隷制は人類史上、最も普及した制度の一つだからだ。古代と中世にはとりわけ地中海地域で発展したが、当時は肌の色に関係なく、あらゆる地域において身分、強制労働、戦争捕虜、商品交換に関するものだった。奴隷制——その内在する象徴的暴力、経済的役割、社会的意味も含めて——を定義することは、「ニグロ」という言葉とそれがもたらした様々な影響を分析し、その言葉の驚くべき長寿性を理解するための第一歩である。

では、その探求を始めよう。まず第一部の第一章では、アフリカと西ヨーロッパに関係する前の、制度としての奴隷を定義し、その廃止までほぼ維持された経済的、政治的、人類学的特性を見ていく。第二章では、奴隷制経済が古代の地中海地域から中世のアフリカを経て、近代の大西洋地域にまで発展していく過程を軸にたどっていく。第三章では、この大西洋の段階を継続して扱いつつ、ヨーロッパ人による奴隷制の再構築を見ていく。ヨーロッパ人はその時代までは、奴隷を生産システムからほぼ遠ざけていた稀な例だったのだ。一六世紀末以降のヨーロッパによるアメリカ征服によって、肌の色の偏見からではなく、経済的合理性によって恐るべき奴隷売買のシステムが始まることを見ていこう。

そこから始まった暗黒の時代が、第二部の内容である。資本主義とグローバリゼーションの歴史の重要な段階である、近代の大西洋経済の発展をたどる。そこでは、奴隷制プランテーションがその生産規模と得られる利益によって工業レベルにまで高められ、蒸気機関や石炭が登場する前に、アフリカ人奴隷は生産に必要なエネルギーをもたらすようになる。奴隷の非人間化は経済的に、そして心理的にも必要となった。「ニグロ」という言葉はそこで、十全な意味をもつようになったのだ。

この大西洋経済システムの産業規模とその総量、積み重なる暴力の総計、さらに観察者から早期に指摘された脆弱さを明らかにすれば、近代西洋におけるその遺産の重みを理解することができるだろう。プランテーションと大西洋交易が最盛期を迎える一八世紀後半になると、その時代の人々は好むと好まざるとにかかわらず、奴隷制の終焉を予期せざるをえなくなった。奴隷制の極端なまでの暴力は高くつく。それによって引き起こされる反抗や反乱を抑止して労働を強制する体制を維持するだけでも、大変な代償だ。表面的には繁栄していても、奴隷制は身体的暴力や法律によって絶えず再構築しなければならない脆弱な制度だった。そのため、奴隷制は非常に利益が上がっていても、その擁護者でさえ急速に廃止を受け入れざるをえなかったのである。革命、弾圧、一進一退、時間かせぎといった奴隷制の長い終末期は、当時力をつけてきた科学界が一九世紀初頭に認めた人種概念が定着していく流れに相当する。

第三部では、奴隷制から人種制度への移行の各段階を見ていく。そこでは、二つの制度の一方が他方から引き継ぐ遺産も分析していく。それによって、奴隷制が廃止され、ネオプランテーション計画――産業革命によって可能になった、投資を吸収する大規模な農園経営計画――が推進され始めた時代に、アメリカの独立国であろうと、海外の「特別領土」であろうと、アフリカやアジアの新たなヨーロッパ植民地であろうと、世界的な労働の組織化において人種の果たした役割をよりよく理解できるだろう。

二〇世紀に入ると、植民地計画とプランテーション経済は、工業賃金労働者と都市経済が優位になった別のパラダイムに押されて二次的なものになる。しかしながら、人種はなくならなかった。それどころか、皮肉にも民主化する社会のなかで、人々を分断する新たな機能によって再活性化したように見える。こうした社会では、そのほとんどが市民の平等原則に基づく国民国家の形態をとり、数十年の間に都市化と工業化が急速に進み、前代未聞の人口増加が始まっていた。そこで人種は新たな領分を獲得するのである。社会科学、医学、政治分野、政策における人種に関する学説の驚異的な進展、さらに、人種問題がどのようにしてある国々では社会問題を提起する方法になりえたのかを分析しよう。そこでは、矛盾と近代化のダイナミズムに打ちのめされた「白人の秩序」が最も獰猛な側面を見せるなか、震えおののきながら最後の砦を獲得するのを見ていくことになる。

科学によって打ち立てられ、政治に操られ、経済に利用された制度としての人種は、第二次世界大戦後の新たな世界秩序――植民地制度や強制労働、人種隔離法の予期された終焉――において歴史的な役割を失う。そこで本書は終わる。もちろん、人種というものがそこで終わるわけではない、その反対だ。しかし、二〇世紀の人種問題の歴史は別の本や、社会学、哲学、政治学などの別の専門能力が必要になるだろうし、基本的には、本書が貢献できることを願う市民の議論に属している。現在、多くのセンシティブな問題（反白人主義、人種主義と反ユダヤ主義、人種主義と外国人嫌悪、補償問題など）が再び現れるなか、ニグロと白人の世界の構築――荒々しく不当に構築され、現在では苦いノスタルジーを呼び起こす――を明らかにするすべての歴史的アプローチが万人に提供されなければならない。

第Ⅰ部　奴隷制と帝国

一八世紀末にヨーロッパに現れた人種の概念を理解するためには、アフリカ人を奴隷に結びつけるニグロという換喩を解体することから始めなければならない。そのためには、アフリカの特性あるいは、アフリカとヨーロッパの関係の特性として奴隷制を捉えるのではなく、第一章で見ていくような人類学的な定義を付与できる制度として捉えるべきだ。〈親族性（parenté）〉における役割に基づいて自由人と非自由人とを分けるこの定義によって、奴隷制と帝国の論理の間の強い関連性が説明できる。実際、古代以来のすべての大帝国では奴隷制の発展が見られ、その延長線上に奴隷交易経済の発展がある。とくに、以下の二つの推進力が近代の大西洋の黒人奴隷貿易の源となった。一つは、イスラム世界の拡大に伴って、アフリカでの奴隷売買ルートと奴隷制経済を目ざましく発展させた推進力である。二つ目は、ヨーロッパ諸国の帝国の推進力である。後者の推進力はヨーロッパの人口、経済、政治を基盤として、奴隷制との第一義的かつ矛盾した特殊な関係のなかで築き上げられた。

第1章　奴隷という制度

奴隷制は、結婚と同じくらい時間と空間を超えて普及した制度である。人類史上、形態は異なっても、すべての大陸で何億人という人が奴隷制に関わり、奴隷売買のルートは東西南北の全方位に広がった。

奴隷の形態は、最初の国家が出現するより前、最古の社会にすでに出現していた可能性がある。[1] たとえば、アメリカ大陸では先コロンブス期の「国家が存在しない」多くの社会に見られる。メソポタミアでは、紀元前三〇〇〇年以前から、奴隷が国の経済の一端を担っていた。また、紀元前一〇世紀から地中海地域にもあったことは明らかだ。ギリシャでは、アルカイック期［BC八世紀からBC四八〇年］から古典期［BC五世紀からBC四世紀］にかけて、住民の半分近くが奴隷だった。紀元後一世紀のローマ帝国には二〇〇万人の奴隷がいたといわれる。同じ時期の漢王朝でも一〇〇万人の奴隷がいたとされ、日本でも少なくとも一〇世紀までは奴隷がいたとされている。インドでは奴隷は近世まで一般的で、ロシアでは九世紀から一八世紀までの農奴制が特徴だ。奴隷制は中世のイスラム世界の拡大に伴い、地中海や中東からあらゆる方向に広がった。[2]

奴隷制はロシア、アラビア半島では近代まで広範に継続され、インド洋地域や、ギリシャ人奴隷が一八二〇年頃まで売買されていたオスマン帝国近代期などではとりわけ一般的であった。たとえば、インドでは、一八六〇年にイギリスが禁止するまで、九〇〇〇万から一〇〇〇万人の奴隷がいた。一九世紀末でも西アフリカでは、植民地支配していたフランス政府の数回の調査によると、人口の五〇％が奴隷という結果がしばしば出ている。その形態は変化したものの、本質的性質を残した奴隷は、二〇一六年ですら世界で二五〇〇万から四六〇〇万人いるといわれている[3]。奴隷労働は、それを使う社会の全生産の一部しか占めないことが多いのだから、この数字は驚くべきものだ。たとえば、七世紀から一九世紀にかけて、一七〇〇万人のアフリカ人がアフリカ東部ルートで売られ、さらに一二〇〇万人が大西洋地域に売られ、九〇〇〇万人が北アフリカに送られたといわれる。

人を奴隷にする方法は様々である。遠くや近くからの戦争捕虜、借金や貧困、奴隷市場と奴隷貿易などだ。中国や日本では罪人、借金を負う人、あるいは単に最も貧しい人たちが奴隷となった。カンボジアでは、借金ゆえの従属がごく一般的だった。ギリシャ人は同じギリシャ人を好んで奴隷にしたという。ローマ人はローマが他地域を支配した際や、シチリア、ヴェネチア、エジプトといった地中海の主要な［奴隷］市場でも奴隷を調達した。カロリング朝時代のフランク人は、北部で捕獲した奴隷をアラブ世界で需要の高かった白人奴隷として供給した。オスマン帝国は急襲によってグルジア人（ジョージア人）、ポーランド人、ウクライナ人の奴隷を確保し、また大規模な奴隷市場のある都市に供給した。そうした都市のうち、サマルカンドとブハラはテュルク系民族の奴隷を中東のスルタンたちに供給している。イスタンブールやダマスカスはオスマン帝国における重要な地方市場であったし、カイロやアレクサンドリアはドナウ川沿いのブダ（後のブダペスト）やクリミア半島のカッファ［フェオドシヤ］から東欧の奴隷を輸入し、かつアフリカ人奴隷をアジアに輸出していた。ジャワ島はマレーシアやボルネオ、マラッカに奴隷を売り、北アフリカのトリポリやアフリカ東岸のインド洋に浮かぶザンジバル島は、アフリカ大陸の奴隷売買の中継地だった[4]。

つまり、奴隷制はサハラ以南のアフリカに限定されてはいなかったのだ。インド、中国、東南アジアの奴隷人口の多さ、そしてインド洋における奴隷売買の規模から見ると、ヨーロッパ諸国による大西洋地域の奴隷交易は四〇〇年にわたって一二〇〇万人の奴隷を売買したとはいえ、全世界の奴隷交易史上では、その期間と数から見ると一つの下位群にすぎない。まだ世界の奴隷交易についての研究は十分に進んでいないが、大西洋地域の奴隷交易は、奴隷制の現象全体に比べると比較的小規模だったといえるかもしれない。だが、そこから派生した人種主義を理解するうえでは重要で、ある種の特徴をもっており、それをここで明らかにする必要があるだろう。

制度としての奴隷[5]

奴隷制には非常に多様な状況が見られるので、真摯な歴史家は厳密なやり方で定義するのをためらうことが多い[6]。奴隷とみなされるあらゆる状況、あるいは奴隷と翻訳される状況――翻訳は永遠に議論の対象にもなりうる――の共通点を見つけるのは難しい。たとえば、奴隷は主人の〝所有物〟であると定義したとすると、それは所有という概念が法的な意味をもつ社会にしか当てはまらない。しかも、奴隷は個人に属するのと同様に国家あるいは共同体の公的財産である場合もある。社会背景の数だけ異なる状況があるのだ。一時的な奴隷もいれば、結婚したり家族をもったりできる奴隷もいるし、相続や売買によって移転される奴隷や、財産をもち、それを子孫に相続させることのできる奴隷、世襲の奴隷、奴隷の身分から脱却できる奴隷もいる。そのため、不変の法的性質から奴隷制を定義するのは難しい。法的であれ、実質的であれ、自由の剥奪も奴隷を定義するには十分ではない。住居を指定される奴隷もいれば、軍事活動や商業活動をするために自由に往来できる奴隷もいる。主人が他人に貸す奴隷や、自分自身を貸す奴隷もいる。同様に、経済的機能によって奴隷を定義することも不可能だ。兵士、農業労働者、召使い、妾、将校、美しく着飾ったお供の役目をする奴隷、職人……など、奴隷は人間のほとんどすべての活動に関わる。奴隷の社会的地位も非常に相対的だ。身体的暴力や排除ですら、必ずしも奴隷制に結びつくとは限らないし、社会的地位が低いともいえない。地位の高い妾や召使い、将官もおり、主人と奴隷との間に生まれる親愛関係もしばしば指摘される。そのため、人類学者のなかには子どもや独身女性が父親の権威に従属するのと同様に、奴隷を家族の一員に準じるものとして扱う者もいる。

それなら、異なる世界、異なる言語で「奴隷」という言葉に訳すのが容易なのはなぜだろうか。どうして複数の大陸におよぶ地域や市場で奴隷売買を行うことができたのだろうか。奴隷を作り出す人、売り手、買い手、使用者、奴隷自身といった、ほとんどの言語ですべての人が理解できる共通の現実があったからだ。つまり、定義は可能だということだ。奴隷が、時代も場所もまったく異なる社会や世界に共通の制度だったという仮定から、一九七〇年代西アフリカ社会の研究者クロード・メイヤスー[7]は、奴隷制の〝人類学的〟定義を試みた。本書の本筋となる仮定であるヨーロッパ社会における奴隷制の〝歴史的〟問題にとりかかる前に、メイヤスーの論理と主要な解釈を取り上げてみよう。

まず確認できることは、すべての奴隷は自分の生まれた社会を去ることである。この特徴は戦争捕虜や、売買でなく借金の返済や犯罪を償う（「刑事犯罪」奴隷）期間だけの「一時的な」奴隷も含む。こうした奴隷は中国の〝奴(ぬ)〟や日本の〝奴婢(ぬひ)〟、さらには同時代のメソアメリカ［メキシコおよび中央アメリカ北西部の高度文明が繁栄した地域］や先コロンブス期のアンデス地方に最もよく見られたものだ。たとえば、一五世紀のアステカでは、借金や犯罪のために奉仕する人となる〝トラコトリ〟という階級があった。また、インカ帝国では皇帝の従僕であり、帝国全土で皇帝が好きなように公共事業に使ったり、高官や貴族に仕えさせたりする〝ヤナコーナ〟という人々がいた。アステカとインカを征服したスペイン人は、この二つの言葉を「奴隷」と訳した。厳密にいえば、〝トラコトリ〟はナワトル語では「自由な」人を意味する。つまり、一族や共同体から除外され、生き延びるために自分の労力（というよりも人格）を賃貸する人を示す。一族に属さなくなるため、貴族や王の直接の権限下におかれる。同じようにインカ帝国時代のアンデス地方でも、終身の従僕であるヤナコーナは村落共同体の義務を免れた。このように、奴隷を共同体の拘束から「自由になった身」、とりわけ皇帝や貴族が徴収する共同体への課税に束縛されない身とみなす考え方は、自由主義経済において経済的に「自由な」労働を定義する考え方と同じである。スペイン人がヤナコーナ階級を雇って「奉仕するインディアン」とし、その言葉を帝国全体に拡大したのは間違っていなかったのだ。奴隷は、自分が働く社会で生まれたか否か、奴隷になったか囚われの身として生まれたかにかかわらず、その奉仕に完全に自分を捧げることに「自由」であるからだ。奴隷は、自分の生まれた共同体と自分を結びつける社会的義務や労働や相互関係から解放されている。実際、共同体のための労働が経済の基礎である農耕社会においては、「終身の個人的従僕」は主人に管理されるため、共同体を通じてもたらされる生活の糧の束縛から必然的に自由なのである。

奴隷労働と「自由な」労働――ヨーロッパでは一八世紀から賃金労働者を通常そう位置づけた――の経済的近接性は、ヨーロッパ経済の近代化における奴隷の役割を理解するうえで役立つ。また、奴隷制廃止や後述する一九世紀のあらゆる奴隷制植民地における「自由な」労働への移行のあいまいさの説明ともなる。[8]共同体からの自由という奴隷制の特徴は、ヨーロッパ資本主義拡大の際の広範な奴隷制の発展のなかで、ある役割を担っているからだ。

さしあたりここでは、この特徴は奴隷制の一般的な定義――普遍的な定義ではないとしても――を模索する指標になる。奴隷が原則として自身の共同体で働かないとしたら、現役の働き手ばかりでなく子どもや老人の生活の糧を含む、共同体の再生産に必要な労働に参加しないということになる。したがって、この奴隷による生産、この余剰労働は外部への奉仕に向けられる。

逆に、奴隷が働く社会では、奴隷は部外者であるため、社会の構成員と同じ条件で社会の再生産に参加するわけではない。このことから、クロード・メイヤスーは西アフリカで観察した奴隷のカテゴリーをもとに、親族性との関係で奴隷を定義するにいたった。正確にいえば、奴隷を親族性の反転、つまり〝反親族〟として定義した。[9]

そのためメイヤスーは、インド＝ヨーロッパ語の構造に基づいた意味論において、「自由」という概念がどう分析されるかに言及する。エミール・バンヴェニストは次のように言う。「自由の第一の意味は、多くの人が想像するような「何かから解放される」ことではない。植物の成長に喩えられる民族的起源に属することだ。その所属によって、よそ者や奴隷が得ることのできない特権が与えられるのである」[10]。つまり、自由な人間とは、「ともに生まれて、ともに育った」人である。

事実、この定義はメイヤスーが研究し、「家族社会制」と呼ぶ西アフリカの集団を特徴づける。その社会は売るためにでなく、自分たちのために農業生産をするいくつかの家族の集団である。その集団内で文字通り「いっしょに生まれていっしょに育つ」人々は、「その人を他の人々すべてとの関係において位置づける社会的、経済的関係の絡みのなかで」「同族の人」なのだ。集団の構成員は時間差（différés）の相互扶助への参加によって結びつけられている。つまり、現役の人は自分の分だけでなく、年老いた親や子どもの生活の糧のために働く。その人たちが年をとると、子どもが代わりを務める。その相互性自体が、子に対する系統、子の親に対する系統のなかで構成される。つまり、西アフリカの社会性（sociabilité）においては、社会のルールすべては親族性、つまり個人が父系と母系の二重の系統に属することに基づいている。別の言い方をすれば、そのような社会において「自由」あるいは「同族」であることは、時間差の相互性に加わりつつ、生産と再生産のサイクルに貢献する親族とみなされることを示すのである。その相互性は父系と母系の系譜に登録されることによって統制される。

ところが、奴隷は雇われる社会のためにのみ働くのであるから、その親族性のなかでの時間差の相互性の原則を絶つことになる。子どもを養えず、老後に子どもをあてにすることもできないゆえ、親子関係に参加することができない。奴隷は生産はするが、再生産のサイクルには貢献できないため、親族としてみなされない。親族性が社会秩序を統制し、集団内での各人の立場と、集団との関係を決定づける社会では、親族でありえないことは、人間性からの永久追放に相当する。これこそが、前述したあらゆる種類の奴隷制を正確に定義づけるものである。親族性から疎外されることは、同族の人、自由人、国民、市民、「人権」をもつ「人間」に与えられる資格、あるいは集団への帰属を定義するあらゆる身分を伝承することができないということである。

この基本的性質により、いくつかの社会における奴隷の立場のあいまいさが説明できる。たとえば、「ゆるやかな」奴隷といわれる事例（ブラジルなど）、奴隷を（家長の権威のもとにある）家族の一員に準じるとする事例だ。しかし、親族性からの象徴的な疎外は永続的なものである。その疎外は、メイヤスーによると、奴隷の「境遇」とは独立した「状態」であり、単なる農業労働者か、影響力をもつ妾かどうかとは無関係である。奴隷はこの状態である限り、親族性に加わる恐れもなければ、本質的な権利を主張することもできないのだ。

雇われる家で生まれ、主人の子どもたちといっしょに育った奴隷でも、同族として、あるいは「国民」の一員として、「いっしょに生まれていっしょに育った」人とは決してみなされない。たとえ、何らかの特権的な立場や役割を与えられたとしても、主人と家族的な関係を築いたとしても、奴隷は親族性には加わらない。子どもをもったとしても、親の資格は与えられない。市民権（citoyenneté）の属性を伝承できないのだから、子孫をもつこともできない。つまり、その子どもも奴隷になるなら主人に帰属するし、子が自由人の集団に入るなら、奴隷である生物学上の親は法的な親としての機能を子に行使することはできない。奴隷である父親や母親は、自由な子に対して親権を行使できないのである。

この定義に照らしてみると、オスマン帝国におけるイェニチェリ〔近衛歩兵軍団〕、マムルーク〔奴隷身分の軍人〕や歴史上、政治的権力をもった妾のように、なぜ奴隷が権力をもつ地位を得たかが理解しやすくなる。軍の将校だったり、宮廷で影響力をもつ人や頭脳になった奴隷たちは、決して現行王朝の脅威とはならない。王朝は定義上、家系や系譜への帰属に基づいているからだ。去勢によってこの「状態」を刻印するとしても――その刻印が暗黙のもの（男性への象徴的な去勢）であっても――、女性のほうを好んだとしても、奴隷の属性は親族性に対して外在的であり、それによって飼い慣らし（domestication）や親密さ――家長に従属する他の人たち（子ども、未婚女性など）のように家族になるという架空の同化を含む――、さらには確立された社会秩序を決して損なわない親愛関係が可能になるのである。奴隷は、社会に背く脅威とならない限りは、ともすれば愛着の対象になりうる。それどころか、定義上、家族内における資格――たとえば結婚による家系や親権など――に疑問をさしはさまない限りは、家庭内での奴隷との親愛関係は限りないものになりうる。奴隷は主人の家で生まれて成長することもあるが、ともに育った自由人である子どもの配偶者になることはありえないし、結婚や親子関係によって親族に加わることもない。ブラジルの多くの〝連続メロドラマ〟の筋立てでは、この違反の幻想（奴隷制秩序の境界を越える奴隷と主人の間の恋愛関係）を匂わせることもあるが、ブラジル社会の現実は奴隷制の本質的な特徴をはっきりと裏づけている。つまり、象徴的な親族性からの排除は、愛情によってもお金によっても越えることはできないのだ。さらに、奴隷という恒常的状態は飼い慣らしを可能にする。この意味で奴隷は、外国人嫌悪や排除、または構造的な攻撃の対象となる外国人と同じ役割を演じることはない。奴隷は象徴的かつ決定的に排除されると同時に、慣れ親しんだ人、召使いであり、犬のように割り当てられた立場にとどまるからである。

奴隷制の社会的意味

この人類学的な奴隷制の定義は、奴隷制社会のダイナミズムを理解するうえで歴史家にとってはことに有益である。そこで中心的問題となるのは、自由人と奴隷の間の象徴的な境界の越境の問題である。この越境は、集団への帰属方式（市民権、家系、民法上の権利など）、奴隷制が担う経済的な重要性と役割、社会を動かす人口の力学に応じて、各社会によって無限の微妙な差異がある。この問題の分析は後にゆずるとして、今は奴隷制の社会的影響についてメイヤスーがどう考えていたかを見ていこう。これまで見てきたように、奴隷制擁護者は奴隷の子孫に捧げられるはずだった労働を「かすめ取る」。奴隷制社会は、原則として奴隷に再生産の手段を与えない。恒常的に奴隷労働に頼る社会、たとえば古代ギリシャにおいては、奴隷の生物学的再生産［生殖］によってでなく、外部からの調達によって労働力を更新する。「内部的」奴隷（借金や刑罰による奴隷）以外では、組み合わせ可能な主な二つの奴隷調達方法は戦争と奴隷市場だ。この二つの場合、当然ながら奴隷は外来、つまりよその土地の生まれである。戦争捕虜と市場という制度は奴隷を「生産する」ことを可能にする。より正確にいえば、奴隷のよそ者性（extranéité）を作り出す——それが架空でも、儀式によって体現されるのでもかまわない。戦争捕虜で奴隷にされた人は「執行猶予中の死者」である。戦闘で殺されるはずだったのだから、自分が提供できる余剰労働によってのみ生き残ることができる。家族や生まれた社会から遠く離され、奴隷市場で商人によって売られた戦争捕虜は、雇われた社会では未知の人であり、受け入れ社会からすれば「生まれなかった人」である。海や陸の旅の試練を通して、奴隷は自身の家系を拠り所にする可能性を失うのだ。

メイヤスーによれば、受け入れ社会における「執行猶予中の死者」「生まれなかった人」という奴隷の特性は、あらゆる社会において奴隷を特徴づける、三つの並行する処置を可能にする。「脱人格化（dépersonalisation）」「非性化（désexualisation）」「脱文明化（décivilisation）」である。

奴隷の脱人格化とは、奴隷が脱社会化され、生まれた社会でもっていたすべての関係や支えを失うだけでなく、受け入れ社会でそれらを新たに再生する能力を否定されることである。親族関係や社会関係を再生できず、決定的に奴隷「状態」に貶められる。再生が不可能なことから、奴隷を物象化する（réifier）可能性、モノや商品にする可能性が生まれてくる。つまり使用することができたり、買い手や所有者の手中にある財産にすることができるようになる。サバンナの父系社会における「家畜」、あるいはルイ一四世時代の黒人法典でいう「動産」とみなされる奴隷は、こうしたやり方で主人の意思に従属する。ここで言いたいのは、奴隷が動物やモノと同等とみなされたということではない。奴隷たちは、人間の性質を有しているからこそ有益だったからだ。しかし、法的な表現の有無にかかわらず、この脱人格化は、奴隷が受け入れ社会で再社会化する（自由人との関係を結ぶ）可能性を妨げるのだ。

二つ目の処置は、これも奴隷状態に固有のものであるとともに、脱人格化の結果である「非性化」である。奴隷制社会をジェンダーの観点から研究する最近の多数の研究によって、この分析は確認されている。男性、女性というジェンダーのカテゴリーはすべての社会において、そこで割り当てられた経済面、生産面、再生産面での役割と関係がある。ところが、社会の再生産から排除された奴隷は、男性、女性の社会カテゴリーとして再生産に参加する必要がない。ちなみに、大西洋の奴隷貿易が男性奴隷を優先したのに対して、アフリカの奴隷交易では男性よりも女性のほうが需要が高かったのは、女性の生殖能力のためではなく、仕事の多様性のためだったとメイヤスーは指摘する。実際、女性奴隷は男性と同様に農業労働を任せられるうえ、一般的に女性の行う家事労働も委ねられるとみなされた。しかも、自由人女性の多産はアフリカ全土で常に重要な価値だったのに対して、アフリカの歴史における女性奴隷は出生率が低いことを、メイヤスーは多数の史料をもとに明らかにしている。つまり、奴隷の生産が生物学的再生産でなく、戦争や市場に依存していたということは、奴隷の「子をつくる」のは男性であって、女性ではなかったということだ。したがって、女性奴隷の母親という立場、あるいは母親になる可能性はまったく考慮されなかった。

三つ目の処置である「脱文明化」について、メイヤスーはこう言う。「自由な社会への奴隷の組み入れは一義的な制度上の関係、つまり奴隷を主人に結びつける関係の構築によってなされる。この関係が奴隷に許される唯一のものだ。［中略］このことにより奴隷は「脱文明化される」のである。［中略］個人の「文明化」とは、個人の社会化の法的認知であり、市民社会や町に帰属することであり、また、直接従属する人と不和の場合に当事者と同等またはより上位の権威に仲裁を求めることのできる能力である」[11]。しかし、たとえば黒人法典のように国が主人の権威を規制しようとする場合も含めて、奴隷は主人の恣意的な権威のもとにとどまるのだ。

以上の三つの処置――それ自体が象徴的かつ激しい暴力である――が、奴隷の身体に対する暴力をどのようにエスカレートさせたかを想像するのは容易だ。奴隷制の背景は多様なため、この暴力が隠される場合もあれば、儀式のように行われる場合もあれば（耳を切る、主人の権威を「誇示する」焼印や他の印をつける）、ヨーロッパの奴隷制のように際限のない身体的暴力につながる強力な糸口を作る場合もあることがわかる。われわれは、奴隷制からの脱却が、この三つの処置を問題視することと関係があること、また奴隷を解放した社会においてこれら三つの処置を挫折させるための奴隷の要求と関係があることを後に見ていくことにしよう。奴隷制秩序に対するこうした脅威こそ、人種という考え方が奴隷制廃止後に一つ一つ無力化しようとしたものなのだ。

最後に注目したいのは、奴隷制の経済的性質である。奴隷は雇われる集団のためにのみ生産するから、奴隷制によってもたらされる余剰生産は、奴隷を「供給する」社会を犠牲にしてもたらされる。その社会にとって、現役の働き手の捕獲は再生産サイクルに影響を与える完全な損失である。反対に奴隷制社会では、奴隷労働力の蓄積と集中によって、余剰労働を生活の糧と関係のない特定の仕事や場所に充てることができる。

第一に、奴隷制を作り出すのは戦争だ。それは古代エジプトやローマ帝国など多くの軍事体制に見られる。奴隷兵による軍事力強化は、ある種の政治体制の主な存在理由でありうる。第二に、奴隷売買は商業経済の一部でもありうる。奴隷売買は、商業ルートを支配する商業都市の場合のように政治権力の基盤である。したがって、戦争と市場そのものが奴隷制を前提とし、「供給」と「需要」を同時に創出する権力機構なのだ。そのため、奴隷制の発展は奴隷制社会の経済だけでなく、商業ルートや、奴隷売買国家をも含めた商業システムの存在に関わる。そして、その商業ルートと商業システムは（捕獲と輸送によって）奴隷を生産する軍事体制と連動する。

こうした制度――市場、戦争、帝国――は奴隷制の拡大と相関関係がある。[12] 古代のサハラ以南のアフリカは、地中海全域、東欧、中東、中央アジア、東アジア、インド洋地域で行われていたような包括的な奴隷制のダイナミズムに副次的にしか参加しなかった。大西洋の奴隷貿易が残した痕跡のために一般に考えられていることとは反対に、アフリカは奴隷売買に「自然に」与したのではなく、外部の社会との接触や相互作用によって参加したのだ。したがって、奴隷制は、肌の黒い色やアフリカと自然な関係も、歴史的関係もなかった。だが、サハラ以南のアフリカは、最初は地中海東部、そしてマグレブ［北西アフリカ］から普及してきた奴隷交易と奴隷制経済に少しずつ組み込まれていき、住民と政治機構を大きく変化させた。これから詳しく見ていくのは、一五世紀にヨーロッパ人がアフリカの大西洋岸に接近した際に遭遇した状況に西アフリカを導いた組み込みのプロセスである。

第2章　サハラ砂漠以南のアフリカにおける奴隷制

本来は、奴隷は黒人でも、とくにアフリカ人でもなかったが、奴隷制は、アフリカのサハラ以南地域の土地と住民構成を大きく変貌させ、刻印を残しつつ普及していった。この地域において古代以来、奴隷制が絶えず発展してきたことは、近代初期に組織的かつ活発な一大奴隷市場を生み出す結果につながった。

古代以来のナイル川北部とサハラ砂漠の商業上の地位

奴隷制の最古の痕跡は、紀元前三〇〇〇年のメソポタミアに見られる。何よりもまず、奴隷は隣接地域との戦争の捕虜だったようだ。同様に、地中海全域の古代奴隷もほとんどはフェニキア、カルタゴ、ギリシャ、ローマといった帝国による隣接地域への軍事遠征や征服によって作り出された。こうした帝国の中心地や地中海の港は、奴隷取引や奴隷消費の地となった。地域内の捕獲のほかには、主な供給地域からの売買ルートが現れてくる。奴隷の多くは地中海の北部で「生産」されたが、ベルベル人の奴隷や、紀元前数世紀に奴隷取引網が輪郭を見せ始めたカルタゴ支配下の地域の奴隷もいた。現在のリビアの南部、フェザーン地域に住んでいたガラマンテス人は、チャド湖地方で捕獲した奴隷をカルタゴのために売っていたらしい。この最初のアフリカ「ルート」は、古代ローマ帝国による征服によってより堅固なものになった。そのルートは南からの金の交易――おそらく奴隷交易も伴っていたであろう――に利用された。[1]

地中海の東にあるエジプトでは、アレクサンドリアとカイロがあらゆる出自の奴隷を調達できる重要な市場になった。そのうちのアフリカ黒人奴隷は、ナイル峡谷からエジプトの市場に届いた。このルートは中世から近代まで大きな役割を果たすことになる。古代エジプトは長い間考えられていたほど多くの奴隷を使ってはいなかったようだが、紀元前二〇〇〇年からエジプトの南の、現在のスーダンの一地方であるクシュ王国からの奴隷「配達」が確認されている。紀元前一世紀にローマに支配されたこの地方は、ヌビアという名前になり、そこから慣習的に奴隷を調達していた商人に供給し続けた。よりよく需要に応えるために、奴隷の捕獲は南へ南へと下ったが、とりわけヌビアが紀元後三五〇年にキリスト教に改宗してからはその傾向が強まった。ヌビアの南のアクスム王国は、この地を支配した際に奴隷を生産したとみられる。その奴隷は建物の建造、灌漑された地方での集約農業の作業、軍隊、家事労働などに使われた。

古代の「地中海地域の」あらゆる帝国は必ず奴隷を利用したため、大きな都市の商業的地位を安定させた。長い間、奴隷売買は一定の地域内にとどまり、戦争捕虜によるもの（奴隷確保のために行われる探検の成果ではなく）だったが、こうした都市は次第に、ヨーロッパ人やアジア人を集める、地中海全域と中東にできつつあった将来の奴隷取引網の中心地になっていった。奴隷取引網がサハラ以南にまで伸びたのは七世紀以降、アラブ世界が拡大してからで、古代にすでに利用されていたナイル川とサハラ砂漠の二つの主要ルートを通してだった。

奴隷制は、イスラム以前のアラブ部族の社会体制、経済体制に完全に溶け込んでいた。奴隷はまず、その土地の対立から起こる戦争によって作り出された。メッカのアラブ人とベドウィン人の間の戦争では、奴隷が兵士としてよく利用された。売買によってより遠くから来た奴隷もおり、たとえばアラブ人は紀元後の初めの数世紀から、アクスム王国から奴隷を買っていた。エチオピアからアクスム人によって輸送されたアビシニア人［エチオピア人］はメッカで売られていた。七世紀以降のイスラム教の受容とその急速な普及も、正面から奴隷制度を揺さぶることはなかった。実際、コーランはその宗教的領域は別にして、奴隷制が確立されていたアラビア半島の歴史的、社会的背景に根づいた文書である。奴隷は預言者ムハンマドの世界の一部だった。最初のムアッジン［イスラム教の礼拝を呼びかける役人］となったビラールという奴隷は解放したが……。

ところが、六二二年のヒジュラ［迫害を逃れるためのムハンマドの移住］の初めから、アラブ帝国のあらゆる地で奴隷取引網の確立を決定づけるメカニズムが導入された。キリスト教の新約聖書と同様、イスラム教も人間の普遍性についての思索を提案した。その理想では、人間は、住民すべてを同化する役目を負うムスリムの共同体〝ウンマ〟のもとに一つになる。また神によると、ウンマのなかで人間に差異はないのであるから、奴隷という身分には問題がある。だが、イスラム教は直接、彼らの解放を提案することはなかった。新約聖書と同様、地上の世界での奴隷制の現実を容認し、各自にその運命を神への服従の印として受け入れるよう奨励した。ところがイスラム教は、ユダヤ教やキリスト教にもあるような新たな禁止事項を加えた。つまり、ムスリムを奴隷にしてはならないということだ。それに加え、イスラム教は主人による奴隷の解放を奨励し、いくつかの規則を作って解放を促進した。その規則とは、子どもは父親の奴隷にはなれないため、自由人の父親または母親から生まれた子は自由人として生まれるというものだ。このようにして、奴隷がイスラム教に改宗すれば、その奴隷自身は解放されるとは限らないが、子どもの解放につながる。異教徒に対する戦争のみがコーランに認められた奴隷化の唯一の理由になったため、イスラム化が予想される対立する部族や近隣の住民から奴隷を供給することは不可能になった。このように、奴隷生産のあらゆる条件、それとともに奴隷取引の経済が著しく変化したのである。[2]

アラブ世界の拡大と奴隷売買ルートの発展

七世紀から八世紀にかけてのアラブ世界の征服の勢いは、征服した地域とその周辺の奴隷取引網を発展させるとともに、ヨーロッパ、アジア、アフリカの経済にすでに存在していた奴隷取引網を強化した。アラブ世界の拡大は、奴隷も加わる軍事活動を伴うだけでなく、とりわけ地中海地域、中東、小アジア、インド洋地域、北アフリカ、南ヨーロッパの帝国における経済発展および都市の成長、さらには新たな支配階級の誕生といった一連の重要な要素にもつながっている。これらの変化は結果的に奴隷市場を拡大したのだ。

奴隷の調達は、一方では敵対する民族（イエメン人、シリア人、エジプト人、ギリシャ人、イラン人、ベルベル人、イベリア半島の人々など）の征服による捕獲、他方ではイスラム世界の外縁地域（ガリシア人、ゴート人、フランク人、アルメニア人、テュルク系民族、アフガン人、インド人など）への急襲によるものだった。奴隷貿易網は、アラブ人が征服したサーサーン帝国（アナトリア半島、イラン高原、コーカサス、ペルシャ湾地域）から東に伸びていった。地中海地域の北東部、ローマ帝国の制度を継承したビザンチン帝国の領土では、キリスト教徒の捕獲が宗教で禁じられたため、地元の奴隷や隣のバルカン半島で捕獲された奴隷の数は減ったが、アジアのステップ地帯やヨーロッパのスラブ世界から来る奴隷の売買が増えた。とりわけフランク王国カロリング朝は、ヨーロッパの非キリスト教徒の奴隷売買で主要な役割を果たすようになった。カロリング朝の人々は、自国内の広大な農地で奴隷を使うだけでなく、ビザンチン帝国や北アフリカに奴隷を売った。その売られた先ではアラブ人、ユダヤ人、キリスト教徒の商人たちが、イスラム世界やキリスト教世界の政治経済の中心地に奴隷を流通させ、召使い、農業労働者、職人、坑夫、さらには商人、兵士、側近、妾として供給した。[3] こうしてイスラム世界の奴隷取引の役者がそろった。〝ジャーラブ〟（jallab：輸入業者）や〝ナカス〟（nakhkâs：悪徳商人）だ。彼らは、イスラム世界以外の三つの主な供給地——重要な順に、東ヨーロッパ（スラブ人）、中央アジアのステップ地帯、サハラ以南のアフリカ——で、「生産される」奴隷を輸入し流通させた。

地中海の南では、マグレブ地方のアラブ支配により、サハラ砂漠を縦断する商業ルートが発展した。ティアレット、ワルグラ（現在のアルジェリアにある）といった新しい町から、仲買人たちが金、塩、奴隷、象牙、黒檀、じゃ香［ムスク］を扱う定期的な交易をニジェール川大湾曲部で展開した。それと並行して、より東のザウィラ（Zawila）［現リビア南部の町］からフェザーン地域を通ってチャド湖に至る、八世紀から利用された第二のルートがあった。第三のルートは、〝ビラード・アッスーダーン〟すなわち「黒人の国への扉」として有名になったシジルマサという町のある、モロッコ南東部からサハラを縦断する西のルートだ。これら三つのルートは、イスラム世界の奴隷需要の高さと市場の制度化によって発展した。征服の論理から、アラブ人はマグレブへの侵略を拡大しつつ、戦争捕虜として大勢の男女を「さらった」。その他の奴隷は、六七二年にバクト協定を締結したヌビア人や、カネム王国（現在のスーダン中央とチャド）で調達したフェザーン地域の住民のように、従属させられたために奴隷を貢ぎ物として差し出さなければならなかった民族によって供給された。こうした年間数百人の奴隷に関する協定の締結は、以前にも奴隷交易があったことを証明するものだが、交易ルートおよび仲介人の面で安定・強化され、奴隷交易システムの誕生を促した。奴隷を供給する社会は地元の生産能力が枯渇すると、武装集団を組織して交易に供給し、奴隷狩りの領域を南に拡張した。奴隷を生産する社会のイスラム化に応じて、この動きはますます活発になっていった。つまり、急襲や捕獲は、アラブ人が「ラムラム」と呼ぶアニミズムの人々を対象とするようになるのだ。サハラ砂漠南部とナイル川南部というアフリカの二つの奴隷供給源は、イスラム化の伸長とともにさらに南に伸びていく。何世紀にもわたる奴隷交易により、奴隷の消費者、商人、生産者の関係も確立されていった。アフリカの諸王国はアラブ人からヨーロッパ人やアジア人の奴隷も買っていたので、奴隷の交易方向はまだ固定されていなかったが、主な商業ルートに沿って次第に南から北への方向に安定していき、黒人奴隷の存在は――多数派ではないけれど――中東、インド、ヨーロッパで慣習になっていく。

このようにして七世紀から一一世紀にかけて、イスラム世界の拡大によって地中海ならびに東方の経済が再編された。帝国の軍事力の構築は、ほとんど恒常的な征服活動や国家権力の確立のために多くの奴隷を生産し、消費した。奴隷は行政機関や戦争に用いられ、多数の召使いを供給することで貴族を豊かにし、商人の力を強めることに貢献した。奴隷はインフラ工事や農園にも使われた。イスラム教だけでなくキリスト教の国々の拡大論理は、供給（戦争や征服による）と需要（奴隷消費の増大）の両方をもたらした。需要と供給を連結する交易は、イスラムによって統一された広大な地域の恩恵を受け、そのため文化的単一性も商業体制に有利に働いた。結果的に、こうした帝国（ビザンチン帝国、フランク王国、イスラム帝国、スルタン統治国）のあらゆる周辺地域――つまり北欧、東欧、小アジア、コーカサス、サハラ以南のアフリカなど――が奴隷の供給地となり、その地の政治機構や住民構成が奴隷の需要と奴隷交易の体系化によって大きく変化した。西アフリカ（そこでは新たな政治的・軍事的実体が出現した）はその一例であり、数世紀のうちに奴隷貿易経済に深く組み込まれ、一二世紀以降はイスラム帝国への主要な供給者になるのである。

西アフリカにおける奴隷交易国の形成

一二世紀初め、イタリアの商業都市、とくにヴェネチアは地中海経済を支配下においた。ヴェネチアは東欧やステップ地帯から来る奴隷を売買するために、黒海を経由してアジアに商業ルートを伸ばした。これは戦争による奴隷生産ではなく、交易である。コーカサス地方やロシアのスラブ人が交易を目的とする略奪（ラジア）によって捕獲された。奴隷はアラブ人、ユダヤ人、キリスト教徒（イタリアのヴェネチアやアルマダ、南仏のプロヴァンス地方のアルル）の商人に売られ、南ヨーロッパ、マグレブ、東地中海地域に輸出された。[4] この交易は莫大な収益をもたらし、ヨーロッパ人にアラブ金貨をもたらした。当時、アラブ金貨の流通はヨーロッパの経済発展の重大なテコだった。ちなみに、ヨーロッパの中世後期にあたるこの時代に、「スラブ（slave）」という言葉から「奴隷（esclave）」という言葉が生まれたといわれている。奴隷はサハラ以南の「黒人の国」である〝ビラード・アッスーダーン〟からも来ていたにもかかわらず、「ニグロ」という言葉にもみられる同じ換喩の原理が働いたのだ。

　奴隷交易の発展、より一般的には地中海地域に向かう交易は、サハラ以南のアフリカの政治形成に影響を与えた。そのなかには、サハラ越え交易によってとくに国力を増した国もある。奴隷需要の恒常性と重要性のため、奴隷売買経路の安定性は、各地で市場管理に基づいた政治的実体の形成を容易にした。ソニンケ族からなる歴史あるガーナ帝国もその一例だ。[5] この帝国は五世紀頃から勢力を拡大し、大西洋岸から現在のニジェール中部までの広大な領土を獲得し、金と塩、そして奴隷の北方への交易を発展させた。同様に、六世紀末からあったカネム王国も、フェザーン地域へのルートとザウィラという町を支配下においていた。ザウィラには何世紀もの間、エジプト、中東、チュニジア向けのサハラ地域最大の奴隷市場があった。[6]

　ガーナ帝国の発展は、イスラム帝国の主要都市の塩、金、奴隷の大きな需要、そしてベルベル人商人の活躍による交易の活発化から説明できよう。帝国は次第に多くの領土を吸収していき、軍事・商業大国に発展する。ガーナ帝国軍は一〇世紀、ベルベル人の拠点、アウダグストを併合し、サハラ越え交易を完全に手中にした。アラブ人年代記作者のイブン・ハウカルは、ガーナの君主を「地上で最も裕福な君主」と記している。一一世紀の地理学者アル・バクリ［アブー・ウバイド・バクリー］も、なかには一〇〇〇人以上の奴隷を有する者もいると、ガーナ帝国の首都の住民の豊かさに言及している。[7]

イスラム世界との接触により、ガーナ帝国の住民の大部分は一一世紀にイスラム教に改宗し、ムラービト朝（モーリタニア）がガーナ帝国の首都を占領して帝国を倒した。しかし、ガーナ帝国の滅亡は交易に影響を与えなかった。その反対だ。スーダン地方（サハラ南縁地帯）と南ヨーロッパの間の交易路を利用するマグレブの中規模の諸王国にとっては、幸運な時代が始まる。スーダン地方とアル・アンダルス（イベリア半島の南）の間を往来するベルベル人商人に奴隷を供給するために、武装集団を主な構成員とする勢力がスーダン地方で急襲（ラジア）を行い、黒人奴隷の交易はますます盛んになった。それと並行して、一一世紀から一二世紀にモロッコ、モーリタニア、イベリア半島を支配していたイスラム王朝、ムラービト朝によって西サハラのルートも発展していった。このルートは、一二世紀から一三世紀にムラービト朝を倒してマグレブとアル・アンダルスを支配した、ベルベル人のイスラム王朝であるムワッヒド朝に同様に利用された。当時、北ヨーロッパのスラブ人奴隷供給が枯渇する傾向にあっただけに、需要はいっそう高まった。

実際、キリスト教社会のヨーロッパは、教会がキリスト教徒を異教徒に売ることを禁じたことも一因となり、ほとんど奴隷を供給しなくなっていた。キリスト教の教皇庁とイスラム教の双方が宗教的[8]

な制限を強制したこと、農業生産の進展で農業労働奴隷の一部が農奴に組み込まれたこと、さらに一〇〇〇年頃から開墾が進むなかで自由人や奴隷身分から解放された人々が重要になったことから、北ヨーロッパの奴隷交易は減速した。それは、ヨーロッパ人が奴隷交易経済に参加しないという意味ではない。それどころか、イタリアの商業都市の勢力は東に拡大し、黒海やアドリア海沿岸を経由するアジアへの商業陸路を開拓し、タタール人、テュルク系民族、さらにギリシャ人、ビザンチン人の奴隷交易に参加した。

こうした情勢により、一二世紀になるとアフリカ人奴隷の交易はさらに活発化した。ガーナ帝国の没落後、トンブクトゥがマグレブと南の小国群をつなぐ経済的、文化的、宗教的（イスラム教）中心地になった。イスラム教に改宗していたこれらの小国（ガオ帝国、マンディンカ帝国）は、ガーナ帝国に従属していなかった国々だ。一三世紀になると、この地方にその他の帝国が現れるが、それらの国の支配階級はイスラム教徒だった。彼らは、マグレブやエジプトとの交易のために新たな供給地を確保する一方、彼ら自身も多くの奴隷を消費した。マンディンカ族のマリ帝国は、ガーナ帝国がムラービト朝によって解体された後、一三世紀にこの地方を支配した。一三二四年、マリ帝国の創立者スンジャタ・ケイタの後継者［第九代目の王］、カンガ・ムーサ［マンサ・ムーサ］王がメッカに巡礼に行った際、複数の証言によると何千人もの奴隷（史料によって八〇〇〇人から一万五〇〇〇人）と金一〇トンを携えたという。

その後、この地域の覇権はマリ帝国から、トンブクトゥを首都とするソンガイ帝国が握った。その前にあった帝国と同様、ソンガイ帝国は金（南の熱帯地域で採掘）と塩（サハラ砂漠）および、イスラム化していない住民の奴隷の交易支配を基盤とした。この国の支配階級は、十分な奴隷の予備軍を維持するために、住民のイスラム改宗にブレーキをかけた可能性がある。[9] イスラム化が進行するにつれて、略奪（ラジア）はアフリカのより内陸部、より南で行われるようになる。ソンガイ帝国および東のカネム・ボルヌ帝国がサハラと東地中海地域への奴隷交易を支配していたが、カネム・ボルヌ帝国は東海岸（スワヒリ海岸）[10]とスーダーン（「黒人の国」つまり、現在のセネガルからエチオピアまで）の両方から奴隷を捕獲していた。クロード・メイヤスーは、これらの政治的実体を奴隷交易軍事社会と呼ぶ。その社会では奴隷制の究極目的は、市場よりは戦争――軍人貴族の権力の存在理由――そのものであった。

別の言い方をすれば、アフリカの奴隷交易は、奴隷交易全体からすれば常に二次的なものだったものの、古代からオスマン帝国初期までに制度として強化されていった。しかも、アフリカの奴隷交易は九世紀以降、いわゆるスーダン地方［南北はサハラ砂漠南縁から熱帯地域の北まで、東西は大西洋からエチオピアまでの広い帯状地帯を指す、当時の地理用語］の国々の形成と発展の基礎となったのだ。なぜなら、奴隷の生産は必然的に生物学的再生産［生殖］によって行われるのではなく、よその住民から大人を捕獲することによって行われるのだから、当然ながら、奴隷交易は西アフリカ全域において人口面で大きな影響をおよぼした。商業的民兵によって組織された捕獲戦争や略奪（ラジア）はこの地域の住民の不均衡を招き、住民を散逸・再結集させるとともに、文化と言語の非常に重大な混合をもたらしたことからもそういえるだろう。

一五世紀初頭の時点で、奴隷制は戦争とともに最も強固な制度の一つだった。奴隷制はイスラム帝国と同様、ヨーロッパの封建制にも見られ、やがてアフリカの東海岸やスーダン地方の帝国を巻き込むようになった。スーダン地方の帝国では、奴隷交易と捕獲戦争の制度化が、文字通り政治的実体や社会関係をつくり上げた。何百万人という奴隷にサハラを縦断させた地中海地域の大きな需要に加え、それらの軍事商業国家内での奴隷使用が加わった。奴隷交易のルートはアフリカ大陸の内陸部と南に伸び続けていった。西ヨーロッパは一五世紀以降、奴隷交易に新たな広がりを与えるためにその活況に殺到していくのだ。

奴隷制の歴史的重み

奴隷の大西洋貿易に進む前に、ざっと触れた奴隷制の人類学的、歴史的定義から何を押えておくべきだろうか。

奴隷制を親族性のアンチノミー〔背反〕としたクロード・メイヤスーの提案する人類学的分析は、奴隷制が発展した無限に多様な歴史的、文化的背景――そのために、しばしば歴史学者は定義することをためらう――を超えて、奴隷制のいくつかの一般的性質に気づかせてくれる。親族システムが社会規範全体を規定する西アフリカでは、これまで見てきたように、奴隷の親族性からの排除が人間性からの象徴的な排除に相当する。人間、共同体の成員、信徒、市民など、自由人であることを特徴づける言葉や制度が何であろうと、奴隷はそうした共通の人間性（ユマニテ）に、個人としても、親族としても参加できないことによって区別される。そこから、奴隷制の象徴的な意味における極端な暴力性が説明できるのである。この暴力が身体的暴力（捕獲、儀式としての拷問など）に先立つか否かにかかわらず、すべての場合に暴力は〝制定され〟、つまり制度化され、したがって問題視されないか、ほとんどされない。万人の了解のもとに、その暴力はある種の活動、交換、社会関係を可能にするが、それらはすべて奴隷と自由人を区別する同じ原則に合致しているのである。

この歴史学的な着眼から、奴隷制は肌の色や宗教や特定の民族に関係していないことも明らかだ。実際、奴隷交易網にはある種の習慣や結びつきを確立する傾向はあったが、奴隷の流通は非常に複雑だったために、肌の色や出自を奴隷身分の印とみなすことはできない。しかも、それは必要なかった。なぜなら、ある社会において奴隷制が確立する慣習以外に奴隷制がもたらすもう一つの結果として、制度そのものが奴隷の身分を決定しているという事実があるからだ。奴隷は奴隷であり、それを正当化する必要はなかったのである。奴隷制の存在そのものが、奴隷の身分を正当化するものであったことを理解するためには、想像力を働かせて古代と中世の世界に没入しなければならないだろう。このことをよりよく示すために、アリストテレスが奴隷制のことを社会、つまり古代ギリシャのポリス――人口の半分が奴隷だったとされる[11]――において「自然だ」と表現したことに言及してもよい。アリストテレスは、しばしば人が彼に言わせたがることとは反対に、かくかくしかじかの人たちは「自然に」「生まれながらにして」奴隷であるということではなく、社会秩序そのもの、つまり、「奴隷」と「主人」というカテゴリーに応じて仕事や役割を分けることが自然であるということを、身体と魂の〝自然な〟機能の暗喩を使って言ったまでだ。哲学的問いは別として、奴隷制はとりわけ古代と中世の地中海地域の主要な社会的事実であり、それを温存するためにアリストテレスを引き合いに出すまでもない。しかも、宗教的、哲学的な理論はどれも、近代末期以前に奴隷制の自明さを明確に疑問視することはなかった。〈聖典〉に基づく三つの宗教［ユダヤ教、キリスト教、イスラム教］も同様だ。古代と中世の異なる時代に書かれた聖典の文章は、すべて奴隷制社会で練り上げられたものだ。ところが、ユダヤ教、キリスト教、イスラム教の思想の発展は、次々と、あるいは時には同時代に、一方で人間の普遍性、他方で信徒間の隷属状態が倫理的に受け入れがたいと提示することによって、奴隷制という自明の制度に風穴をあけた。制限なく改宗させる可能性を想定する、この三宗教の熱心な勧誘という特徴は――少なくとも当時はそうだった――、結果的に逆説的な力を生み出した。信者の数が増えるにつれ、ある意味で人間性（ユマニテ）が通用しない奴隷生産地をより遠くに求めなければならなくなった。ますます異国のものになった奴隷は、すでに「奴隷になった」状態でのみ雇われる社会に到来する。そのため、倫理的な矛盾をかき立てずに物事の「自然な」秩序に奴隷を組み込むことが可能になる。奴隷の身分そのものが、奴隷を人間性から引きはがすという象徴的な暴力の役目――後に人種に担われる役目――を果たす。この力学は重要である。なぜなら、それは三つの一神教が導く、普遍的平等と奴隷制による支配の対立において、「白人の秩序」の出現を決定づけることになるからだ。

最後の要点は、中世末期の西ヨーロッパにおける奴隷の位置づけである。ヨーロッパ人はイタリアの諸都市を拠点に、ますます遠くに軍事遠征を行い、奴隷取引人としてまずまずの働きをした。しかし、奴隷交易活動はむしろ地中海地域の南部と東部の経済を対象としていた。奴隷労働は、それがまだ残っていた南ヨーロッパ以外では、農業労働の基盤となることは次第に少なくなっていた。キリスト教徒を奴隷にすることの禁止、さらに封建領土の奴隷が次第に農奴身分に同化されたことにより、奴隷制は次第に実施されなくなり、他の種類の労働や実践にとって代わられた。実際、一一世紀から西ヨーロッパは、森林地帯の開墾による大掛かりな経済活動を開始した。この開墾のほとんどは自由人、あるいは農奴身分への移行の際に解放された自由人と封建貴族との間で締結された憲章に基づいていた。全くなくなったわけではないが、奴隷制や強制労働は主要な生産方法ではなくなっていったのだ。このことはヨーロッパの歴史にとって重要な問題を提起するのだが、それは本書では扱わない。それなら、ヨーロッパ人が一五世紀になって奴隷制を再発見し、これまでにない規模に発展させたのはどういうことなのだろうか。

第3章　ヨーロッパのダイナミズム

フランスの学校では、一六世紀初めのヨーロッパに「ルネッサンス」が起こり、このルネッサンス期は印刷の発明、宗教改革、アメリカ大陸の発見とほぼ時期を同じくしたということを多少とも詳しく学ぶ。この時代に、ヨーロッパ人がこぞって世界中の征服に乗り出したことは知られており、人種主義の歴史はアメリカ大陸のインディアンの服従に始まるということもよく耳にする。しかし、西洋史における近代の出現に重きをおくあまり、中世後期からのヨーロッパのダイナミズムの継続性にほとんど注意が払われない傾向がある。一五世紀に奴隷制が突然「再発見された」際の、ヨーロッパ帝国と奴隷制の特殊な関係を理解するためには、一六世紀以降にあらゆる王家や国家から構成されたヨーロッパ帝国の特殊性、そしてすでに九世紀からあったその枠組みを再検討してみることが有益だ。

ヨーロッパ建設における一つのパラドックス

奴隷制は西ヨーロッパ人に知られていなかったわけではないが、ローマ帝国の凋落以降、明らかに後退し、中世末期のキリスト教の諸王国ではほとんど消滅していた。この衰退の理由をキリスト教の宗教的立場や倫理観に求めるべきではない。何しろ、同時期にキリスト教のビザンチン帝国で奴隷制は繁栄していたのだ。実際、教会は最初から奴隷制を非難することなく、この世の現実として認めていた。中世前期に、とくにキリスト教徒を奴隷にすることについて、イエス・キリストの教えに矛盾するとして多少の議論があったのみだ。教会はキリスト教徒奴隷の解放をあちこちで奨励したり、信徒の捕獲を批判することはできた[1]。三世紀から一三世紀の西ヨーロッパに奴隷が少なかったのは、むしろ世界経済の枠外にいたという事実のためであって、当時の経済の中心地は文化、技術、経済面で沸き返っていた東地中海地域だった。政治の中心地や最も栄えた商業ルート周辺では、これまで見てきたように奴隷制が隆盛していた。奴隷交易は商業と生産システムの重要な構成要素だったからだ。

イスラム世界の境界におけるキリスト教徒、イスラム教徒や海賊の絶え間ない侵略、そしてその境界の絶え間ない移動により、戦争による奴隷捕獲は重要な活動であり続けた。捕獲された奴隷と商品は双方向に流通した。南ヨーロッパでは、大邸宅の召使いとして常に多くの奴隷が使われていた。だが西ヨーロッパは、奴隷と交易の経済に参加するにはまだ貧しく、人口も少なかった。奴隷労働は、ヨーロッパの人口の少なさでは単に手の出ない贅沢だったのだ。フランク王国の王によって「生産された」奴隷は地中海のイスラム諸国に売られた。王国内の大荘園に使われた奴隷たちは次第に奴隷としての性質を失い、別の強制労働のカテゴリーに移った。当時発達していた封建制は労働力自体の所有ではなく、労働力の土地への従属に基づいていた。封建制の基盤である封土の原理は、耕作される領地から領主が税金を得ることである。こうして、奴隷の所有よりは、土地の支配と臣民の密度が中世社会の課題であり、生産、つまり権力の均衡を脅かすのは森と病気だった。そのため、九世紀のカロリング朝の大荘園に時には多く存在した奴隷は、奴隷の範疇ではなく、「隷従する者」「農奴」という範疇で次第に土地に結びつけられるようになった（ラテン語の *servus/servi* は奴隷と農奴の両方を意味するという問題もある）。農奴は、縛りつけられた土地で生産し、〝かつ再生産する〟役割により、奴隷と区別される。奴隷と異なり、農奴の労働はその地で再生産される。自由の剥奪は主に、決まった領地で働くことを定められている点にある。ちなみに、一〇世紀当時から、キリスト教会は農民間の結婚を強制して住民数を安定させようとし[2]、家族単位での土地への定着を促した。この農奴制への移行は、数世紀で西ヨーロッパから完全に奴隷を消滅させた。

このプロセスは、ヨーロッパ経済の発展のもう一つの特徴によって強化される。一一世紀以降、ヨーロッパ経済の発展は強制労働からの「解放」と自由人の増加に基づいていた。フランク人、ゴート人などのヨーロッパ人貴族に促され、さらに修道会（クリュニー、シトー）の発展にも助けられて、一二世紀には労働の集中化と生産性の向上のおかげで優れた開墾政策が始まり、耕作面積の拡大が可能になった。この一二世紀から一三世紀の各地の開墾運動は入植「憲章」に基づいている。この憲章は、領主と入植農民の間に交わされる契約のようなもので、その中のインセンティブ条項が非常に重要だった。多くの憲章では、入植者の領主への税金の一部が免除され、場合によっては開墾労働と引き換えに自由が与えられた。こうして西ヨーロッパの農民の間で、自由人あるいは農奴から解放された人の人口がますます増えていった。

この動きと並行して、ヨーロッパでは政治形態が発展し、その結果、近代国家が生まれた。蛮族の侵略と教会権力の発展以降、ヨーロッパの政治は、封建貴族である家系と教会機関の間の競争と提携から織り成される、不安定であると同時に均質な、複雑な背景によって成り立っていた。ところが、そうした司教、教皇、王、伯爵といった家系や個人的な提携でなく、教皇権力と王家という体制の間の提携によって可能になった権力の集積から近代国家が生まれるようになる。この政治権力の相互構築により、地中海交易への進出計画と宗教戦争の枠組みができた。こうした構想のなかで、一一世紀から一五世紀にかけてヨーロッパ近代国家のある種のルール――形式化された協定――が生まれた。それは、「ヨーロッパ人農民の」解放の拡大の動きと大いに矛盾するのだが、奴隷制の大規模な発展を可能にしていく。

ヨーロッパにおける教皇権と王権の提携は、すでに九世紀から封建制度の発展の基礎となっており、イスラム教徒に対する「再征服（レコンキスタ）」戦争を口実としていた。フランク王国の有名な宮宰であったシャルル・マルテル［カール・マルテル］――七三二年にポワチエでサラセン兵［ウマイア朝のムスリム兵］の進撃を食い止めた――の息子、ペパン・ル・ブレフ［ピピン三世］は、教皇からフランク王国の王として認められ、カロリング朝を築いた。その息子シャルルマーニュ［カール大帝］はローマ教皇からローマ皇帝として戴冠を受けたため、ビザンチン帝国［東ローマ帝国］と袂を分かった。後に「十字軍」と呼ばれる計画は、ローマ教皇とヨーロッパの諸王国の間の政治提携をもたらした。一一世紀末、テュルク系民族がエルサレムに定住した直後にウルバヌス二世が始めた十字軍遠征は、宗教的、軍事的、商業的な試みだった。その目的は、キリスト教徒のエルサレム巡礼を軍事力によって保障し、同時に地中海交易での地位を向上させることだった。十字軍遠征には莫大な資金集めが想定され、ヨーロッパ全土の封建領主が貢献したほか、遠征のために設立された初の金融機関や、金融機関を管理する経済・宗教組織である騎士修道会（テンプル騎士団、キリスト騎士団など）も貢献した。

　イスラム教徒からのイベリア半島の解放である「再征服（レコンキスタ）」にも、王権と教皇権を結びつける軍事行動という同じ原則が見られる。エルサレムへの十字軍と同様、フランク王国や西ゴート人王国などキリスト教の王によって興された再征服（レコンキスタ）は、ローマ教皇から奨励され、一一世紀から一四世紀まで続き、南進した。〝再征服（レコンキスタ）〟と十字軍は、二つの原則に基づいた、教皇の確立した同じ法的枠組みに支えられている。一つ目の原則は、十字軍の最初の呼びかけの際にウルバヌス二世によって制定された、教皇教書〝無主地（テラ・ヌリウス）〟に規定されている。その教書は、キリスト教の王がだれも支配していない土地は「だれのものでもない土地」とする。したがって、その土地はキリスト教の拡大と称してキリスト教の王が征服することができる。つまり、この原則はキリスト教の拡大を無制限に正当化すると同時に、キリスト教の王によって支配される土地は何者にも支配も攻撃もされない、つまり、キリスト教の王の統治権とともに、たとえ仮のものであっても領土の境界の存在を認めるものなのだ。これはヨーロッパの拡大のための装置である。ヨーロッパ諸国間の境界によって規定された領土の統治権が認められ、その統治権の使命は無限に拡大すること、世界を分け合うことだった。

　十字軍の二つ目の法的原則は、戦争の正当化とともに、暴力の行使と新たな捕虜を奴隷にする口実を正当化することである。このことは何度も議論され、理論化されたが――とりわけ一三世紀に聖トマス・アクィナスによって――、この「正戦論」は、暴力の行使がキリスト教拡大のために正当であるための条件を提示していることから、人を奴隷にすることも、この原則によって規定・統制された。つまり奴隷制は容認され、場合によっては必要とされたのだ。言い換えれば、ヨーロッパは中世後期、一方で入植による人の解放、もう一方で戦争による奴隷の生産という二重プロセスのもとにつくられていった。

キリスト教の王たちがイベリア半島の再征服（レコンキスタ）を進展させたことで、右記のようなヨーロッパのダイナミズムの異なる構成要素が実践され、うまくかみ合うようになった。とりわけテンプル騎士団が解散・解体されて王領直轄の騎士団となった際は、戦争資金も騎士団によって調達された。後に大西洋地域の征服の実行者になるポルトガルのキリスト騎士団も、その一例だ。イベリア半島の再征服（レコンキスタ）の際、同盟した王や臣下たちは、イスラム王朝に対する勝利による前進や後退ばかりでなく、内部競争にも対応して常に領土を分配し合った。こうした経緯のなかで、とくに一つの政治的実体が強力になった。それは少しずつライバルや同盟国を支配していったカスティーリャ王国だ。リスボンを再征服し、ローマ教皇から一一三九年にポルトガル王として認められたポルトガル公は、彼の後継者と同様に、隣国のカスティーリャに対して自身の統治権を絶えず維持して自国の境界を認めさせようとした。一三世紀末にイスラム王朝を撃退してカスティーリャの侵入を阻止したとき、ポルトガル王国は現在にまで続く国境を有する最初のヨーロッパの国になるのである。その国境内で、ポルトガルの領土は数世紀の間に二つの基盤の上に形成されていく。一つは、開拓と同じ原理に基づいて、全ヨーロッパからやってきた入植者――時には強制的に連れてこられた――への憲章の授与により、征服地の支配と入植が行われたことだ。こうした入植者は「自由人の議会」を形成した。もう一つの基盤は、テージョ川（タホ川）以南のイスラム王朝やムーア人（ムラービト朝のベルベル人）の領地が併合され、奴隷や農奴が農園で使われたことだ。「正戦論」のおかげで、それらの従属する人々をその身分のまま王国の統治下に含めることができたのだ。こうして、ポルトガル王国の統治権は、ヨーロッパ出身の市民である自由人の身分や彼らの村や町の「議会」を拠り所とすると同時に、奴隷や権利を剥奪された人々（ユダヤ人やムーア人も自由を制限された）の数を増やすこともできたのである。

最後に、こうした軍事行動の具体的な目的が、地中海経済領域への進出であることを忘れてはならない。この世界有数の富の源泉である地域から、ヨーロッパは一三世紀まで端に追いやられていたのだ。すでに東洋の商人ネットワークに入り込んでいた南ヨーロッパのいくつかの都市のみが、テュルク系民族が中東を征服した後、ビザンチン帝国やエジプトなど地中海地域の帝国の衰退を有効に利用することができたのである。したがって、一三世紀時点ではヴェネチア、ジェノバ、そしてマルセイユも、再び東（スラブ人）から西への奴隷交易を含む地中海市場での地位を固めていた。自前の商船や軍船をもち、「共和国」として形成されていたこうした港湾都市は、次第にバルセロナ、リスボン、セヴィリアなどのイベリア半島の後発の都市との競争にさらされていった。

一五世紀の南大西洋におけるポルトガル人とカスティーリャ人

一四世紀初め、ヨーロッパの船はモロッコ沖のカナリア諸島沿いを行き交っていた。奴隷捕獲人が、地元民（グアンチェ族）から奴隷を調達するために定期的にやってきていたのだ。一四〇二年には、ノルマンディーの航海者が、奴隷狩りをしながら、いくつかの他の入植者家族とともにカナリア諸島を探検した。住民にキリスト教を伝道するとともに、ディエップ［ノルマンディーの町］の染め物に使われる赤い地衣類を採取するためだ。再征服（レコンキスタ）の論理から、その航海者はカスティーリャ王とカナリア王から騎士として認められていた。

大西洋の植民地化のメカニズム

南方への再征服（レコンキスタ）の一環として、カスティーリャ王はモロッコへ向けて拡大を続けようとしていた。海賊が頻出し、事件の絶えない地中海の危険な海域や海峡を統制下におくためでもあった。それと同じ目的で、ポルトガル王の息子、エンリケ航海王子はジブラルタル海峡に面したセウタ征服を目論み、一四一四年に支配した。この機会にサハラ砂漠縦断の商業ルートに達し、サハラ以南の供給者、さらにアジア人供給者と直接取引するために絶えずルートをさかのぼろうとした。王子の野心は、一四一九年のモロッコ沖のマディラ島の支配につながった。この島は無人島である。カナリア諸島と同様に、島の発見者は同じ開墾憲章の方式でそこに入植者を定着させた。エンリケ航海王子はフラマン人らを送り込んでマディラ島の森を開墾させ、まずは小麦、その後サトウキビを栽培させた。

エンリケ王子の熱意によってポルトガルの航海術が急速に発達したため、ヨーロッパ人はより西を目指すようになる。一四二七年、別の無人島アゾレス諸島が発見され、ポルドガル王の名において支配された。開拓のために再びフラマン人入植者が送り込まれた。アゾレス諸島とマディラ島の支配で、エンリケ王子は後にポルトガルの植民地化の手法となるものを確立した。つまり、ひとたびポルトガル王の統治が確立されると、王は将来の入植者に土地の委譲を行う「委託状」を探検者・発見者に授けるのだ。この委託（発見者にはカピタニア〔封建領地制〕、開拓者には〝セズマリア〟〔無償配分制〕）は、その土地に作物が栽培されるか、経済開発がなされなければ有効ではない。ポルトガル王はその出来高のうち十分な分け前（まずは四分の一、その後の植民地には五分の一）を受けとる。聖戦の枠内での支配と未開地の開拓は、公的な（王の）事業であると同時に、商業を目的とした民間事業でもあったのだ。

ヨーロッパ人による大西洋の航海においては、二つの野心が深く結びついている。一つは、東洋やアフリカの商品を入手するため、ベルベル人商人を避けてサハラ越え交易を進展させることだ。もう一つは、東洋人から高く売りつけられるもの――とくに、寒冷で乾燥しすぎるヨーロッパの気候では栽培できない砂糖――を現地で生産することだ。

一四三四年、ポルトガル人航海者がカナリア諸島の緯度にほぼ相当するアフリカのボジャドール岬を越えたことは、大きな飛躍だった。この岬は当時まで航海能力の限界とされていた。キャラベル船の改良と経度測定の改善のおかげで、それまでヨーロッパで知られていた世界の限界が超えられた。興味深いことに、同年、政治的に比較的弱い立場にあった教皇エウゲニウス四世は、ヨーロッパの動向に倫理的な制限を加えようとしている。一四三五年の教書「シクト・ドゥドゥム（*Sicut Dudum*）」により、カナリア諸島の住民への搾取と奴隷化を批判し、カスティーリャ王の名においてキリスト教を伝道する口実でそうした罪を犯した者を破門すると脅した。教皇のこの行動はかつて例を見ないものだった。ただし、例外的なままではあったが……。

しかし、教皇のこの警告も、航海が可能になったアフリカ沿岸の航海資金を集め、航海を計画し続けるキリスト教の王の野心を妨げはしなかった。一四三〇年代から一四四〇年代に、ヨーロッパの船はモーリタニアの沿岸からセネガルまで到達し、出会った現地住民を捕獲し、また欲しい商品――金、象牙、香辛料――をもつ商人たちに出会った。生産地と直接に交易関係を築くために、捕獲した人を通訳として使ったが、あまり成功しなかった。航海者たちは一般的に粗暴でほとんど良心的でないといわねばならないだろう[3]。奴隷の捕獲は航海の主な目的ではなかったが、航海者がアフリカを探検するにつれて増えていった。ポルトガル王は一四四〇年に奴隷の輸入を許可した。一四四四年、ポルトガル南部の港ラゴスに、アフリカ人奴隷二三五人が到着し、航海に参加したメンバーに分配された。その「光景」はあまりに残酷だったので、それを綴った当時の歴史家は涙を流したという[4]。

交易の支配

東洋の前線では、オスマン帝国が一四五三年にコンスタンチノープルを支配したことで商業陸路が絶たれた。この大きな変化は、エンリケ王子の率いるキリスト騎士団――入植者による生産は騎士団のためだった――の事業を後押しする結果になった。サハラ砂漠を経ずにアフリカの交易を手中にするという野望に加え、アジアへの新たな海路を開拓してオスマン帝国を回避したい全キリスト世界の圧力が加わった。大西洋地域でのカスティーリャ王国とポルトガル王国の紛争を書簡や教書で仲裁してきた教皇ニコラウス五世は、ポルトガル王アルフォンソとその叔父のエンリケに有利な判断を下した。一四五五年の教書「ロマーヌス・ポンティフェックス」により、教皇はポルトガル王に以下の権限を与えた。

> どこであろうと、あらゆるイスラム教徒、異教徒、あるいはキリストの敵であるあらゆる者を探索し、捕獲し、打ち負かし、服従させること、ならびに彼らのあらゆる王国、領土、公国、公領、彼らの所有するものをそうすること、さらに彼らの人格を終身奴隷に貶め、彼らの領土、王国、公国、公領等を［ポルトガル］王とその継承者のために奪うこと、それを王に対してのみ、王のためにのみ、完全なる権限を与える。

この決定は、カスティーリャ王の領地のままであったカナリア諸島より南のあらゆる探検に適用される。この教書は、大西洋航海事業の初期から、敵対するキリスト教王国間における長い交渉の結果である一連の措置に加えられ、トマス・アクィナスが唱えた「正戦論」の原則を踏襲している。この正戦論は、「七部法典（シエテ・パルティーダス）」によりカスティーリャ王国で同時代に定められた奴隷化の三つの正当な理由の一つの根拠でもある。さらに、教書は一一世紀以来、十字軍のために確立された〝無主地（テラ・ヌリウス）〟の原則にも基づいている。この二つの観点から、一四五〇年代の教皇教書は〝閉鎖海論〟（Mare clausum）、すなわち海はキリスト教の王たちのために「確保され」ており、彼らの間で分配されるべきであるという原則を確立した。大西洋探検のためのキリスト教王国間の交渉から、将来の国際法が生まれるのである。

実際に、ポルトガルのアフリカにおけるプレゼンスはヨーロッパに新たな富をもたらすことになる。一四五五年、ポルトガル王はリスボンに〝ギネー・ミナ館〟という倉庫を建てた。そこには、ブルージュが衰退した後、新たな商品取引所となったアントウェルペン（アントワープ）に送られる前にポルトガル王に税金を徴収されるべく、すべての商品が積まれていた。ポルトガル王は、［一六世紀初めから］約百年間、アントウェルペンに「フランドル商館」を有していた。一四六〇年のエンリケ王子の死後は、ポルトガル王アルフォンソ五世が大航海を継続し、「アフリカ王」という異名をとった。一四六二年、ポルトガル船は再び無人島に接岸した。カーボ・ベルデ諸島である。アフリカ商人との交易基地として、ここでポルトガル人は本格的に奴隷売買に関与し始める。ポルトガルがここから年間一〇〇〇人ほどリスボンに輸送した奴隷は、その地の大邸宅の召使いとして雇用されたり、ヨーロッパの他の国々に売られたりした。[5] 一四六六年、サトウキビ農園で働かせるための奴隷を積んだポルトガルの輸送船団が初めてマディラ島に到着した。この事業は継続されなかったが、数年後にサントメにも見られるような大西洋地域のプランテーションのモデルを予示している。

大西洋の農園

一四七一年、ポルトガル人は、現ガボン共和国の沖にあるサントメと名づけた新たな小諸島を支配した。それまで奴隷貿易はアフリカ交易に「付随した」活動だったが、次第に金を得るための手段になっていった。まず、ポルトガル人はガボンあるいはさらに南の現アンゴラの沿岸で奴隷を買っておく。そして、西アフリカ商人に金——ポルトガル人がその地方で主に欲していたもの——と交換にその奴隷を売る。つまり彼らは、たとえばジンバブエ王国［モノモタパ王国］などから買った奴隷を金と引き換えに供給することによって、スーダン地方の奴隷交易の国々にとって代わったのだ。それらの奴隷は一部がヨーロッパに送られただけで、ポルトガル経済に大した貢献はしなかった。ところが、サントメ諸島の支配によってこの構図が変わっていく。ポルトガル船は当初、主に奴隷を買って北方で売るための航海中継地としてここを使った。そして、すばらしい運命を約束する「天才的な思いつき」が生まれることになる。まず、ポルトガルからサントメ諸島に来た最初の入植者（キリスト騎士団の「従属者たち」、すなわちポルトガルのユダヤ人）に砂糖の生産を命じる。年間二五〇〇トンを輸出するマディラ島の成果をポルトガル王がここでも再現したいと思ったからだ。そのために、ポルトガル人はガボンやアンゴラにおいて自費で買った奴隷をサントメの農園で使うようになった。この事業は大いに成功し、サントメでの砂糖生産は一四八八年にはマディラ島に匹敵するほどになった。やがてマディラ島を超えるようになり、その結果、ポルトガルはヨーロッパで消費する砂糖の大きな輸入業者となった。つまり、奴隷売買は非常に重要なものになったのだ。奴隷売買が、奴隷を貯蔵して輸送するための要塞や商館を海岸沿いに建設する理由になった。一四八一年、ギニア湾沿岸［現ガーナ］にエルミナ城塞が建設された。これで大西洋経済のすべての要素が整ったわけだ。

サントメに関しては、イベリア半島の拡大のダイナミズムにおける多数の段階の一つにすぎず、一連の流れの中にあるように見えるとしても、ここで少し論じておく価値があるだろう。植民地計画、あるいは近代経済一般の計画に不可欠な経済構想において、サントメの段階で明らかに一つの断絶が見られるのだ。エンリケ航海王子や独立採算で働く傭兵たちは、約五〇年の間に生産の重要な概念を発展させた。地の果て（中世では、大西洋はまさに「世界の果て」だった）の人々が遠いアジアの商品――そのなかでは砂糖が最も収益がよかったのかもしれない――を熱望した。なぜ遠くのアジアの商品なのか。ヨーロッパには、砂糖を生産できる気候も土地も労働力もなかったからだ。それがアジアの砂糖の値段に反映された。砂糖を自分たちで売って利益を得るために、彼らは輸送技術の発展と距離の克服に大きな投資をした。そうして、自分たちが移動して商売をすることができるようになった。これが第一の点だ。海を制覇する段階で、彼らは砂糖生産にとってより適切な土地を単に支配し奪うことができることに気づいた。それが第二の点だ。ところが、その土地で働ける者はだれもいないか、十分にはいない。だが、それは大したことではない。金を探しつつ西アフリカとの交易に介入する過程で、奴隷制と奴隷交易を通して労働力を自在に入手し備蓄できることを発見したからだ。それが第三の点だ。彼らは、付加価値の高いそれらの商品を自分で生産する手段をもたずとも、サントメという一つの場所で必要な条件すべてをそろえることができた。わずか数十年のうちに、彼らはそれまで社会を形成してきた制約（空間、距離、人口、密度、権力）のほとんどを克服することに成功した。この革新を、二〇世紀末の資本主義において考案されたような多国籍企業による労働の移転――いくつか国際協定を結び、世界のどこでも最も収益性の高い生産条件を整えられる可能性――と比較してもいいだろう。少し考えるだけでよかったのだ。

こうして、大西洋地域のプランテーション制度は整った。キャラベル船によって、距離の問題も、商館と商人ネットワークも、時間の問題（世代交代を待たずに、奴隷売買で労働力の備蓄が迅速に調整できる）も、権力構造（制度としての奴隷によって、ほとんどの社会関係は解決できる）も克服した。この時点ですべてが可能になった。南大西洋の海路を偶然の順風（メキシコ湾流に相当する）に乗って五〇〇〇キロメートル流され、別の「あまり人のいない島」（少なくとも人口密度があまり高くない）ブラジルで、より大規模な事業を継続するだけでよかったのである。一四八八年、ポルトガルの航海者バルトロメウ・ディアスは喜望峰を越えた。アジアへの大西洋ルートがやっと開かれた。少し待たねばならなかったが、一四九八年にはポルトガル初の大型船で、バスコ・ダ・ガマがインドに到達した。ヨーロッパ人はアジアの商品へのルートを開いただけでなく、そのルート全域に商館を設置し、パートナーの商人を任命し、合意をとりつけ、つまり自前の「アジア産物」を開発したのである。

要するに、第一に、ヨーロッパ人は非常に古典的な拡大ダイナミズムにおいて、資源生産および輸送の根本的な限界より遠くに押しやることによって、政治の中心ならびに市場から生産地を遠ざけることを可能にしたのだ。政治の中心地や市場はヨーロッパに位置し、そこにとどまった。第二に、輸送のおかげで付加価値の高い生産に最も適した熱帯地域の支配が可能になった。第三に、労働力を入手できる場所（奴隷売買地域）に調達しにいって、それを必要とするところ（人の少ない熱帯地域）に輸送することによって労働力も掌握した。

労働力の確保は、当時から五世紀を経た資本主義と生産要素の最適化のおかげで、今日のわれわれにとっては簡単に思えるが、一五世紀にはまったく容易ではない問題だった。それは、生産のスピードと規模において社会の再生産の伝統的モデルとは全く違うものになった。就労世代の再生にも、生活の糧の生産と余剰生産の均衡にも、権力の伝統的体制によっても阻まれることがなくなった。つまり、ヨーロッパの社会と経済においてそれまで相互依存していた生産機能と再生産機能が、唐突に分離したのである。生産者の労働の利用可能性を住民のそれとは独立した問題とみなすことで、労働は短期性と合理性に依拠することになる。つまり、経済の近代化が始まったのだ。

この分離はヨーロッパ全体の問題だった。ポルトガルの例を詳細に見てきたが、当時、「ポルトガル」を国家とする概念はまだ存在していなかった。キリスト教徒のヨーロッパ人や地中海人、ユダヤ人、ムーア人、フラマン人、ブルゴーニュ公国人、ジェノバ人、ヴェネチア人などがいただけだ。つまり、大西洋への拡大の裏には、アントウェルペンの商品取引所を中心に組織されていたような、ヨーロッパ全体の商業資本主義があったのである。

われわれに馴染みのある、近代的意味での国家がまだ存在していなくても、ヨーロッパ商業資本主義が拡大する制度的枠組みは、すでに近代国家のそれだった。貨幣などの商業経済に必要な「約束事」を作ったのは近代国家だ。自らの名義で行う経済・商業事業そのものである王国（ポルトガルやスペイン）は、無制限の――他のキリスト教の王国にとっては制限だが――「正戦論」という非常に明確な法的枠組みに基づいていた。その法的枠組みのなかで、キリスト教はすでに市場に存在する奴隷に加えて、新たな奴隷の生産を正当化していった。

十字軍騎士団から資金を得て、王が（ほとんど）直に統括した〝再征服（レコンキスタ）〟は、近代国家の基礎を築いた。この近代国家は、王国間で友好・敵対関係が交渉されるなかで発展していった。一四七九年、ポルトガル王とカスティーリャ王がアルカーソバスで署名したものは、二国家間の最初の国際協定といえるかもしれない。その協定では、それぞれが他方の統治権を永久に認め、他方の統治権を継承することを求めないこと、つまり、王朝とその同盟者の家系に基づいた封建的枠組みを放棄することが定められた。二つの王国は、初めて教皇の仲裁を通さなかったのだ。二年後になって、この協定は、カナリア諸島以南の後のインディアスに至るまではポルトガル、カナリア諸島以北はスペインに与えられると定めた教皇教書〝エテルニ・レギス〟によって再確認された。この世界分割は、スペイン人を西方に向かわせ、カスティーリャのキリスト教の王たちがアメリカへの領地拡大を要求することを可能にした。こうして、大西洋経済の発展が第三段階に入るのである。

第4章　アメリカの発見

前章では、ヨーロッパの封建社会は奴隷制に頼らなかったが、ポルトガルとカスティーリャが進出した大西洋の経済形態が奴隷制による生産様式を完璧に組み込み、奴隷制に新たな生命を吹き込んだことに触れた。奴隷制は、新たに征服した土地における生産の解決策になったばかりでなく、西アフリカや中部アフリカの密で活発な奴隷交易網の存在により、これまでにない供給量が確保された。それに応えるためには、かなりの需要が必要になるが、〝西インド〟つまりアメリカの発見がその需要を促進することになる。

アメリカにおける事業

最も画期的に思われる出来事は、決して個別の出来事ではなく、より長い期間のプロセスに組み込まれているものだが、ここでクリストフ・コロンブスという人物について語るのは無駄ではないだろう。ジェノバ商人のコロンブスは、地図制作者の弟とともに、一四七〇年代からリスボンに住む航海者だった。マディラ島発見者の一人である男の娘と結婚し、島に小さなサトウキビ農園を作った。したがって、コロンブスは当時すでにエンリケ航海王子の大西洋開発に関わっており、ポルトガルの航海体制を形成するヨーロッパの商人、地図制作者、金融業者のネットワークに属していた。当時ヨーロッパに出回っていた地図に触れ、崇高な使命を負うことを自任していたコロンブスは、一四八四年から、西廻りでアジアに向かう海路を拓くことを企てた。その企ては、アフリカとアジアは数千海里しか離れていないという、当時ヨーロッパに広まっていた仮説（およそ一万五〇〇〇キロメートルの誤差があった）に基づいていた。この航海計画は〝閉鎖海論〟の原則（ポルトガルはカナリア諸島より南、カスティーリャは北）が規定するように、〝まったくもって〟キリスト教の王の領域に入る。しかし、コロンブスは彼の計画を支持するようポルトガル王を説得できなかった。大胆にも、彼はフランスとイギリスの王たちに教皇教書に反して自分の航海に資金を出すようもちかけたが、不成功に終わった。最終的には、カスティーリャとアラゴンの王たちの財務長官であったルイス・デ・サンタンヘルを通じて、コロンブスの望みは聞き入れられた。サンタンヘルは資金を集め、カスティーリャのイザベル女王を説得した。女王は、一四九二年にイスラム王朝からグラナダ王国を取り戻し、当時はイベリア半島の再征服（レコンキスタ）を終了したばかりだったが、コロンブスへの協約（カピチュレーション）[1]に署名した。当時はだれも重要性を予見しなかったその「発見」の契約により、コロンブスは征服が仮定される土地に関して莫大な見返りを得るのである。彼は事前に征服形態に調印したが、その影響は後のアメリカ社会にとって決定的なものになる。

　したがって、ポルトガルの商業ルートと競争するルート開発のために、スペイン王たちは冒険に挑んだ。たとえコロンブスの船隊が、よくあるように、いくつかの無人島に着いたとしても、その協約によって将来の全収入の五分の一を受け取ることになる王にとっては何がしか得るものはある。こうした展望を抱いて、コロンブスは一四九二年にアンティル諸島に接岸した。彼の精神衛生にとって不幸なことに、コロンブスの発見した現実は彼の誇大妄想を裏づけることになる。コロンブスのスペイン帰還後、カトリックの王たちはこの発見を教皇教書によって急いで有効にしようとした。その教書〝インテル・カエテラ〟は［ポルトガルとスペインの］南北の分割に、東西の境界を加えたもので、その境界内でスペイン王はキリスト教拡大の使命の独占権を得た。翌一四九四年、ポルトガル王とスペイン王の間で締結されたトルデシリャス条約は、両国の領土の間の境界となる子午線を定めた。それによってポルトガルの主権の境界がやや西に移されたために、一五〇〇年に発見されたブラジルを含むことができるようになったのだ。

アフリカ探検に続いて見出されたアンティル諸島、そして「陸地」――つまり、中央アメリカ、フロリダ、メキシコと現在のベネズエラ――の海岸部は、狩猟採集者や半定住の農耕社会の人々がまばらに住む「島」だった。住民はいたが、ヨーロッパ人はアフリカのように商人の強固なネットワークには出会わなかった。数は少なくても住民たちは金を供給できるほか、ヨーロッパ人が関心をもつ作物の商業耕作の可能な土地があった。住民はあまり好戦的でも敵対的でもないので、キリスト教すら伝道できると、コロンブスは一四九二年に航海日誌に書いている。最初の接触では、住民に敵対的性質はまったくないと想定され、美しく、よい体つきで、ヨーロッパ人の知らない優れた技術を有し、協調的であると判断された[2]。彼らはたいていキリスト教徒が生き延びる手助けをし、食べ物や住まい、金を供給してくれる。コロンブスとその後継者たちは、すぐにキリスト教徒たちにインディアンを「分配」して、これらの島の探検を組織した。理論上は、それは奴隷制ではなく、「分配」なのだ。この言葉は正確には定義されていないが、それは明らかに船から少しずつ上陸するヨーロッパ人に強制された労働を意味する。

インディアンの奴隷化

金や天然資源（ブラジルボク、真珠）が数十年の間に略奪されてしまうと、富を生産するためにインディアンの労働に頼る必要性が次第に大きくなっていった。征服者たちがはるばるアメリカまでやってきたのは、農奴や中世の自由農民のように働くためではない。ヨーロッパであまりうらやまれる社会的地位にはなく、インディアスでの出世に期待を寄せているか、金を採掘したり、ヨーロッパに輸出できる商品を生産したりするため、労働力を急速に集中化したいという貪欲な野望のためだった。実際、アンティル諸島で略奪できる安直な富は市場に陶酔感を与え、新たな探検に投資したがる者が増えた。航海や探検にかかる膨大な費用は早急に返済されなければならない。結果的に、「陸地」への探検は、征服者のために新たなプランテーションで働かせるインディアンの捕獲が目的になっていった。こうしてアメリカ大陸の奴隷売買が始まり、メキシコ湾岸のすべての住民を集めてカリブ海の主な島々に送るようになった。スペインの法学者ファン・ロペス・デ・パラシオスは、アメリカ大陸における住民の捕獲と奴隷化を正当化・合法化する〝レケリミエント〟を記した。この文書は、捕獲や暴力に訴える前に、インディアンにキリスト教への服従の条件を宣言するものである。その内容は、全世界における教皇権力の起源と、その権威がスペイン王に委任されたことを長々と説明した後、平和的に服従して「よい扱いを受ける」ことを提案するものだ。そうでない場合は、以下のようにするという。

あらゆる方面からあらゆる手段を用いてあなたに戦争をしかける。あなたを隷属させ、教会と陛下に服従させる。あなたやあなたの妻や子の人格を独占し、奴隷に貶める。そして、あなたたちを売って、私の意のままにする。[3]

もちろん、住民はスペイン語を理解しないため、それは良心を傷めずにインディアンを捕獲することを可能にする芝居にすぎなかった。

キューバ島やエスパニョーラ島（現在のハイチとドミニカ共和国）に連行されたインディアンに対する粗暴と暴力は、激しくなる一方だった。この暴力性は、征服を正当化する王の計画——キリスト教領地を拡大するという——に矛盾してくる。キリスト教を伝道するという使命が、こうした征服を正当化する要だったからだ。初期の航海からすでに、神父一人と代書人（王の公証人）一人が必ず航海に配属され、セヴィリア出航時にチェックされた。現地住民にキリスト教を伝道するために、修道会もすぐにインディアスに伝道師を送り込んだ。伝道という口実は、インディアンの配分を少しずつ組織していく制度である〝エンコミエンダ制〟の基盤そのものでもあった。こうして、インディアンは布教のためにキリスト教徒（*encomendero*）に「委託され（*encomendados*）」、布教と引き換えにキリスト教徒はインディアンに労働を強制できるようになる。しかし、三〇年もすると、このやり方は失敗に終わったことがわかる。スペイン人の粗暴さとインディアンの死亡率の悪化を前に、二種類の反応があった。一つは、モンテシーノス神父に代表される。神父はこうした暴力に強く反対し、スペイン人たちにキリスト教の使命に矛盾する彼らの横暴について説教した。その説教を聞いていたある若い征服者が仰天し、自分の進む道を変えたという。その若者がバルトロメ・デ・ラス・カサスである。二つ目の反応は、インディアンを中傷することで暴力を正当化した別の神父の反応である。彼は、インディアンは「ウサギのように臆病で、豚のように汚い」「悪習と獣性からできている」などと言った。[4] 二つの論理が対立した。第一の論理はスペイン人に受け入れさせるのが難しく、罪悪感を抱かせ、現地で唯一の主人である征服者にとっては政治的に人気がなかった。第二の論理は破壊的で、インディアン社会の死亡率と混乱をあまりに急激に加速させるため、スペイン王の利益に反していた。二つの論理への審判は〝国益〟のほうに傾いた。こうして、合法的な暴力がアメリカで認められた。

インディアスの代理人や航海者――何も失うものも恐れるものもないために暴力を濫用する――を統べる王がどちらかといえば無能だったために助長された略奪のメカニズムは、メキシコのアステカ、そしてペルーのインカというインディアン帝国の発見とともに変貌していった。一五一〇年代の終わり、エルナン・コルテスは大陸の豊かな都市――スペイン人たちは、すぐにヨーロッパの都市よりも優れていることを理解した――と多数の村、そして大陸の市場のために生産する非常に人口密度の高い農民からなる広大な帝国があることを発見した。メキシコの征服以降、キリスト教徒の計画は方向転換した。できるだけ早く富を蓄積するのではなく、この地の支配から長期的に利益を引き出しつつ、一五一九年にスペインの王座に就いたカール五世〔神聖ローマ帝国皇帝でもあった〕の領土に、アステカ帝国の構成要素を組み込むことだった。こうして、インディアンはスペイン王の臣民となり、アステカ帝国の住民は様々な税金を課せられた。その税金の管理は、一定の地域の布教を税金徴収とともに「委託された」、一種のスペイン式新封建制のようなものに委任された。この計画は、インディアンの土地の豊穣さに基づいており、略奪の原則や人口の破壊――スペイン人がすべての原因（ほとんどはヨーロッパから持ち込まれた疫病）を理解していたとはいえない――は排除されていた。モンテシーノス神父の有名な説教は、司祭になったバルトロメ・デ・ラス・カサスの説教に生かされた。ラス・カサス神父は入植者の暴力を告発し、奴隷制と強制労働からインディアンを保護するよう、何年もスペイン宮廷に働きかけた。

ラス・カサス神父は、すでに征服のやり方についても告発の作業を始めていた。一五四〇年代のアンデス山脈のインカ帝国の発見とともに、征服の目的は悪い方向に向かっていた。発見された富の膨大さに再び欲望をかき立てられた探検家は、その地域の繁栄のみならず、スペイン本国の権威をも脅かすようになった。征服者たちはインディアンの配分という制約や、インディアンを伝統的な課税制度のもとにおくことに反抗した。ラス・カサス神父の影響で、カール五世は「正戦論」という征服の原則自体を廃止し、暴力の行使や奴隷化を違法とした。神父は、インディアンが自分たちの宗教をもちキリスト教を知らないのであれば、不信心と非難することはできないとし、トマス・アクィナスの説に基づく理論は適用できない、つまり「正戦論」は正当化されないと主張した。それよりは、インディアンを平和的に、模範と信念によってキリスト教に導くほうがよいと論じた。もちろん、このような立場は征服者やその子孫の利益に反し、自分の分け前を分捕ろうとやってくる新参者の計画を狂わせるものである。この問題はあまりに重大であるため、本国スペインのバリャドリッド大学で一年間にわたって論争の的となり、インディアスの住民に対する戦争の正当性について議論された。ラス・カサスの主張に対して、フアン・ヒネス・デ・セプルベダは生贄、食人、肛門性交などインディアンの野蛮な習慣に反対し、それらは力づくでも根絶するべき罪だとした。

どちらの陣営も、一年間の議論で勝利を宣言できなかったが、カール五世とその後継者であるフェリペ二世は一五五八年以降、個人的野心のみに基づく動機で動く王国の代理人たちによるインディアンの濫用から、インディアンの保護を強化することが有益だと考えた。実際、スペイン人のアメリカ大陸への到達以来、インディアンの人口は激減していた。アンティル諸島や大陸沿岸部ではほとんど消滅し、メソアメリカやアンデスなど最も人口の多かった地域では半分になった。自国の繁栄のリスクになることを意識したスペイン王は、一五七〇年以降、奴隷の農奴への移行に似た考え方による大規模な入植政策をとった。それは人口の均衡を回復するとともに、生産と税収を確保するものだ。インディアンは、多少とも強制的に村に集まって住まわされた。村は、各地で組織される在俗の教会と王の役人によって地区ごとに管理された。そうした村々は独立した行政区を形成しながらも、王によって保護される。その土地は譲渡できず、スペイン王国の司法の管轄下におかれた。

この新方針は人口と税の面ですぐに成果をもたらした。とはいえ、植民地化自体が引き起こす問題は解決していない。つまり、アンデス山脈やメソアメリカのインディアンが村の中の農業や生産と再生産に従事するとしたら、スペイン人の定住や統治から派生する余剰の仕事はだれがするのだろうか。町、輸送、サービス、道路やインフラの建設、スペイン人の新たな町の建設、当時メキシコやアンデスのポトシで見つかった銀鉱などは、アメリカ先住民の労働のかなりの部分を占めることになる。こうして、インディアンの一部はその追加コストに充てられた。共同体から切り離された〝ヤナコーナ〟［耕作や雑用のため世襲的にインカ帝国に仕える男性］や〝ミタヨ〟［スペイン統治下の南米で交代制の有償強制労働であるミタ制に従事する人］は、共同体の義務から自由になり、アメリカ大陸の資源の採掘という特殊な活動のために、彼らの労働がスペイン人の自由な使用に完全に充てられるという意味で、「自由な」労働者になったのだ。しかしながら、インディアン社会の再生産を危険にさらさずにその社会から労働力の徴収を支障なく行うことは不可能だから、労働力を他に求めなければならなかった。

〝ニグロ〟貿易

ポルトガルは、アメリカ征服を始めた一五〇〇年から一六世紀末にかけて、すでにアフリカ沿岸とそこでの「黒人」貿易のリーダーであり、スペイン人、あるいはより一般的に言えばアメリカで運をためそうとする船舶に奴隷を売った。スペインの植民が推進されればされるほど、奴隷の需要も高まる。スペイン王は、ポルトガルという唯一の供給者に独占契約を与えることで奴隷輸入を独占的に統括した。奴隷市場はポルトガル人の独壇場だったためで、この奴隷供給契約は〝アシエント〟と呼ばれた。アシエントを奴隷仲買人に委託することも可能だった。スペインのインディアス向けの高い需要のおかげで、ポルトガル商人は〝ニグロ貿易〟と呼ばれたアフリカ貿易を発展させていった。この時代、年間何千人という奴隷がリスボン、セヴィリア、バルセロナにも到着し、ヨーロッパのあらゆる大都市に売られた。〝ニグロ貿易〟は、リスボンからマカオまで展開された商業帝国ポルトガルの事業のかなりの部分を占めるようになった。

　こうした状況のなか、ポルトガル人は一五〇〇年に巨大な「島」の海岸に接岸し、そこを所有した。[5]彼らはまだその輪郭を知らなかったため、アマゾン川とパラナ川の二つの川が西で一つになるのだろうと考えていた。その島はあまりに大きかったため、ポルトガル王は、他の国々――フランス、ドイツ、オランダ――に保護された船が接岸してその地の資源を開発しようとするのを妨げることができなかった。アフリカとアジアのポルトガル商館が膨大な利益をもたらしていたため、〝ブラジル〟の名の由来となったこの海岸「赤い木」など取るに足らないものだったのだ。ヨーロッパ人たちは、この地で出会ったインディアンのトゥピ・グアラニー語族に、木を伐って船に積み込むのを「助けてくれるよう」頼んだ。それを受け入れる者もいれば、拒否して抗戦する者もいた。ポルトガル人は森の周縁部か海岸沿いにとどまるしかなかった。数百人規模の探検隊は、内陸部に入り込むための軍事力も物資的手段ももっていなかったのだ。いずれにしろ、当初ポルトガルが投資したかったのはそこではなかった。しかし、木材の生産の増加とともに土地の開拓が進むにつれて、ポルトガル人は、マディラ島やサントメ諸島と同じように、ブラジルでもサトウキビを植えてヨーロッパ市場向けに砂糖を生産できるかもしれないと考えるようになった。そのためには風車をいくつか作り、とりわけ隷属的な労働力を森の中に捕獲しにいかねばならない。

　この事業は、ポルトガル王から授与される開発契約をもつ「カピタン」（協約の名義人）に委託された。その契約には多数の利点があるが、開拓が成功しないと無効になる。事業は困難だった。インディアンは容易に捕獲できず、彼らを奴隷にしても疫病の犠牲になって労働力が不足したため、熱帯の植物はすぐに復活した。試みの多くは放棄された。一五四八年、王自らがブラジル探検・開拓[6]の使命を担う代表団を派遣した。砂糖生産は、インディアン奴隷とヨーロッパ資本を投入して少しずつ始まった。ちなみに、フランス人はリオデジャネイロ湾で、オランダ人は北東先端部で農園を作り、小規模な入植地を作ろうとした。一五六〇年からは砂糖生産が軌道に乗った。内陸での奴隷捕獲が進展し（バンデイランテス［奥地探検隊］が探検した）、ポルトガルのライバルはやがて排除されていく。広大な土地と適切な気候、肥沃な土地のおかげで、ブラジル沿岸はヨーロッパ人の投資に大きな利益をもたらした。サトウキビの粉砕技術を携えたドイツ人やオランダ人、スペインから排斥されたユダヤ人、オランダに亡命したプロテスタント、イタリア人らが製糖事業を起こそうとやってきた。その「砂糖農園（エンジェーニョ）」はサトウキビ栽培、砂糖のパン［円錐状の砂糖の塊］の加工、ヨーロッパの精糖工場への輸送のための梱包、アントウェルペンや他の都市への販売を担っていた。

　ブラジルの砂糖生産能力は、まもなくマディラ島とサントメ諸島を合わせた量を凌ぐものとなる。砂糖市場は非常に活発化したため、投資も作付け面積も増加した。数十年のうちに砂糖農園（エンジェーニョ）は数百ヶ所にも上った。このペースでいけば、奴隷を常によりたくさん、より頻繁に見つけなければならない。ところが、一五六〇年、天然痘の流行で三万五〇〇〇人のインディアンが死亡した。それからは年々インディアンの死亡率が上がったため、労働力の更新も加速し、捕獲はより不安定になり、そのための探検がますます必要となった。事実、沿岸の森林地帯や中央高原地帯はあまり人口密度が高いところではない。そうした地域のほとんどには非農業社会の人々が住んでおり、気候条件や土地の起伏のためにアクセスしにくく、ポルトガル人の探検には不利だった。それ以上に問題だったのは、一五八〇年にポルトガル王家に継承問題が起こり、ポルトガルがスペイン王家に吸収されたことだ。スペイン王のカール五世の息子であるフェリペ二世がポルトガル王となった。この時代、フランドルと同様、ポルトガルは、インディアンの奴隷化禁止を適用する神聖ローマ帝国の権威のもとにあった。その倫理的問題をすり抜けることは不可能ではなかったが、ブラジルのポルトガル人の政策に影響を与えた。つまり、インディアンの労働力の代替として、またプランテーションへの投資を活性化させるために、ポルトガル商人のアフリカ奴隷貿易に頼るように方針転換したのだ。

しかも、ポルトガル人はこの百年の間にアフリカの交易網を拡大していた。彼らは、一五世紀までに非常に発達していたサハラ越えの奴隷交易市場に大きく食い込み、支配した島々やイベリア半島の自分たちの農園に奴隷を供給していた。そのため、アフリカの奴隷はインディアンの奴隷よりもかなり高くついたけれども、利用可能性という利点があった。この移行はわずか数十年でなされた。一五七〇年、ブラジル北東部にある約一〇〇ヶ所の砂糖農園（エンジェーニョ）の労働力の二〇％がアフリカ人だったが、一五八〇年にその割合は三分の一になり、一六〇〇年には半分、一六二〇年には全部になった。こうして年間二〇〇〇人から三〇〇〇人のアフリカ人がヨーロッパに輸入されるのと並行して、何千人ものアフリカ人がアメリカのスペイン植民地に輸入され、そのうち年間、数千人がサトウキビ農園のためにブラジルに売られた。

　ポルトガルのアフリカ奴隷貿易がブラジルに向かい始めると、奴隷はアメリカのスペイン植民地でもポルトガル植民地でも、プランテーション（サトウキビ、タバコ、後には綿花、カカオ）だけでなく、鉱山採掘にも充てられた。ポトシやメキシコの銀山では、すでに〝アシエント〟によって輸入した奴隷の一部が使われていた。こうして、アフリカ奴隷を使う経済的ロジックができあがった――スペインの官吏はインディアンの奴隷化を禁止していたのだが……。たとえば、現コロンビアにあるポパヤンのアウディエンシア[7]［植民地の行政・司法・立法機関］の一員であるフランシスコ・デ・アヌンシベイは一五九二年に、金採掘のためにアフリカ奴隷に投資する利点を訴えるため、インディアス枢機会議に次のように書き送っている。インディアンの労働力に頼ることを不可能とする一方で、アフリカ奴隷購入への投資で利益が上がることについて確かな論理を展開し、奴隷制についての倫理的行き詰まりを切り抜けている。

　　黒人は無知なので、私は彼らをキリスト教徒にするためにギニアから好きなだけ連れ出すのに何らやましい思いはないのです。黒人のキリスト教徒を見ると、たとえ、それが奴隷になる機会であっても、聖パウロとともに喜びを感じます。そういう機会は喜びとみなされなければなりません。なぜなら、たとえ、奴隷または農奴という名が信仰の厚い人の耳には不快感を与えるとしても、救済の道にあることは最大の幸福でしかないからです[8]。

ここでは、宗教が容易に奴隷化の正当化に利用されることが確認できるが、アヌンシベイの王への進言はアメリカの問題をよく表している。資源は豊富にあっても、労働力は豊富ではない。アフリカ人奴隷市場はこの方程式を解いてくれるのだ。

金鉱とプランテーションは、数世紀にわたってヨーロッパに富をもたらし、奴隷貿易をますます大規模にした。一五九三年に三〇〇〇人弱の奴隷がアメリカに渡ったが、一六〇〇年には奴隷人口は八〇〇〇人になり、一六二〇年には一万七〇〇〇人になる。

この増加のペースは、ブラジルの生産の潜在力に見合ったものである。焼畑による開墾が北東部の大西洋岸の港周辺で進んだ。鉱業部門（一〇〇年後にミナス・ジェライス金鉱が開かれたときはさらに鉱業生産が増加する）とプランテーションにより、アメリカはアフリカ人奴隷貿易に膨大な市場を提供した。一〇〇年前のサントメの時のように、ポルトガル人は、可能性が無限大に思えてくると、様々な制約の克服と生産要素の制御をさらに推進させるような仕組みを完成させた。ブラジルの内地は未踏で、国の境界もわからないために土地が限りなくあるうえ、アフリカには発展する奴隷交易網があり、それらを連動させるべく輸送の問題も解決した。ヨーロッパの需要は継続して急増しており、投資はリスクを伴うものの、得られる利益は膨大である。こうして、ヨーロッパ全体が目をつむって悪夢のなかに飛び込んでいった。

結論　奇妙な帝国

わずか数世紀のあいだの西ヨーロッパの発展には目をみはるものがある。もともとは世界経済の辺境地域に位置していたのに、急速にあらゆる商業で頭角を現すようになった。西ヨーロッパ諸国は商業の主要な仲介者となり、そのため、四つの大陸で土地の支配や支配関係を正当化できるようになった。その飛躍的な発展の理由は、修道会やヨーロッパ市場、イタリア文化のルネッサンスの発展ばかりに注目すると、ヨーロッパ社会の「内的」ダイナミズムだと思いがちだが、それのみではないことを見てきた。植民地主義の性質を考慮せずに、そのダイナミズムは理解できない。海の商業ルートを拓いたからこそ、近代的な政治原則――国民国家に先立つ王政という形態ならびに統治権の原則――を打ち出すことができたのだ。植民地政策は、王朝の領土統治権の原則を作り上げることに寄与した点で、最初から近代的政治原則の構造の一部をなしていた。統治権は、単に「自然な」領土に基づいているのではなく、王国間の対立に基づいている。また、世界分割の概念はヨーロッパの国家建設に固有のものである。

カトリックの王たちによって作られたこうした国家――とりわけポルトガル――の第二の特徴は、

王国が商業経済事業（それは重商主義の原則に基づいて発展していく）そのものであったということだ。さらに、これは矛盾するわけではないのだが、王国間の競争の背景には、ヨーロッパの商業資本主義の一体化、そして生産面の制約――距離、人口増加ペース――を克服する能力において重要な役割を果たした科学的・技術的生産の一体化がある。ちなみに、ここでいう生産面の制約の克服とは、生産技術の向上そのものを指すのではなく（植民地における生産性向上は近代全体を通じて非常に弱い）、奴隷を生産する社会の人口を犠牲にして、奴隷労働に頼る仕組みを作った政治的枠組みを指す。土地や資源を奪うことを可能にする植民地政策の原則は、聖戦と領土の無制限な拡大に基づいた王国と教皇の同盟に基づく、中世から続くダイナミズムである。

ポルトガルはボジャドール岬を越えたことで、理論的には無限の植民地主義の論理を始動させた。ただし、それは新たな富を生み出さなければ意味をなさない。その富の生産で最初に直面した制約は労働力の確保だった。イベリア半島や最初の大西洋の島々の開墾における数少ない「自由な入植者」は、征服したすべての土地をカバーするには不十分だった。もちろん、ヨーロッパの過剰人口はそうした土地に移転され、時には労働生産性を上げるための技術面の投資があった。しかし、必要な労働力の大部分を供給したのは奴隷制である。帝国が拡張すればするほど、強制労働が入植者の労働を上回るようになる。理由は明白だ。奴隷の労働力は自由労働力より入手しやすいからだ。したがって、東洋・地中海経済の拡大で発展したアフリカの大規模な奴隷交易網の存在は――ポルトガル人は一五世紀からそれにアクセスできた――「経済の近代化」の源泉だったのだ。

奴隷労働を正当化する法的枠組みと、奴隷労働を永続させる諸制度に支えられた強制労働に基づくヨーロッパの拡大は、当初から矛盾したメカニズムでもあった。公権力の受託者として「(税を)免除された」人、「自由な」人を配置すると同時に、普遍的なキリスト教の伝道に頼ることによって、そのメカニズムは隷属の制度を作り上げたのだ。すでに一六世紀から、とくに、アメリカに避難した異端者や他のアナバプテスト(再洗礼派)などのプロテスタント、将来クエーカー教徒になる人々など一七世紀の様々な教派、ラス・カサスの同調者たちは、奴隷制に疑問を投げかけるこの矛盾を指摘するようになり、一八世紀の啓蒙時代に重要な議論を巻き起こすことになる。

　ここで、奴隷制についての議論は人種についての議論ではないことを思い出してもらいたい。奴隷制への疑問は、「正戦論」の原則や、キリスト教徒が布教という名のもとに他の社会に対して暴力を行使することの正当性に対してなのだ。この議論は、何よりもまずアメリカの問題である。アメリカという空間では〝再征服(レコンキスタ)〟の原則が増幅され、市民権をもった少数の住民と、大多数の奴隷やいわば猶予された人々(再征服(レコンキスタ)後のイベリア半島におけるムーア人など)の間の重大な不均衡をもたらした。この時点では、「ニグロ」という言葉は「奴隷」という言葉と同等でしかない。そこでは奴隷制の社会空間は広大である。働くためにアメリカに来たのではなく、「ネオ封建領主」の特権を享受するために来たヨーロッパ人も、同じくらい抜け出すのが難しい空間だったのだ。

　一六世紀のアメリカは広大な「大西洋の島」だった。そこでカスティーリャとポルトガルの間で争奪戦が繰り広げられ、カピタニア[ポルトガルの植民地統治制度および植民地行政区画]が設けられ、奴隷を作り、奴隷を輸入し、住民を隷属させた。こうしたことすべてはヨーロッパの市場のために行われた。アメリカはヨーロッパ全土からの資本の投資先であり、その開発はカトリック教会の法制に統制されていた。それがヨーロッパの政治権力の物理的基盤であると同時に理論的基盤であった。そうした事情を根本的に変えたのは、アメリカ開拓という事業の規模だった。もはやアルガルヴェとかアンダルシアという規模ではなく、桁外れの富をもたらす大陸全体という規模である。イベリア半島の主要都市では、再征服（レコンキスタ）とヨーロッパのアフリカ・アジア進出によって、混血化や微妙な階級化による複雑な社会が形成され、コンベルソ[1]［ユダヤ教からキリスト教に改宗したユダヤ人］、ムーア人、解放奴隷、奴隷の社会への同化にブレーキをかけたが、アメリカの植民地における社会秩序は大多数の隷属を目的とした。そこでは、暴力が必要かつ構造的なものだった。一七世紀全般にわたる人口のダイナミズムと生産の集中化によって、この構図は複雑になり、暴力を増幅させ、「ニグロ（*negro*）」という言葉が感情的な意味をもってくるのである。

第Ⅱ部　ニグロの時代

われわれは、「ニグロ」という語に実体を与える仕掛けの核心にたどり着いた。アメリカでの生産を発展させるため、ヨーロッパ人がアフリカ人奴隷貿易に頼るようになった瞬間から、世界は資本主義と奴隷制が組み合わさった特異な構図に入っていく。それは、同じような規模でインド洋地域や中東に存在した他の奴隷交易システムに比べ、大西洋経済に歴史的な特異性をもたらした。大西洋経済の特異性は、犠牲者数あるいはそれが続いた期間のみではなく（それらはアフリカ東部経由のアラブ＝イスラム世界の奴隷交易のほうが大きい）、資本主義とプランテーションの発展がもたらした暴力の性質に起因するものだ。プランテーション生産の仕組みおよびその国際交易への組み込みが、ニグロと白人というものを作り出したのだ。その結果、一七世紀における大西洋経済の発展および、ヨーロッパ、アメリカ、アフリカの社会へのその影響は、西洋パラダイムの構築において、さらに私たちがいまだに継承している世界の解釈に決定的役割を果たした。一六世紀末から一八世紀末までの時期は「ニグロの段階」と呼んでもいいだろうし、さらに間違いなく西洋の「ニグロの側面」と呼んでいいだろう。

この一連の状況を理解するためには、プランテーション——大西洋経済の歯車であり、暴力およびそれから生じる社会関係が集中する場所であり、支配階級が絶えず正当化しようとした人間の根本的な経験でもある——に立ち戻る必要がある。大西洋地域のプランテーションは、新たな生産形態だった。世界規模の装置であり、私的所有、資本、国家、労働力の集中といった近代経済の原則に基づいていた。労働力の集中はアフリカにおけるニグロの生産によって可能になった。奴隷すなわちニグロは、政治的主体でも社会的主体でもなかった。彼らは自然に再生産されることはなく、市場で調達されて資本の一部となった。つまり、大西洋地域の生産拡大により、ニグロの生産のためであれ、彼らを働かせるためであれ、早い段階で前提となったのは、必要な暴力の合理的かつ国家的管理だった。その時から、国々は何十年にもわたって、植民地商業の進展に応じて発達する非人間化産業を作り上げていったのである。

しかし、一八世紀半ばになると、経済面に限定すればプランテーションの利益も投資も増加し続けたが、奴隷制社会においては再生産が不可能なため、奴隷制の基盤自体が危地に陥った。一七五〇年から始まった危機——その頂点はサン゠ドマング〔現在のハイチ〕の革命だった——は、後に近代ヨーロッパ史において経済（賃金労働者）、政治（市民権）、哲学（人間性（ユマニテ））の理論の中心となる様々な問題を突きつけた。

第5章　ニグロのプランテーション（一六二〇～一七一〇年）

奴隷労働と奴隷貿易にますます依存しながらも、ヨーロッパ人は一六世紀末までは、第1章で言及した奴隷制の性格をもつ、「他と変わらない」奴隷制擁護者であり続けた。しかし、ポルトガル人の黒人奴隷商人の供給のおかげで、アフリカ人奴隷貿易がアメリカを開拓するための主な労働力源になると、プランテーションに奉仕する広大な「大西洋の島々」が現われ、奴隷制の規模を変えることになった。

プランテーション――ブラジルからカリブ海の島々まで

前章では、ポルトガル人がアメリカの支配地域でサトウキビのプランテーションを開発しつつ、どのように奴隷制をブラジルに導入したかを見てきた。最初はインディアンの捕獲に頼っていたが、その後はポルトガル人が一〇〇年前から支配し、〝アシエント〟（スペイン帝国のインディアスへのアフリカ人奴隷の輸入独占権。一六四〇年まで保有した）によってさらに強化されたアフリカのルートによるものだ。こうして六〇年間、ポルトガル人はインディアス全土への奴隷輸入を独占していた。この地位のおかげで、ポルトガル人は、アメリカのサトウキビのプランテーションを優先する一方で、アフリカの奴隷売買網を発展させていった。ギニア湾の商館は軍事基地になり、コンゴ川の河口周辺やアンゴラ沿岸など、南に向けてその数は増えていった。ポルトガルはコンゴ帝国の臣下たちと直接取引することにより、帝国を従属、解体させ、その臣下たちは大西洋奴隷貿易に加担する奴隷取引の小国をつくっていった。

アメリカにおけるプランテーションの拡大は、それまでは支配も管理もされていなかった土地に、強制移民によって迅速に人を住まわせることを可能にする植民政策と生産原則とから成り立っていた。これは、それほど容易なことではない。ヨーロッパ人はまだアメリカの土地を探検しておらず、彼らが開拓した海岸沿いの地域以外は制圧していなかった。奴隷たちは逃げ出して森の中にいるインディアンに合流したり、プランテーションの外縁で政治的実体を形成したりした。こうした奴隷たちはマロン[1]と呼ばれ、捕獲されたアフリカの貴族や王のもとでしばしばまったく独立した領土を再建した。彼らは自分たちの自治を植民地支配者に認めさせることもあった。たとえば、ギニア・ビサウで捕獲され、プランテーションから逃亡した王であるベンコス・ビオホによって、一六〇五年に現在のコロンビアに創立されたサン・バシリオ・デ・パレンケのマロン共同体は、一〇〇年間戦いを続けた結果、スペイン王と平和条約を交わした。同じ時代に、ブラジルではマロンや脱走兵、逃げたインディアンらが集まってパルマレス王国を樹立し、アンゴラで捕獲された「貴族」のガンガ・ズンバが王となり、一七世紀末までポルトガルに抵抗した。

一方、生産面ではブラジルのプランテーションは安定し、完成されていった。実際にはポルトガル人は、ポルトガルの砂糖生産への投資に参加したオランダ人――アムステルダムやアントウェルペンの商人や銀行家は砂糖農園（砂糖製造のための粉砕機と作業場を伴うプランテーション）に参加した――ほど生産方法を開発したわけではない。オランダ人の起業家、エンジニア、職人の現地での存在は、サトウキビを砂糖のパンに変えるための粉砕機や圧搾機の技術向上に貢献した。こうした技術や資金の貢献は、風車型粉砕機の導入や砂糖の収益性の向上をもたらした。一六二〇年以降、ブラジル砂糖の価格低下によって、ヨーロッパにおける新たな市場獲得が可能になった。この成功でオランダは投資をますます増やし、砂糖業界全体を手に入れようとした。つまり、川上［上流部門］ではオランダ船がアフリカの沿岸で「積荷」を買って奴隷を調達し、川下［下流部門］ではヨーロッパでの砂糖の販路を管理し、現地では提携するポルトガル人オーナーを通さずに自分たちのために砂糖を生産しようとしたのだ。

同時期、オランダ商人はネーデルランド連邦共和国の形成のために非常に活発に動き、同国は一五八〇年にフェリペ二世治世下のスペイン帝国から独立した。彼らは一六〇一年（一六〇〇年設立のイギリス東インド会社に次いで）、最初の会社の一つである東インド会社（ＶＯＣ）を株式会社として設立した。武力行使もいとわない、アジアでの商業を目的とする会社だ。ネーデルランド連邦共和国の統一には、六つの州の議会による同社の共同運営が不可欠だった。同社の原則は、多くの株主――彼らは経営を掌握した――の出身母体である政権との連動にあったが、商事会社として株主に配当金を支払うことを認め、民間会社としての会計を維持した。ＶＯＣの収益は、当時ヨーロッパ最大の金融機関であったアムステルダム銀行の投資の財源となった。同社の株は、一六〇九年にアムステルダムに開設された世界初の証券取引所で取り引きされた。

このように、ブラジルへの関心が高かった一七世紀初めのオランダ人は、砂糖部門のすべてを掌握しようとした。その目論見を推進するために、オランダは官民の共同事業ともいえる植民地会社をつくった。一六二一年にVOCを手本に設立された、西インド会社（WIC）である。VOCと同様、WICも連邦共和国の州議会に由来し、領土支配、ヨーロッパ他国との戦争、住民の従属といった権限を州議会から委任された。商業と熱帯地帯での生産を目的とするWICだが、軍事力を有し、土地の領有権や海賊行為によって富を奪う権限すら与えられていた。

実際、WICの船団は一六二八年に、セヴィリアに向けてその年のすべての銀やアメリカの製品を輸送していたインディアスのスペイン船団を襲撃している。こうして、ポトシ銀山の一年分の銀を手に入れ、すでに入植していたブラジル北東のペルナンブーコの植民地化に投資した。同様に、WICはアフリカにあるポルトガルの奴隷交易商館に攻勢をしかけた。ちょうどこの時代、ポルトガル人は同地でアンネ・ジンガ女王の抵抗に遭って苦戦していた。このコンゴ王国の女王は、ポルトガル王国に服従しながらも、自国の奴隷売買を制限することに成功していたのだ。オランダ人は、一六三七年にエルミナ要塞、一六四一年にアンゴラ要塞をポルトガルから奪った。

ブラジルでは、WICはニューホラント植民地を創立し、ナッサウ伯がその総督となる。こうしてレシフェ＝オリンダを中心とするその地域でプランテーション体制が完成され、その事業は砂糖生産の向上（作業場、粉砕機、労働管理、農学）ばかりでなく、砂糖産業全体におよんだ。オランダ人は、川上では、アフリカ各地で奴隷を捕獲するための戦闘と商業の政治的主体である〈盗賊国家〉との政治同盟を安定させ、黒人奴隷輸送の資金調達方法、保険システム、輸送航海技術を向上させた。川下では、砂糖精製、商品化、アムステルダム取引所における商業投資の金融化がオランダ人の体制を堅固にした。ＷＩＣはギアナ地方、アンティル諸島、北アメリカにも活動を拡大したが、イギリスやフランスもすぐ後を追っていた。

このように、民間かつ軍事的な企業であるオランダの商事会社は、アジアやアフリカで商業利益を上げるために武力行使に頼り、アメリカでは商業で得られないものを自ら生産した。会社は利益のために活動するが、同時に会社を後押しする国の統合にも貢献した。一六六〇年以降にヨーロッパで発展する重商主義国家の先導となったのである。

一六四〇年、ポルトガルはスペインからの独立を回復する。したがって、ポルトガル人は〝アシエント〟を失い、アシエントはオランダの黒人奴隷商人のものになった。そのうえ、ポルトガルはアジアのほとんどの拠点を東インド会社（ＶＯＣ）に譲渡した。ポルトガル王ジョアン四世は、ブラジルでの生産に再び活動を集中させるが、それはブラジルへのアフリカ人奴隷貿易も含んでいた。一六五四年、ポルトガル軍はアフリカ、アメリカ両方の南大西洋岸からオランダ人を駆逐し、コンゴ王国のアンネ・ジンガ女王と協定を結んだ。ペルナンブーコもほぼ取り戻したが、パルマレスのマロン共同体は例外で、マロンたちは一六九五年まで抵抗を続けた。追放されたオランダ人は自分たちの奴隷、道具、サトウキビの苗とともに出航し、アメリカのあちこちに分散するオランダ人入植者に合流することになる。

ブラジルからカリブ海の島々に向かったオランダ人

一四九二年以来、スペイン人はアンティル諸島を支配していたが、インディアンがほぼ消滅した後、彼らの植民地事業は大陸のアンデスやメキシコの旧帝国のほうに向かった。そこで住民は強制労働体制に従属させられていた。したがって、カリブ海の島々は管理が手薄になり、フランス、イギリス、オランダの船団の野心のなすがままになった。アジアの重要拠点やアフリカの商館と同様、北アメリカやカリブ海の島々の処遇はヨーロッパ諸国間の交渉や紛争の的になっていき、ヨーロッパで締結された平和協定によって所有国が変わっていった。それらの地の開発方法も必ずしも決まっておらず、北部では毛皮の商売が行われ、南部やカリブ海の小さな島々ではタバコの栽培が行われた。バルバドスはイギリスが、マルチニックやグアドループは一六三五年からフランスが支配した。

こうした新たな植民地化も、国王の監督のもとに、会社設立を通して民間のイニシアティブに委ねられる。王は植民地化の使命を商人や銀行に与え、商人や銀行家が住民の増加（アフリカ人奴隷売買またはヨーロッパからの統率された移民による）、食料の生産、その流通を支援した。たとえば、バルバドス会社は、アイルランド人を強制移住させてバルバドスのタバコプランテーションで働かせた。

オランダ人はすでにこうした地域にいて、生産技術を導入していた。一六三七年、オランダ人ピートル・ブロウワーは、機械や奴隷を携えてブラジルからバルバドスに入り、サトウキビのプランテーションを発展させた。別のオランダ人ダーニイエル・トレーゾルは、フランスのルーアンから同じ目的でマルチニックに着いた。砂糖の商売の利点をすぐに理解したバルバドスのイギリス人も、オランダ式のプランテーションを採用する。そこに奴隷を輸入するために、イギリス人はギニア会社を設立し、その社主――バルバドスの総督でもあった――は、政令によって「終身の」強制労働を認可した。一六五四年以降は、ブラジルから逃げた多数のオランダ人農園主が、武器と荷物をもってカリブ海の島々にやってきた。そこで、彼らは、奴隷貿易制度を含むブラジル式プランテーションを再建したのだ。

　バルバドスやマルチニックで普及した典型的なプランテーションは、二世紀にわたってほぼ同じ構造と技術を維持した。たとえば、その施設は「サトウキビ一六ヘクタール、休耕地一六ヘクタール、牧草地と食糧用が八ヘクタールの合計四〇ヘクタール。風車［粉砕機］、釜、蒸留所、倉庫、乾燥所、清浄所、その他の砂糖製造のための建物」で、労働力は「黒人奴隷五〇人、白人の使用人七人、職工長一人、医師一人、蹄鉄工一人、荷馬車引き一人」[2]だった。

　奴隷の使用は、迅速に住民を増やすためだけではなく、短期態勢に備えるためでもあった。「プランテーションは、五六二五ポンドの投資に対して、年間八万ポンドつまり三五トンの砂糖を生産する。砂糖と糖蜜から得られる純収入は年間五四〇ポンド、つまり利益率は一〇％」。また、「一六四五年のバルバドスにおいて、奴隷の買い取り価格は一年半で減価償却できる」[3]といわれた。

　奴隷制のサトウキビプランテーションは、急速にこれら三つの島［バルバドス、マルチニック、グアドループ］の主な開発方式となった。フランス人が〝農園（アビタシオン）〟［本来は住居の意］と呼んだ、最も大規模なプランテーションは、一〇〇ヘクタールに九〇人の奴隷を使用したが、技術面は同じで、生産性は奴隷制終焉まで高まることはなかった。動物の飼育は制約のある空間では高くついたため、牽用動物よりは奴隷を使うことが好まれた。

この頃には、アンティル諸島での生産は奴隷労働のみに頼るようになり、労働力の調達はアフリカの奴隷貿易によってまかなわれた。当時、「黒人（noir）」または「ニグロ（*negro*）」という言葉は、厳密に「奴隷」に相当した。プランテーションの円滑な運営を確保するための労働力を意味したのだ。その機能は農業労働、作業場での仕事ならびに召使いの仕事に配分されていたが、ニグロは最初の二つの仕事をするべきだとされていた。ニグロが農園主――実業家かつ所有者――の社会と直接に接触するのを避けるため、召使いの仕事、その他の奉仕的職務、職人仕事あるいはプランテーションの仕事の管理すら、ニグロではない人、つまりヨーロッパから呼び寄せた白人に任されることになっていた。

プランテーションの成功の鍵は、ニグロの供給だった。まずは、労働力の十分な備蓄を形成すること、言い換えれば耕作地の面積に応じて一定の密度の人間（バルバトスの場合、サトウキビなら半ヘクタールに奴隷一人、コーヒー豆なら六ヘクタールに奴隷一人）が必要だ。次に、農業労働の時期は集中するため、多様なその他の活動と交互に行われることから、常に使用可能な労働力の備蓄が必要でもある。労働力の備蓄は、この地域で多発する自然災害、あるいは砂糖の価格や融資利息の急激な変動に常時対応し、労働力の更新も前もって行われなければならない。そのため、黒人奴隷商人との結びつきは重要になる。ちなみに、黒人奴隷輸送における頻繁な不測の事態を反映して奴隷価格が高いため、もう一つは熱帯性気候のため――入植者のライバル同士の戦争は言うにおよばず――カリブ海のプランテーションはブラジルと同様、中期的にはあまり収益が上がらない。ブラジルの歴史家たちは、農園主が砂糖による利益のほんの一部しか得られないことを明らかにしている。[4]リスクがあまりに大きいために、投資を回収できるのは生産高がある程度の規模に達する場合のみで、しかもそれは砂糖生産だけでなく、砂糖産業のあらゆる要素の集積のおかげだ。そのため、商事会社は奴隷貿易、銀行、生産の活動を集約しようとした。そうすれば、収益がかなり高くなるからだ。

したがって、収益を上げるために、アメリカの生産は大西洋規模で考慮されなければならなかったため、その規模で投入できる手段や調整の枠組みを必要とした。つまり、奴隷売買と砂糖の市場を調整し、広大な土地での運営を可能にする法律を強制し、大規模な投資を保証できる枠組みだ。言い換えれば、会社以上のもの、つまり国が必要なのだ。

黒人奴隷貿易国

結果はかなり似かよっているが、黒人奴隷貿易国のタイプは、主要国であるイギリスとフランスに集約される二種類に区別できる。まず、イギリスの場合は、国家機構を支配したのは農園主や商人の利害だった。一六五七年、バルバドスでは、「ジェームズ・ドラックスのプランテーションはサトウキビ五〇ヘクタールを含む二〇〇ヘクタールに上り、奴隷九六人、白人の召使い二八人、アメリカン・インディアン三人とその子どもたちがいた」。「このようなプランテーション一〇軒（計二〇〇〇ヘクタール）は、ロンドン商人組合が所有していた」[5]。小さな島はすぐに飽和状態になり、不動産の価格も高騰した。そこで、農園主たちはバルバドスから、より広範な地域に手を広げた。とりわけ、ヴァージニア、ノースカロライナなどの大陸、そして一六六〇年からはカリブ海のもっと大きな島、ジャマイカに農園主が定着した。たとえば、一六六四年には一万二〇〇〇人の入植者がジャマイカに到着した。王政復古したスチュアート朝は、一六五五年のイギリスのジャマイカ奪取以来、島を占領していた海賊を引き入れることに成功した。新大陸にあるオランダの植民地を支配し始めたチャールズ二世は、弱腰だとみなされていたジャマイカ総督を罷免し、トーマス・リンチを任命した。リンチは海賊を真面目な農園主に変身させることに貢献し、その農園主らが入植者を統治した。なかでも有名なのは、一六七四年に農園主になった海賊ヘンリー・モーガンだ。この間に、バルバドスはこの地域全体の奴隷輸入の中心地になった。島は一六八〇年以降、年間八〇〇〇人の黒人奴隷を輸入し、イギリスのタバコ栽培が始まったヴァージニアやノースカロライナの新たなプランテーションに供給した。チャールズ二世の弟、ジェームズ二世は王立アフリカ会社の代表者となり、〝アシエント〟を手に入れ、アメリカへの奴隷貿易でオランダ人にとって代わった。同社は、八年間でアフリカの沿岸部から六万一〇〇〇人の奴隷を出港させた。植民地問題を扱う貿易・プランテーション委員会が政府に設置される一方で、イギリスの支配する島々の農園主たちは、本国の議会に圧力をかけるために「植民地関係者」に支援金を出した。こうして植民地業界は、アフリカやアジアの商事会社と提携して強力なロビー集団を形成した。一六八八年にはロンドンに証券取引所が設立されるとともに、貿易――主要部分は奴隷貿易だった――のために創立された保険会社ロイズが、新イギリス帝国の金融勢力となった。こうして、アンティル諸島のロビー集団は政策立案面で重要な役割を負うようになる。

フランスの場合は、王が自ら大西洋における活動を組織した。バルバドスの生産物がタバコから砂糖に転換されたように、マルチニックとグアドループでもルイ一四世の主導のもとで移行した。一六六四年、ルイ一四世は商事会社を通さずに、これらの島の生産の指揮をとった。それまでヨーロッパ人入植者によって栽培されていたタバコを放棄する政令を出し、大規模な砂糖生産の開発を整備した。当初は、カトリック伝道者が奴隷にキリスト教への改宗と子作りを奨励することによって、島の住民増加を促進することを担い、フランスから来た「将来の」「農園主」はプランテーションを設置するために土地を割り当てられた。しかし、人口増も生産増も緩慢なうえ、奴隷貿易に十分に関与せず、奴隷所有者の立場をだらだらと享受するだけの農園主たちの活力の欠如に、王は苛立った。ルイ一四世は、砂糖生産の島々への奴隷交易を確保するため、一六七三年にセネガル会社を、一六八四年にはギニア会社を設立した。ギニア会社は、パリ生まれのプロテスタントでリネン類の卸売商となり、フランス王国の主な資金提供者となったオランダ人、サミュエル・ベルナールに委任された。セネガル会社は、アフリカの沿岸部から少なくとも「年間二〇〇〇人のニグロをアメリカのフランス領の島々に」輸送しなければならず、アフリカで買って「島に運んだニグロ一人当たり一三リーブル」[6]を受け取った。さらに、王はプランテーションにおける労働、つまり黒人労働の管理を整備するため、財務総監コルベールに有名な黒人法典を起草させた。一六八五年に発布されたこの法典は、アンティル諸島の当時の様子を理解するため、そしてフランス王の重商主義計画と「黒人」に割り当てられた役割を理解するのに重要だ。

まず、ポルトガルの大西洋の島々、そしてブラジルで開発されたプランテーション制は、サトウキビ耕作地が作業場や労働力と結びついていなければ価値がなかったことを思い出してもらいたい。奴隷貿易会社――ここではフランス領の島々のためのセネガル会社やギニア会社――の目的は、プランテーション（アビタシオン／エンジェーニョ／インヘニオ）に労働力を供給することである。そして、プランテーションが労働力を管理する。しかし、コルベールはその能力については農園主を信用しなかった。彼は、大西洋経済についてのグローバルな視点が農園主に欠けており、それは主に農園主らの経歴に関係していると嘆いた。農園主の多くは、フランスでは将来にあまり希望がなかったためアメリカにやってきたのだ。ルイ一四世にとっては、プランテーションは消極的な貴族を服従させるための褒美ではなく、単に、販売により国庫を潤す商品の生産方法だった。それは、砂糖生産の島々に自然に広がった重商主義の原則そのものだった。王国の富は、市場で価値を付加される商品の生産のおかげで増加し、貿易収支を黒字にする。したがって、国は生産を促さなければならず、事業者に頼ることができないならば、その商品の生産を自らよりよく組織する必要があるのだ。農園主たちは、自分たちのプランテーションを超える計画、つまり王のための砂糖生産の仲介者にすぎないことを理解しなければならない。この計画の成功は、農園主らの管理能力、とりわけ労働力の管理能力にかかっている。それが黒人法典の全般的な意味なのだ。

黒人法典は、奴隷が最大の生産力を上げられるように、彼らに食事を与え、衣服を着せ、住まわせることを所有者に義務づけている。また、農園主は奴隷をプランテーションから出さないよう、生産物の一部や副産物（蒸留酒など）を奴隷自身が売らないようにしなければならない。一言でいえば、砂糖・コーヒー豆生産に全労働を傾けるべき奴隷が自立し始めることをあらゆる方法で阻止しなければならない。同様に、奴隷を連れてくることは非常に難しいゆえに、奴隷を殺したり、虐待したりしてもいけない。「黒人」はプランテーションに投資した資産であり、プランテーション経済が成り立つための必須条件でもあるからだ。また、作業場を停止したり、土地を汚染したりするのと同様、虐待によって奴隷を失うことも所有者として失格とされる。奴隷の「所有」によって与えられる絶対的権力に酔った農園主のなかには、途方もない暴力に走る者がいるからだ。たとえば、次のような記録が残されている。「マルチニックの副官は、一六七〇年に自分の奴隷に重傷を負わせた。歯を抜き取ったり、傷に溶けたラードをたらしたりした」。ブロカールという者は「女ニグロのアンヌを何度も鞭で打ってぐったりさせ、また他の人を使って同じようにさせ、身体の何ヶ所かに重傷を負わせた。そのうえ、薪の赤い燃えさしで恥部を焼いた」[7]ために、翌年に罰金を払った。

黒人法典は、ヒューマニズムや慈悲によるのではなく、生産を確保する目的のために、奴隷の身体に国の保護をもたらすものなのだ。ちなみに、プランテーションおよびその資産（黒人）の法的定義は重大な革新である。実際、王から委託された農園（アビタシオン）は、古代ローマの〝所有権〟（*proprietas*）の原則における完全で十全たる「所有」であり、当時フランスのほぼ全土がそうであった封建制の封土ではない。[8]確かに、ルイ一四世はプランテーションについてはいくつかの封建領主の権利に代わるもの――農園経営という冒険を受け入れることによって偽領主になった「農園主（アビタン）」のナルシシズムをくすぐるかもしれない褒美［貴族の称号など］――を与えたが、こうした領主権や封建制の慣習は、〝所有〟の権利と同様、生産総体としてのプランテーションを維持するという至上命令によって限定されていた。相続であれ、結婚であれ、所有地売却であれ、土地を作業場や「動産」である奴隷と切り離して考えることは不可能だった。奴隷もプランテーションの外部に売ることはできなかった。

最後に、黒人法典の中で最も悲劇的なことは、黒人は「動産」でありながらもキリスト教徒とみなされるか、神父の指導によりキリスト教徒になる義務があったことかもしれない。こうして、国はその矛盾を認め、それを完全に受け入れた。黒人は労働の供給者として人間であり、キリスト教徒とみなされなければならず、場合によっては家族として集まることができた（結婚した夫婦を別々にしたり、小さな子どもを母親から引き離すことはできなかった）が、社会の一員ではなかった。そうした特別な立場を調整することが、制度としての奴隷制の役割だった。ちなみに、黒人法典は、解放奴隷は奴隷制を抜け出すとすぐに、あらゆる王国臣民と同じ資格を得ることができると規定している。したがって、理論上は「黒人」であることをやめることができるのだ。

砂糖生産の島々におけるプランテーションの設立、黒人奴隷貿易会社の設立、そして黒人に関する法整備により、近代国家は奴隷を人間性から分離する体制となるばかりでなく、その分離の事業主であり主な受益者になる。黒人法典とともに、アフリカにおける捕獲、海上輸送、労働の強制といったニグロを生産する〝国益〟があるのだ。こうして、オランダの商事会社のパイオニア的タイプから、イギリスの官民共同管理タイプ、そしてフランスの重商主義タイプまで、資本と所有権の自由に基づいた民間の論理と、増大する国家権力と繁栄の根拠となる利益とを混合させながら、利潤の規模が大きくなっていくのが見られる。こうした絡み合いをほどいて、共通のモラルを適用するのは難しくなるだろう。

一八世紀への変わり目における植民地拡大

フランスの重商主義政策ならびに植民地交易におけるヨーロッパ諸国間の競争は、アメリカ全体で砂糖、コーヒー、タバコや他の商品作物の生産を増加させた。こうした植民地活動の拡大の度合いは、耕作地面積、征服地の面積、輸入される奴隷数とともに、国の経済における植民地経済が占める位置、さらにヨーロッパの権力機構における新たな支配階級――アンシャン・レジームの終焉と封建制の消滅に貢献した――の政治的影響力から判定できる。

一六六〇年代から一八世紀初頭にかけて、ヨーロッパ人はカリブ海地域と北アメリカに領土を拡大した。この拡大はいつも、最初は移住政策に基づいていた。フランス人農園主のほとんどはイギリス人と同様に、最初はヨーロッパから呼び寄せられ「祖国」からきた伝統的「奉仕者」に仕事をさせるつもりだった。したがって、植民地化は大概が、そうした奉仕者の増加に頼っており、王国はキリスト教徒同士の結婚の奨励に基づいた出生主義の家族政策に力を入れた。しかし、一六七〇年代から、とりわけ一六八〇年代からは、生産のためのアフリカ奴隷貿易への依存により、新たな植民地支配の政治論理へと変化した。農奴のように現地で労働力の再生産を目指す住民増加の推進力は、奴隷貿易による奴隷生産の推進力と対立するようになった。北アメリカのイギリスの植民地では、まもなく反発を呼び、新たなルールの設置を喚起した。こうして、宗教的信念に鼓舞されたクエーカー（「キリスト友会」と呼ばれた）の入植者たちは奴隷制を拒否した。一六八二年にペンシルベニア州を創立したウィリアム・ペンは、自らの奴隷も全員解放した。

なぜなら、もしアメリカが再生産される社会を約束する地であるなら、アメリカは奴隷ではなく、親族や同族しか頼ることができないはずだからだ。ところが、入植者〝ならびに〟奴隷からなるこの植民地では、親族と非親族の間の人類学的境界はすぐに弱体化した。たとえば、「いっしょに生まれて、いっしょに育った」奴隷の子と主人の子は、とりわけ彼らが共通の親をもつ場合はどうなるのだろうか。一六六二年の奴隷に関するヴァージニア州の法律は、その起こりうる混乱への回答を入植者にもたらしている。主人と奴隷の娘であるエリザベス・キーが、自由人との親子関係により自由を求めて法廷で勝利した後、ヴァージニア州の総督ウィリアム・バークレーは、議会で「この州で生まれた子どもは、母親の側によってのみ自由人とみなされる」と明記した法律を成立させた。女性奴隷の子は奴隷のままだ。クエーカーのウィリアム・ペンと奴隷貿易商のウィリアム・バークレーという二人の農園主はともに、奴隷との共通の親族性のリスクから自分たちを守ったのだ。しかし、前者が平等な住民による植民地を構想したのに対し、後者は奴隷貿易から大きな利益を得ていた。バークレーは、後にイギリス王となるヨーク公のジェームズ・スチュアート、その従兄妹のルパート王子、哲学者のジョン・ロックとともに、王立アフリカ会社の大株主だった。ロックは同社の書記を三年間務めている。[9]

イギリスが一六八八年の名誉革命で混乱に陥り、ブラジルのポルトガル人たちがコンゴ王国やパルマレス王国の〝キロンボ〟［マロン］との問題を抱えていた一方で、フランスは砂糖生産で優位に立った。ルイ一四世はイギリス国内の分裂を利用し、フランス海軍にジャコバイト［名誉革命の反革命勢力。ジェームズ二世を正統な英国王とみなした］のアイルランド人家族（名誉革命で追われたジェームズ二世に忠誠を守った）を迎え入れ、植民地での生産の事業者にした。ウォルシュ家、マックナマラ家、オゴールマン家などがフランスの主要港の町に住み着き、サン＝マロ、ナント、ラ・ロシェル、ボルドーの旧家と姻戚関係を結んだ。サン＝マロに住んだフィリップ・ウォルシュは、フランス東インド会社の私掠船の大物船長になった。一七〇一年には、サン＝ドマングの主なプランテーションの所有者であり、ルイ一四世自身が株主であるギニア会社の奴隷貿易商人のなかに、こうしたアイルランド人家族の名を見つけることができる。ギニア会社そのものはアントワンヌ・クロザに任され、彼は同社の代表者かつ大株主であり、王への資金提供者であり、フランス一の富豪といわれた。ギニア会社はフランス植民地への奴隷輸入を独占し、スペインのインディアスへの〝アシエント〟すら取得していた。アンティル諸島には、最初は年間一〇〇〇人、後に三〇〇〇人の奴隷を供給することになっていた。フランスが一六九七年に支配したサン＝ドマングには、一七一三年時点で二万四〇〇〇人の黒人がいた。

さらに、ルイ一四世は北アメリカにも征服の触手を伸ばした。フランス領ルイジアナは五大湖まで達し、ミズーリ川峡谷、ミシシッピー川峡谷まで含まれた。この新たな領地の植民地化を同じく委ねられたアントワンヌ・クロザは、年間三〇〇〇人の奴隷の輸入のお膳立てをした。この頃には、ギニア会社は年間九〇〇〇人の奴隷をフランス領の島々に送り込む手はずになっていた。

一方、ブラジルでは、一七世紀末の諸問題のためにポルトガル人によるアフリカ奴隷貿易が縮小された後、ポルトガル出身のブラジル人エリートたちが、再び内陸部の開発に目を向けた。インディアン奴隷を捕獲することによって、新たな土地の探検、とりわけ大規模な金鉱を発見するきっかけとなった。新たなゴールドラッシュが一八世紀初めに始まり、それがすぐに利益を上げたため、アンゴラの奴隷貿易が再開され、新たにモザンビークでも始まった。ミナス・ジェライス（「あらゆる鉱山」を意味する）の土地は、金鉱と新たなプランテーションの両方に向けた大量の奴隷を受け入れた。今回は、ブラジル人自身がこの大西洋奴隷貿易を組織した。三角貿易ではなく、ブラジルとアンゴラ沿岸という二極間のいわば「直線」貿易だった。彼らはアフリカ沿岸で二〇〇年も奴隷貿易の仲介者だったポルトガル出身のアフリカ人〝アンゴリスタ〟をしのぎさえした。ブラジルは、自国産品（キャッサバ芋やタバコ）とアフリカの奴隷を交換する奴隷貿易のために自ら生産するようにすらなった[10]。

こうした情勢は――単純な人口面の考慮に加えて――、なぜヨーロッパの植民地政策が一六八〇年以降、植民地拡大政策を明確に奴隷制プランテーションに切り替えたかの説明になる。植民地の拡大の影響は本国でも大きかった。イギリスでもフランスでも、莫大な富が築かれた（クロザはエリゼ宮全体とヴァンドーム広場――その最も有名な貴族の館の一つに現在、リッツ・ホテルが入っている――の半分の建設に資金を出した）。ロイズ社は金融帝国を築き、イギリス王立海軍は国内で重要な政治的影響力をもつようになった。こうした新興富豪が奴隷貿易も支配していたのだ。イギリス人は一七一五年に〝アシエント〟を取り戻し、最も商業利益が上がるとみなされたアジアのあらゆるヨーロッパ商館に駐留した。実際、アジアはヨーロッパ人にとって重要な市場となっていった。ヨーロッパ人は、以前はアジア人から買っていたものを、アメリカだけでなく支配する各地で次第に自分たちで生産するようになったからだ。コーヒー豆の木のプランテーションは、一七一五年頃にブルボン島（後のレユニオン島）で始まるが、その労働力は、ヨーロッパ製品あるいはヨーロッパ人によって製造された商品と引き換えにアフリカで買った奴隷である。結果的に、新たな食品（紅茶、コーヒー、砂糖、カカオ）のヨーロッパでの消費は、製造者、商人、生産者、小売商といった人々全員の収入を増やした。ヨーロッパからアジアへ、アフリカからアメリカへ、アメリカからヨーロッパへという商業ルートはどれも、ヨーロッパ人に利益をもたらした。実際には、商業の流れの一つ一つをとるとリスクがある。奴隷交易の利益率は、難破のリスクだけでなく、とりわけ「積荷」の死亡率の高さのため、二％から一二％だった。砂糖も、自然災害、市場供給リスク、奴隷の間で流行る伝染病などの要因があるため、利益率は一〇％に満たない。そのため、商業ネットワークの歯車である一つ一つの輸送、取引、部門には、保険会社、金融業者、銀行、商人が介入する。一つの商品部門全体に対する投資や仲介を累積することによって、全体的なリスクを緩和し利益を膨らませることが期待できるのだ。このため、植民地の生産、とりわけ砂糖生産は資本主義的な規模によってしか利益にならない。したがって、こうした一八世紀の富豪の特徴は、一方では、商業、海運（海軍）、金融の各活動の非常に強い結びつき――必然的に空間の非常に強い結びつきを伴う――であり、他方では当時出現しつつあった主権国家との結託である。こうした国家は、国そのものが大規模な事業者となる（重商主義国家）か、あるいは商業活動に奉仕するために整備される。

国家事業と商業資本主義の間の利益の収斂は、ヨーロッパの発展における大西洋経済の役割――とりわけ、産業革命を可能にしたとされる有名な「資本の本源的蓄積」――を理解するうえで、歴史家たちの興味を引きつけ続けている。とくに、奴隷貿易や奴隷制プランテーションの収益性や、産業資本主義の発展におけるそれらの役割について、多くの議論が交わされた[11]。それについて本書は、新たな仮説を提示するのではなく、ヨーロッパ経済、ヨーロッパ諸国、政治・経済思想の構築において植民地主義と大西洋経済の重要性を強調するにとどめる。絶対王政であれ、アングロ＝サクソン式の自由主義国家であれ、ヨーロッパ外での高付加価値商品の生産とヨーロッパにおける消費の高まりは、ヨーロッパ発展の柱の一つであることに否定の余地はない。それを切り離して考えたり、除外するのは難しい。

植民地におけるこうした活動の規模は、空間的広がりの面でも、投下された資本や収益の規模の面でも、ほぼ工業的ともいえる集中化をもたらした。つまり、この生産システムにおいては、労働力の問題は封建領地とはまったく異なるやり方で提示される。労働力は迅速に集中化されなくてはならず、労働力の備蓄は市場の変動とリスクに応じて管理され、農業労働と砂糖を製造する作業所の両方に振り分けられなければならない。生産単位（アビタシオン、プランテーション、エンジェーニョ）は、農園主（税金を回収する領主ではなく）――彼自身も利益の多くを手にする投資家、保険会社、金融業者、商人に連なっている――によって直接的あるいは間接的に管理される。

そのため、ほとんどすべてがアメリカにある生産地域における社会関係は、旧体制のそれとはまったく異なるものになった。実際、まるで巨大な工場か、生産単位の集合のように機能するこの新世界は、何十万人もの人、後には何百万人もの人を迎え入れるのだ。しかも、これらの人々の関係は基本的に奴隷制に基づいている。植民地化を保障するため、「自然な」住民増加を放棄したヨーロッパの大国たちは、親族（所有者である入植者）と非親族（動産とみなされる労働力）の間の境界の役割を果たす奴隷制を強化しなければならなかった。こうして、植民地は止むことのない精神的苦痛という経験の実験場、後には工場になっていくのである。

第6章　不可能な社会（一七一〇〜一七五〇年）

一七世紀末までに、ブラジルはアフリカからすでに四三万人以上の奴隷を輸入していた。カリブ海地域でプランテーション制が安定した一七一〇年代から一七二〇年代にかけて、フランス、イギリス、オランダ領の島々だけで四〇万人以上のアフリカ人奴隷が上陸していた。数十年のうちに、サン＝ドマングとジャマイカは、砂糖生産でバルバドスとマルチニックを追い抜いていた。ジャマイカの人口は一七二〇年には七万四〇〇〇人に達し、サン＝ドマングではフランスによってアメリカに輸入された二五万人の奴隷のうち、半分以上を農園主が所有していた。[1]

この急激な人口増加は、当時の人口の自然増加のスピードと大きな対照をなしており、[2]一八世紀に確かに、この奴隷は、奴隷の人類学的性質をすべてもっていた。それは、奴隷制によって確立された、アフリカで「生産され」、アメリカで「消費された」黒人が特殊な奴隷であったことを証明している。親族性への不参加をはじめとする性質などだが、そうした奴隷制の象徴的暴力についてはすでに述べた。しかし、生産の規模、および植民地経済における奴隷労働の支配的な性質は、徹底した暴力の行使が唯一の社会化の原則になるという、これまでにない状況を作り出した。実際、商業資本主義によって形成された植民地経済は、短期的な高い収益性の要求に基づいている。奴隷の再生産機能が考慮されないばかりか、就労可能期間がわずか数年とみなされた以外は、奴隷のライフサイクルにすら関心が払われなかった。法体制と警察権力によって植民地経済を統制する公的権力は、ニグロを家畜ではなく、キロジュール［エネルギー・仕事の単位］を生み出す機械とみなす虚構に対して責任を負う。大西洋のプランテーション制は、その規模ならびに経済・政治的合理化により、集積され急増する自己破壊的な前代未聞の暴力を生み出したのである。

捕獲という奴隷生産

大西洋地域における暴力のサイクルは、まさしく「奴隷生産」から始まる。そのプロセスは、一八世紀以降はほぼアフリカのみで行われた。カリブ海のほとんどのプランテーションでは、奴隷人口のうちクレオール、つまりアメリカ生まれは[3]、最初の農園ができてから五〇年後ですら六分の一にすぎなかった[4]。アフリカ生まれの奴隷は、クレオールと区別するために〝ボサール〟(bossales)と呼ばれたが、それは労働力の六分の五を占めた。アフリカで奴隷として生まれた――それはごくわずかだった――のでなければ、彼らは戦争捕虜か奴隷狩りの犠牲者だった。

一八世紀初頭当時の奴隷の直接の証言はないので、これほどの数の人々が体験した悪夢を再現することは難しい。そうでなければ、数奇な運命をたどった奴隷が記した、約五〇年後に出版された最初の証言に依ることになる。大西洋岸の後方で奴隷売買によって引き起こされた恐怖と奴隷狩りは、アフリカ社会に深い傷跡を残した。クロード・メイヤスーによると、奴隷売買による強制移住――犠牲者であれ、逃亡者であれ――は移住の主要な原動力であり、不安定さを生む社会、そして隣人を警戒する社会をつくり出した。最初に若い男性が「略奪」されたが、家族全員が同じ目に遭うこともあった。拉致されると、奴隷は奴隷商人に売られるまでの間、沿岸の閉鎖された場所に「貯蔵」された。たとえば、オラウダ・イクイアーノは一七五五年頃、一〇歳のとき、妹とともに現在のナイジェリアで拉致された。六、七ヶ月後にベナンの海岸に着き、そこからバルバドスに、その後ヴァージニアに送られた。それから主人について海軍で働いた後、商人に売られた。その商人から自分の自由を一七六六年に買い戻した。ロンドンで理髪師に、後に水兵になり、一七八七年に自伝を出版した。彼は自分の拉致についてこう語っている。

普段は近所の大人たちが遠くの畑に働きに出ると、子どもたちは集まっていっしょに遊んだ。いつもは一人が木に登って、襲ってくる人や奴隷狩りがやってこないか見張る。彼らは、親の不在をいいことに、子どもを襲ってできる限り多くの子どもをさらっていくこともあった。［中略］ある日、いつものようにみんなが仕事に行ってしまったとき、私のかわいい妹と二人で家で用事をしていたら、男二人と女一人が家に入ってきて、私たち二人をつかまえ、叫び声を上げたり、抵抗したりする間もなく、口を押えられて走って一番近い森に連れ込まれた。そこで、手を縛られ、日が暮れるまでにできるだけ遠くに連れていかれた。小さな家に着くと、そこで誘拐犯たちは腹ごしらえをして夜を過ごした。私たちはもう手を縛られていなかったけれど、疲労と悲しみのせいで何も食べることができなかった。唯一の慰めは眠ることだった。そうすれば、ひとときでも自分たちの不幸が和らげられたからだ[5]。

いったん拉致されると、奴隷たちは内陸から奴隷貿易の商館に連れていかれる。一五世紀にポルトガル人がアンゴラの沿岸に定住し始めると、ポルトガル系アフリカ人家族は奴隷売買に特化していく。彼らは、急襲や攻撃を組織立って行う盗賊や奴隷狩りといった仲介人全体とヨーロッパ人の買い手の間をとりもった。ヨーロッパの奴隷船は、沿岸を航海しながら海岸近くにとどまる。要塞から要塞（エルミナ、ウィダー、ルアンダ）へと移動しつつ、奴隷商人は商売を行い、奴隷を積んでいくが、多くの場合は地元の王国の支援と監督のもとになされる。積荷の平均容量は数十年の間に急増し、一八世紀末には一つの船に六〇〇人が乗れるようになった。この進歩は、航海術や造船技術の発達のみならず、奴隷貿易の収益性向上に恒常的な圧力がかかるためでもある。奴隷貿易という仕事には困難も伴った。というのは、一〇人以上の奴隷をまとめて買えることは稀だったからだ（一日に買える奴隷は平均五人だった）。したがって、海岸沿いに散在する何人もの売手と交渉し、その交渉がなるべく短期間に終わるようにしなければならなかった。交渉の継続や奴隷の死亡リスク、後で売るときに不利になる監禁による消耗は、時間との闘いだった。つまり、余分の費用がかかるために、奴隷商人は沿岸航海を長引かせることはできなかったのである。

こうした交渉にまつわる状況も、奴隷狩りへの貸付（前払い）制度や、奴隷を監禁しておく場所「バランコン」の建設によって次第に改良されてくる。奴隷貿易のための要塞や商館に集められた奴隷たちは、船倉への積み込みが可能になる前に、時には何ヶ月間も監禁されることもあった。奴隷船商人の「手腕」は、まさに奴隷の在庫を管理し、航海の収益性を確保し、供給と積載量のバランスをとることにあった。すでにこの段階で、取引は卑しいものだったのである。

拉致からプランテーションまでの「長い旅」

ポルトガル王は、アメリカ市場で奴隷を認証するために、ギニアやアンゴラの要塞から出航する奴隷に焼き印を押させた。文字通り、生きた商品になるのである。輸送と旅の環境は、事業の成功を左右するものだ。「中間航路（ミドル・パッセージ）」あるいは「旅」などと呼ばれたこの航海の状態は、まもなく安定するようになる。船倉に積まれるのは五〇〇から六〇〇人、各奴隷の間隔は約四〇センチ、航海は二ヶ月半だ。一七〇〇年に一八％だった死亡率は、一八世紀末には一一％に下がった[6]。後に記述されたものを読むと、その数字が理解できる。一七八四年にギニア湾を航海したパウル・エルドマン・イザート［一八世紀後半のプロイセンの植物学者］は次のように記している。

奴隷船は、フォールと呼ばれる高く頑丈な板で、甲板すなわち上甲板が仕切られる形で建造されている。この壁の船の前方側の部分はなめらかで、少しの割れ目も裂け目もない。ニグロが爪で隙間を少しでも広げることができないようにするためだ。この仕切りの上には、板が耐えられる限りの小型大砲や火器が奴隷を恐れさせるために常に弾を込めた状態で置かれており、夜になると弾薬は外される。ニグロには常に見張りがついており、彼らのあらゆる動きに非常な注意を払っている。船尾のほうを向いた壁の側には、女と子どもがいる。反対の前側は男のみで、女を見たり、近寄ったりできないようになっている。男たちは二人ずつのペアにされて、手と足を押える鉄でつながれている。甲板にいるときは並ばせて、列ごとに脚の間に鎖を通す。許可なしに立ち上がることも、わずかな動きもできないようにするためだ。彼らは許可を得て、朝に甲板に上がり、夜には船の中に戻る。しかし、人数が多いので、二日に一度しかこの清浄な空気を吸うことができない。その他の時間は船倉でニシンのように詰め込まれている。[7]

これほどに束縛されたら、振るわれた暴力に応じた反抗心をかき立てるほかはないだろう。反抗や逃亡の試みは、航海の日常茶飯事だった。乗組員の六倍の人数で、しかもほとんどが若い男性なので、その脅威は常に二重にあった。あまり残酷に扱って商品を失ってはならないし、力を回復させてもいけない。

一七二三年に出版された、サヴァリ［ジャック・サヴァリ・デ・ブリュロン。ルイ一四世治下の税関総監］による『商業百科事典（Dictionnaire universel de Commerce）』の「ニグロ」の見出しにある注意書きを紹介しよう。

売買が終わったら、出航までぐずぐずしないことだ。経験からいえることだが、この哀れな人たちはまだ祖国が見える限りは悲しみや絶望に襲われる。それは、航海の間にニグロの多くを失う病気の原因の一つである。原因のもう一つは、彼らに自らの命を絶つよう仕向けてしまうことだ。食べ物を拒否するか、確実に窒息できるように舌を折り曲げて彼らがよく知るやり方で呼吸を絶つか、船に頭をぶつけるか、機会を見つけて海に飛び込むかするのだ。[8]

一八世紀も時代を下ると、この航海の雰囲気を再現する文献は数多くある。オラウダ・イクイアーノの物語もあるし、一七七〇年に一三歳で拉致され、グラナダに行くためケープ・コースト（ガーナ）に売られたオトバ・クゴアーノの物語もある。奴隷船の乗組員への指示も貴重な情報を提供してくれる。それは、積荷を生かしておくこと、病気や喉の渇きを避けることなどで、水と同様に食事も最小限に抑えられていた。自殺や商品の「故意の」悪化――米やヤム芋の割当分を食べたり水を飲んだりすることの拒否や、船から海に飛び込むこと――を防ぐため、鞭は乗組員の重要な道具だった。奴隷船に蔓延する恐怖は、鞭や拷問といった暴力のせいばかりでなく、航海の極限状態にも起因し、奴隷の衰弱や暴動の脅威を常にはらむ緊張状態を招いた。

八週間から一二週間の航海の末に到着すると、奴隷は別の種類の暴力を受ける。検疫期間中に洗われて「さっぱりとし」、食事も十分に与えられた奴隷は、少なくとも男一人、女一人、子ども一人――実際の家族関係はないことが多い――からなる四、五人のひとまとまりで売られる。彼らは檻に入れられたまま、最終的な目的地を知りうるまでに、さらに何週間も待つ。

一八世紀末の売買の状況について、パウル・エルトマン・イザートは次のように記している。

到着してから数日経つと、私と同船したニグロの運命が決められた。彼らを陸に降ろし、彼らの国のやり方でできるだけ支度させ、自由にさせ、彼らの国のあらゆる気遣いをもって扱うのだ。まるで天国にやってきたと思い込ませるようなやり方だ。それは見せかけだけだ。売買の日が来ると、彼らを列に並ばせ、買い手が奴隷を選ぶことのできる決められた時間まで、だれも入らせない。扉が開くと、買い手の大群が一斉に入ってきて、その場所に殺到し、事前に見た日に目をつけておいた男ニグロや女ニグロをつかまえて、値段の交渉をするために売手のところに連れていく。それは一瞬のうちに行われるために、最も勇敢な男でさえ動揺するだろう。この瞬間にニグロたちが何を思うかは神のみぞ知る。四時間も経たないうちに積荷のほとんどは売られた。残っているのは年寄りか、幼すぎるか、何らかの欠点があるニグロである。[9]

オラウダ・イクイアーノは、この瞬間の恐怖を次のように描いている。

通常のやり方で売買が始まったとき、私たちはまだ数日しか商人の監視のもとにいなかった。売買のやり方はこうだ。合図（たとえば太鼓の音）があると、買い手たちは奴隷が集められた囲いの中に殺到し、自分の気に入ったひとまとまりを選ぶ。そこで起こる大騒ぎと怒号、そして買い手の態度の臭うほどの貪欲さは、おびえたアフリカ人の不安を高めるのに大いに貢献した。アフリカ人たちが買い手を、自分に宣告された殺戮の執行人とみなすことは全く根拠のあることなのだ。こうして友人や親子は平然と引き離され、ほとんどはその後会うことはない。私が運ばれた船の中で男が集められた場所にいく組かの兄弟がいたのを覚えているが、彼らは売られるときに異なるひとまとまりに分けられた。そのときに彼らが引き離されるのを見て、その叫び声を聞いて、心が引き裂かれる思いだった。[10]

他に仕様がないので、こうした話は想像で補わなければならない。一七三七年、ポルトガル船〝苦悩と霊魂の聖母マリア〟（*Nossa-Senhora-das-Angústias-e-almas*）（原文のまま）はルアンダを三〇二人の奴隷とともに出航したが、リオデジャネイロに着いたときは二七二人だった。[11] イギリス船〝マールバラ〟は、アフリカ中央部からジャマイカまで、二五人の乗組員で三八六人の奴隷を輸送するのに一〇ヶ月航海した。ジャマイカに着いたときは三五一人になっていた。

フランス人、トマ・モントードワン・ドロネが所有するナントの船〝ナンフ〟［ニンフ］は、八ヶ月の沿岸航海で集めた奴隷が、アフリカ中央部のロアンゴで五九六人になった。船は一七三八年にサン＝ドマングのカプ・フランセ［現カパイシャン］に五四二人の奴隷とともに着いたが、四五人の乗組員のうちの七人が航海中に死んだ。

一七三七年には、三七四隻の奴隷船がアフリカを出港し、そのうちの一七九隻はカリブ海域の島々を目指した。一〇年後の一七四七年には、三七年より一〇三隻多い船がアフリカ海岸を出港した。一七三一年から一七四〇年の一〇年間に、二六万二〇〇〇人の奴隷がアメリカに向けて出発したが、そのうち七万五〇〇〇人はブラジル、一五万人はカリブ海の島々に向かった。そのうち二二万二〇〇〇人が生き残った。合計すると、五〇万人の奴隷が一七三〇から一七五〇年の間にアメリカのプランテーション地域と鉱山に到着した。彼らはマルチニック、グアドループ、カロライナ、ルイジアナ、バルバドス、ギアナ、ベラクルス、カルタヘナ、パナマ、サルヴァドール・ダ・バイーア、リオデジャネイロ、リオ・デ・ラ・プラタなどに送られた。

プランテーションと良い農園主

奴隷貿易と植民地生産の結びつきは完全になった。ルイ一四世が整備したフランスのネットワークはうまく発達した。アイルランド人航海者はフランスの船主と手を組み、彼らの子どもたちは農園主になった。たとえば、サン＝マロのアイルランド人ジャコバイトの私掠船長フィリップ・ウォルシュの息子の一人、アントワヌ・ウォルシュは奴隷貿易商になった。一七〇三年にサン＝マロで生まれたアントワヌはナントの最有力者の一人となり、カリブ海の島々に奴隷を供給するアンゴラ会社を創立した。自身も農園主であり、サン＝ドマングのカプ・フランセで一七六三年に亡くなっている。

プランテーションは面積を拡大し、一七〇〇年から一七三〇年の間に、規模も働く奴隷の数も倍になった。サン＝ドマングやジャマイカでは、プランテーション一軒当たりの奴隷数は三〇〇人だ。農園主にとって、奴隷の購入はプランテーション経営の重要な要素だった。それをうまく運ぶには、定期的に（少なくとも毎年）いくらかのロットの奴隷を買わなければならない。高くつくかもしれないが、生産を調整し、かなりの労働力の交替に対応するためには、奴隷購入のための投資が必要だった。実際、購入価格は二年以下で償却され、カリブ海地域のプランテーションにおける奴隷の就労可能期間は一〇年を超えることはなく、平均は七年前後だった。病気や障害をもつ奴隷を買えば、生産計画に影響を与えるリスクがあり、そうなると砂糖を買ってくれる商人に借金をしなければならない。

大西洋地域の砂糖プランテーションは、可能な限り自給自足でなければならない。そこに住む人たちの食料を生産し、多様な活動を発展させねばならない――サトウキビの栽培とその加工、作業場に必要な燃料となる木材の確保、砂糖の輸送と梱包のための資材の生産、そして食糧だ。ブラジルでは、それに恒常的な開墾作業が加わる。農園主は生産水準を維持するため、土地の利用可能性と奴隷労働に頼っているからだ。そのうえ、プランテーション経営は新たな知識を必要とする。サトウキビあるいはコーヒー豆の生産を最適化するために、農業知識はもとより、作業場を運営するための技術（サトウキビの圧搾、しぼり汁の過熱、糖蜜の煮詰め）、そしてとくに使える労働力をよりよく利用するための管理知識だ。伝道者としてカリブ海の島に渡ったドミニコ会のラバ神父は、一八世紀になった頃、マルチニックでプランテーションを経営することになったが、一七二二年に良い農園主の手引きのようなものを作成した[12]。同じように、ブラジルを訪問したイエズス会のアントニル神父もブラジルの農園主にアドバイスしている。

奴隷は農園の主人の手足である。ブラジルでは、彼らなくしては農園を設けることも、維持することも、拡大することも、作動する粉砕機をもつこともできない。奴隷たちが仕事をよくするかしないかは、彼らに対してどういう態度をとるかによる。そのため、毎年いくつかのインドの品[13]［アフリカ奴隷］を買って、サトウキビ畑、食糧のための畑、製材所、小舟に割り振ることが必要だ。彼らは一般的に様々な国から来ていて、他より粗野な者もおり、体格も非常に異なるので、割り振りは入念に識別して行わなければならない。やみくもにしてはならない。［中略］アルダ族、ミナ族は頑丈だ。カーボ・ベルデとサントメ出身はそれより弱い。アンゴラ人でルアンダに育った者は、すでに記した地方の者より、機械の仕事を習う能力がある。コンゴ人のなかには、かなり器用な者、サトウキビの仕事だけでなく作業場や家事に向く者もいくらかいる。[14]

したがって、プランテーションは、能力が開発され管理される場でもあった。さらには、主人が奴隷の進歩を考慮に入れなければならない場所でもあった。

ブラジルに着いた者の中には非常に粗暴で内にこもって、一生そのままでいるのもいる。そうでなく、数年経つと「国育ちの人」［その国に生まれた人、クレオールのこと］になり、カテキズム（教理問答）を学んだり、よりよく生きる方法を見つけたり、責任をもって小舟を管理したり、用事をしたり、通常与えられるどんな仕事でも遂行するのを得意とする者もいる。[15]

熟練職にはよく訓練された者が就いた。「釜製造、荷車引き、船のシーリング、糖液職人、船頭、水夫の仕事には「国育ちの人」を選ぶ。そうした仕事はより慎重な注意を必要とするからだ」。プランテーションの仕事の割り振りは、今日ではよく知られた問題に直面する。「子どもの頃からいくつかの農園で働いてきた者については、彼らの意向に反してよそに移すのはよくない。衰弱したり、死んだりするからだ」[16]。

農園主にとっては女も男もなく、ニグロがあるだけだ。彼らの労働は適切な仕事の割り振りによって最大限に利用されなければならない[17]。

女たちは男のように鉈鎌や鍬を使うが、森では男が斧を使う[18]。

ところで、ニグロ資源の管理にかかる時間は、ニグロの労働の価値によって決まる。それが奴隷の価格となり、それには特殊な計算がなされる。ニグロは高い。ブラジルではインディアンの四倍するが、二年間の労働は購入価格以上のものをもたらす。奴隷の労働可能期間は単に生存期間と混同されがちだが、せいぜい数年だ。言い換えれば、購入から一八ヶ月以上の労働はプランテーションに利益をもたらす。奴隷が価格の三倍の仕事をすれば、それだけでも膨大だ。労働力の備蓄管理は新たなニグロの購入によって行われるので、一〇年を超える期間を期待する必要はなく、望ましくもない。ということは、もし偶然に――むしろ奇跡的にといってよいが――プランテーションでクレオールの奴隷が生まれたとしたら、プランテーション制の内部で生まれたものはその制度の最良の要素を形成するから、非常に有益だろう。

ブラジルに生まれた者、あるいは子どもの頃から白人のもとで育った者は、愛着を抱く主人に十全な満足を与える。また、そういう者は奴隷の身分によく耐えるのだから、だれでも四人の「ボサール」に匹敵する。[19]

こうした考えは、農園主にその他の気前の良さや優しさを促すようになるはずだ。もし、主人が［奴隷の］子どもに食事の残りを与えるように気を配るのを奴隷が見れば、彼らは主人に喜んで仕え、主人への奉仕者を増やすのを喜ぶだろう。その反対の場合は、自分が受けるのと同じ苦しみを母胎の息子たちに与えないために、奴隷のなかにはわざと堕胎しようとする者もいる。[20]

アントニル神父はまた、奴隷たちが年に数時間、楽しく過ごすことができるよう農園主に提案、奨励すらし、「奴隷たちが自分たちの王を選んだり、年に何日かは数時間、礼節にかなう範囲で歌ったり踊ったりするのに反対しないように」促した。

経済的観点と同様に倫理的な観点から、こうしたイエズス会の神父と同じような論理によって、繁栄とキリスト教徒としての良心を両立させることもできる。実際、奴隷労働の時間の長さと密度が生産の原動力であり続ける範囲内で、奴隷の充足感を確保するために、経済の論理と倫理の論理は共通目標に向かうはずだ。しかしながら、奴隷の健康、寿命でさえ、短期的な重要性しかなかった。つまり、働かせるために食糧を与え、身体を保護し病気にならないように服を着させ、眠って力を回復させるために住居を与えねばならないということだ。こうした点については、イエズス会の神父たちも黒人法典の条項に沿っており、同じ考え方で、利己主義や短絡的な見方はかえって利益を遠ざけると農園主を説得しようとしている。実際、農園主が吝嗇（りんしょく）から、土曜日に狭い畑を耕して採れるものを自分たちで食べるよう奴隷に提案することもできるだろうが、農園主は、そういう狭い見方をすれば奴隷の潜在能力から利益を引き出すのを妨げられることを理解しなければならない。そうではなくて、夜明けから夜八時までの一日二食の簡素な食事で、ニグロから週六日間の労働を獲得するべきなのだ。

ところが、その労働を得るための方法が、説得というやり方であることは滅多にない。待遇をより従順に受け入れる「国で生まれた」クレオールですら、強制力なしの労働はありえない。その強制力は身体的なものである。したがって、暴力はプランテーション経営の主な原動力だった。アントニル神父やラバ神父、あるいはアメリカのプランテーションの労働管理について書きとめようとした他の人々はみな、節度を保つよう勧めている。だが、節度を保つのは非常に難しいようだ。何度も農園主に節制を呼びかけねばならなかった。

罪を認める者の不品行を懲らしめないことは、軽い過ちではないだろう。しかし、無罪の者を罰しないよう、その前に罪を証明しなければならない。いったん過ちを認めさせた後は、告発された彼らの話を聞かなければならない。それから、度を越さずに鞭で打つか、鉄の鎖に一定の時間つなぐか、足枷をはめるかして罰を与える。[21]

しかしながら、主人は、自分の所有物に対して絶対的権力をもつ自らの地位におぼれて行き過ぎることに屈してはならないのだ。

自分の手や酷い道具を使って恨みの心をもって暴力で懲らしめること、かわいそうな人々を熾や熱い蝋で焼いたり、あるいは顔に印をつけたりすることは、野蛮人の間でも許されることではない。ましてやカトリックのキリスト教徒には許されることではない。

父親が子どもを教育し公正さを示すように、制御された暴力は、良い管理、あるいは倫理的であるとみなされた。

確かなことは、主人が奴隷に対して父親のように振る舞うのであれば、また、主人が奴隷に衣服や食料に必要なもの、また仕事中の多少の休憩を与えるのであれば、主人は主人として振る舞えるだろうし、奴隷も自分の犯した過失を認めて、正当でふさわしく、慈悲のある懲罰を受けても驚かなくなるだろうということだ。

以上のような助言を読むと、行き過ぎが頻繁だったこと、しかも第二世代、第三世代の主人ではより頻繁だったことは明らかだ。歴史学者のドニ・オルノ・ララは、フランス領の島々で司法に訴えられた入植者の長いリストを作成することができた。たとえば、マルチニックのグラティアン・バローは一七〇七年に自分の奴隷を何人か殺し、「二年後の一七〇九年には奴隷を拷問した。そのうち二人は逃亡したが、二人のうち女はラム酒を飲んだ後、もう一人の奴隷に自分を鉈鎌で殺してくれるよう頼んだ。その奴隷は捕まえられて、手を切られた」[22]。

暴力には二つの機能がある。一つは、労働を強制するためだ。一日の労働や食事休憩に区切りをつけるための日常的な暴力だ。それは時には、単にいつでも鞭が飛んでくることを思い出させるために使われる。もう一つは、恒常的な脅威とみなされていた奴隷の反逆、逃亡、反抗を防止するためで、偏執狂的にエスカレートすることもあった。

実際、奴隷たちも絶えず暴力に惹かれるのだ。拉致されるとき、大西洋を渡るとき、閉じ込められるあらゆる瞬間に、奴隷たちは直接の暴力や、逃亡、自殺、堕胎、さらに自分で手足を切断することによる不服従によって、自分の運命に従うことを拒否することができる。

数のうえでの不均衡は奴隷に有利だった。それは奴隷たちも承知しており、反抗を促した。プランテーションのあるあらゆる地域で、実施されている体制がどんなタイプ――厳しいものも、そうでないものも――であろうと、次第に頻繁になっていった蜂起がそれを証明している。最も厳しいとされたイギリス体制のジャマイカでも、ナニーという女奴隷が一七二〇年にプランテーションの裏の山、ブルー・マウンテンズに逃亡した。同じく逃亡奴隷の兄弟とともに、一四年間にわたって独立した共同体を営み、イギリス人は捕まえることができなかった。こうした共同体は植民地を脅かした。それは、マロンが生活の糧の足しにするためにプランテーションを襲撃して食糧や財産を奪うばかりでなく、奴隷たちの逃亡の誘惑に出口と行き先を与え、そうした共同体に加わる希望を助長するからだ。それが実際「ナニー・タウン」の力だったのだが、首領のナニーは結局、一七三三年に殺された。

いったんプランテーションに到着すれば、主人や職工長の増幅する暴力の残酷さや強制労働に、奴隷たちが喜んで服従するとは考えられない。主人らは、身体的損傷や侮蔑などのあらゆる手段を使って、病的なやり方で権威を押しつけようとする。奴隷たちは逃げたり、自殺したり、堕胎したり、反抗したり、叩いたり、殺したり、時には毒を盛ったり、復讐したりする。彼らはヨーロッパ諸国間の対立や、主人の敵と交わした約束を利用して島から島へと逃げる。そうした敵たちは、隣のプランテーションを不安定にさせるためにマロンに寛容さをちらつかせるのだ。

奴隷は主人から逃げることができる。それは農園主の頭から離れない、いらいらさせる構造的不安だ。たとえ数時間でも数日間だけでも、逃亡の誘惑は常にあるが、実行すれば厳しく罰せられる。片耳あるいは両耳を失ったり、再犯を避けるために腱を切られたりする。

主人の怒りをもっと誘うのは、奴隷が仕事のできない状態になること、そのために所有物の使用権を失うことだ。農園主たちはやがて、彼ら自身が酷使することで奴隷が病気や怪我をし、栄養不足が原因で身体が弱ることは、奴隷が主人から〈当然支払われるべきもの〉を――意図的ではなく――かすめとることだと考えるようになる。主人は、奴隷が衰弱したり、土を食べて中毒を起こしたり、出産で死んだりすると激怒する。そうした意図的でない反抗に対する罰も、同じくらい酷いものだ。鉄鎖、腹をすかせて土を食べる者の口を覆うマスクなどは、主人や職工長らの悪化した精神状態を示す、凝りすぎた、ありえないような品々だ。不意の死や病気は、すべて主人に対する奴隷の攻撃とみなされるようになった。カロリーヌ・ウダン＝バスティッドは、［奴隷が］毒を盛ったという頻繁な訴えが――ごくまれな例外を除いて決して原因は解明されない――どれほど常に厳しく罰せられたかを明らかにしている。ところが、突然死や、毒が原因とされる苦痛は多くの場合、奴隷に強制された劣悪な生活環境、あるいは伝染病や栄養不足を助長する家畜への劣悪な扱いによって説明できるのである。[23] いずれにしろ、受動的であれ、能動的であれ、意図的であるか否かを問わず、奴隷の抵抗は主人の暴力を鎮めるどころか、増幅させた。主人や白人（ニグロでない人たち）は、ある種の構造的な恐怖を自らも生き、奴隷にも強いた。ニグロの生命に価値がないことを示そうとする、まさに残忍な行為やたけり狂った執念が現れた。マルチニックの総督は、一七一二年に次のように嘆いている。

奴隷に対して、主人は極端に吝嗇で残酷だ。王の命令（オルドナンス）にしたがって食べ物を与えるどころか、彼らは奴隷を空腹で死なせ、叩きのめす。それは大したことではない。農園主は、家畜の死で財産を失うとか、その他の損害に苦しむとき、それをすべて奴隷のせいにするのだ。奴隷たちが毒を盛ったとか、魔法使いであると告白させるために、農園主のなかには自宅で私的に〈質問する〉[24]［拷問によって尋問する］者もいて、それを四日も五日もくり返す。その質問は非常に残酷で、ファラリス［古代ギリシャ時代の僭主］、ブーシーリス［ギリシャ神話に登場する残虐なエジプト王］や最も強気な暴君ですら想像できないようなものだ……。拷問を受ける者は裸で蟻塚に近い杭に縛りつけられ、その体に少し砂糖を塗りつけられ、頭から足の裏までスプーン一杯の蟻をくり返しかけられる――体のあらゆる穴に蟻が入り込むように注意を払って……。他の奴隷たちはひどく体を刺すマラングワン（蚊）が最も多い場所で杭に縛りつけられるが、これは人間の感覚を超越した拷問だ……。ほかには、鉄の板を赤く熱し、足の裏、かかと、足の甲に順番にしっかりと当てるのだが、拷問する人はそれを何時間もくり返す。この拷問に遭った男奴隷や女奴隷のなかには、六ヶ月経った今でも立ち上がれない者もいる……。このような拷問で、拷問者が望むことを何でも言ったり、考えてもいないことを奴隷たちがしゃべったとしても、驚くべきことではない。その挙句、白人たちは、ニグロが毒を盛るとか魔法使いだとか不満をこぼす……。われわれの農園主の幾人か――地上で最も悪質で残酷な人――に、この悪行はたいへん広まっている[25]。

この数年後には、「サン＝ドマングで、「アラダの聖マルタン」という異名をとるマルタンという者が、所有する三〇〇人から四〇〇人の奴隷のうち、二〇〇人以上の奴隷を死なせ、ほかにも数人の手足を切断したといわれた。彼は、一七四一年に病院を譲渡された管理者に一万五〇〇〇リーブルを寄付して赦しを得た[26]」。

こうした暴力の行き過ぎが、白人たちのなかに動揺をもたらさなかったわけではない。アフリカ人奴隷の悲惨な状況は、植民地社会で否定されたことはない。それどころか、奴隷への同情が深い苦しみの源であったに違いないと想像するべきだろう。農園主やその家族、奴隷商人ですら、彼らがヨーロッパにいようと、アフリカやアメリカにいようと、「かわいそうな黒人」「不幸なニグロ」を哀れに思っていた。たとえ、奴隷制が当時の社会では自明の理であり、ほとんど自然なことであっても、それはまったく人気がなく、だれも暴力を喜ばなかった。逆に奴隷制は大きな心理的負担であり、入植者の世代が下るにつれて重くなっていった。この暴力から逃れる解決策は、他人に任せて暴力から身を守ることだった。そのため、多くの農園主は、管理人（フランス領の島々では「管理する人（ジェルール）」と呼ばれた）に地所を任せてヨーロッパに帰った。帰れない場合は、彼らは職工長に恥ずべき恐怖の仕事を任せて、邸宅にこもっていた。

暴力のコスト――経済的コストおよび心理的コスト――は、後になって奴隷制の収益性についての議論が起きた際には、考慮に入れねばならない重要な要素である。職工長の賃金や管理人の契約方式には、プランテーションの秩序を持続させるという稀な能力を獲得するのがいかに難しいかが反映されている。

奴隷制に代わるものが想定されているわけではないので、入植者は受け入れるしかない。暴力に心を痛めても、それなしではやっていけないのだ。だから、暴力は善のための悪だとごまかして自分を慰める。一七八二年に、そのための有益な説がポルトガル人の手になる本の中で提示され、大きな成功を博した。それは『アメリカへの巡礼文集[27]（Compêndio narrativo do peregrino da América）』という著作で、そのなかでアフリカ人奴隷の大西洋航海は、あらゆるキリスト教徒が復活へ向けて待つ魂の転生の前の、最初の「転生」にたとえられている。

しかし、現地では、暴力の必要性を納得するのはより難しく、また、必然的に拉致からプランテーションに至るまで続く暴力の増幅効果を負わなければならない。つまり、暴力の蓄積の重さを考慮に入れなければならないのだ。というのも、一七二〇年以降、サン＝ドマング、ジャマイカ、あるいはミナス・ジェライスのプランテーションが、その形態においては奴隷制の終わりまで安定していた（奴隷の数、使用される機械の種類、サトウキビの加工プロセス、食糧用の畑と小屋と農園主の家の配置など）としても、その当時すでにマルチニックのプランテーションは三代目の農園主になっていたからだ。生産と技術は同じようなものであっても、一七五〇年代のプランテーションは、一六六〇年代のそれとはかなり異なっていた。ほぼ一世紀を経て、歯止めのきかない暴力は、絶えず農園主と職工長に妄想をもたらし、トラウマの威力を増していった。サディズム、農園主の神経症的恐怖、奴隷の怒りと恐れとそれらの内在化は、プランテーションに新たな奴隷が来ると常に呼び起こされる可能性があった。

さらに状況が悪化した要因には、大西洋経済が絶頂期にあったこともある。ヨーロッパ諸国が一六八〇年代に黒人奴隷貿易に関与することを決めて以来、奴隷貿易と商人のネットワークはすべてのヨーロッパの港に展開された。フランスに移住したアイルランドのジャコバイトの子孫たちは、ボルドー、ナント、そしてスペインのカディスやストックホルムにも進出した。彼らの間で姻戚関係を結んだウォルシュ家、ハリントン家、サン＝マロのフルニエ・ド・ヴァレンヌ家、ナントのモントードゥワン家は、活発な事業を展開した。これらの一族のなかには、植民地への黒人奴隷の主要な供給者や最も大規模なプランテーションの所有者がいる。

サン＝ドマングでは、奴隷貿易が始まって五〇年後に、住民の九〇％に当たる五〇万人が奴隷だった。マルチニックとグアドループではそれぞれ八九％と八七％だった。そうした人口の不均衡のもとでは、主人たちは警戒心を募らせるほかない。奴隷が逃げるかもしれないという不安や擁護しがたい自分自身の暴力にピリピリしつつ、彼らは、世代の再生産を組織上のルールとする本来あるべき社会を形成していなかったのだ。権威主義と暴力だけが社会生活の原動力であるから、非常に流動的な住民の動きを安定化させることなど彼らにはできないのだ。一七五〇年時点で、植民地の秩序は非常に混沌としていた。

不安定な秩序

労働力の再生を絶えず奴隷貿易に頼ることからくる社会的影響の一つは、植民地において主人と奴隷を長期的に結びつけるものがないことである。このことから、移住と強制労働に固有な暴力に、持続的な関係を構築できないことからくる社会的暴力が加わる。いずれにせよ、利益と生産の競争においては、将来の展望を考えるのではなく迅速に行動するほうがいい。砂糖やコーヒーの価格は変動し、危機も頻繁に起きる。危機が奴隷供給によるものでも、過剰生産や借金によるものでも、毎年、策定された投資計画を見直さねばならない可能性が出てくる。暴風雨、地震、津波、伝染病があると、すべてやり直しだ。職工長が暴力のほうを引き受ける間、農園主たちは奴隷や自身の悪行の亡霊に脅えて自分たちの殻にこもり、プランテーションへの興味を失い始めた。不安と疑念に満ちた雰囲気が、彼らを現実から遠ざけたのだ。このように感覚が失われてくると、重要なことはほとんどなくなる。自分が勝ったり負けたりするゲームに過ぎないプランテーションも重要ではなくなる。債権者に対してはおめでたい屈託のなさを装うのだが……。[28]奴隷自体も持続するようにはできていない。毎年在庫を補充することだけが、事業の管理と将来への備えのすべてである。直近の管理（ならびに高潔な柔軟性の保証）に見えるその短期的視点こそが、あらゆる形の社会関係を弱体化させるのである。

しかも、アフリカ文化と同様にヨーロッパの文化に特有な伝統的関係——結婚、氏族関係、共同体の関係、家族関係——は、奴隷貿易から生じる人口構成によって非常に難しくなった。奴隷の側ではもちろん、奴隷貿易の前提条件（拉致、アフリカでの売却、アメリカでの売却）によって、かつての社会関係はほとんどすべて破壊される結果になる。そのうえ、短期的視点の論理によって、大西洋奴隷貿易は、労働からの利益をより多く引き出せると考えられる、若く元気な男性の拉致を好んだ。奴隷価格は高かったため、農園主は奴隷の在庫を女奴隷の購入で補充するのだが、奴隷貿易の男女比は六〇％対四〇％にとどまる。カリブ海の島々でも同じ比率だった。[29] 劣悪な生活環境や待遇に加え、この割合は奴隷人口の低出生率の原因になっている。最近の研究によって、奴隷がプランテーション内で社会化する——安定したカップルや家族を形成し、しばしば主人も知らぬ間に支援関係や団体をつくることもある——環境を新たに作り出す能力が判明しているのではあるが……。

農園主の側では、ヨーロッパ系の女性の少なさのために、ヨーロッパからもち込まれた図式である家父長的家族を再現するのは容易ではなかった。クレオールの（アメリカ生まれの）白人女性はまだ数が少なく、多くの家庭の子どもは後にプランテーションを継ぐ可能性はあっても、本国で育てられた。農園主には、妻を伴わずに植民地に来る者、または農園を管理して財を築いてから本国で結婚する者が多かった。つまり、植民地に暮らす白人女性の社会的地位は、夫、兄弟、息子——彼らへの結びつきが女性自身の社会的役割を決定した——が奴隷との性的関係を公然と強要したり、あるいは、自由な女ニグロや混血（白人と黒人の）女性と愛人関係をもつ——しばしばこれも同じように強要された——という事実によって、絶えず弱められていた。白人女性は沈黙を保つが、なかには——嫉妬によって説明されるのだろうが――女ニグロに対して特殊な暴力を振るう事例もある。こうした事例は、植民地の行政府が扱ったいくつかの案件が証明している。たとえば、「一六九七年に［現ハイチの］プチ・ゴアーヴで奴隷を殴打して殺した女性」や、次のような一七三六年の事例がある。

オーダシュ夫人は、理由は不明だが、一人の若い女ニグロに対して残忍に振る舞うことに夢中だった。夫人は、自宅でよりひどく苦しめるために女奴隷を監獄から引き取った。棒にくくられて鞭を打たれたその若い女性は、翌日には三本の杭にくくりつけられて地面に腹ばいにさせられ、さらに鞭を打たれた。ラザールという者が奴隷の背中の上と腹の下に火薬をまいて、奴隷は焼かれた。オーダシュ夫人が燃える熾（おき）で火をつけたのだ。ラザールは「腹が火の上にくるよう」奴隷の背中に足を乗せた。その後、女奴隷の傷はアロエと生石灰で手当された。五日間続いたこの責め苦は、自分の身に降りかかる危険にもかかわらず、一人の奴隷によって訴えられた。[30]

主人の女ニグロに対する態度は、「自然な欲求」として白人社会からも植民地行政府からも正当化され、それに対して白人女性が制限を要求できる可能性はほとんどなかった。それを被る女性のほうは、奴隷であろうと自由人であろうと、頻繁な妊娠という結果を防ぐことはできなかった。

ヴァージニアの例で見たように、ムラートと呼ばれる混血児は、やがて植民地の秩序にとって脅威とみなされるようになり、当初からムラートを奴隷の範疇に残すための法律が作られた。それにもかかわらず、アンティル諸島支配の初期から、自分の子であるムラートを解放する主人の事例は頻繁で、ブラジルでもスペイン帝国の植民地でも同様だった。こういう事例は、公式記録に残る数少ない奴隷解放の大多数を占めた。ブラジルでは、自由な黒人および混血の人口――彼らの出生率は高い――が多く、一八世紀半ばには奴隷人口の少なくとも半分に相当するほどだった。アンティル諸島ではその割合は少なく、フランス領とイギリス領の島々の人口の七、八％にすぎない。それでも、二％から五％にすぎない白人の人口よりは多いのだが……。つまり、ムラートの多くが奴隷のままでいたわけで、彼らは特権的グループを形成するようになり、「家内ニグロ」――召使い、職工長、あるいは作業場の中間管理職――の多数を占めた。ムラート児の存在は、奴隷制を擁護するクレオール社会の弱体化の要因になる。自分のムラート児を優遇して相続を認め、ムラート女性との結婚を受け入れてムラートを容認する農園主と、黒人との一切の姻戚関係を受け入れない農園主とに分裂したからだ。後者のほうは、自分が作り出したニグロとはできるだけ距離をとろうとするためにさらなる残酷さを発揮した。

こうして一七五〇年代以降、植民地行政府が「人種隔離主義者」と呼ぶ傾向が植民地社会のなかに現れてきた。つまり、白人人口の一部――大多数――は、解放によって自分の混血児を認知するのを拒否するばかりでなく、農場主や商人になった自由人ムラートと共通の親族関係をもつことを受け入れられないという現実である。人種隔離主義者たちは、ムラートである兄弟や従妹を「有色自由人」という言葉で区別し、法的な正当性はなくても、所有権や市民性（civilité）〔社会の一員として認められるが、政治的市民権はもたない〕がもたらす特権へのアクセスを妨害した。

こうして、肌の色が白人をつくった。さて、この段階で、なぜ自由人の立場と奴隷の立場の法的境界が、親族と非親族の間の象徴的境界を保障するのに十分ではなくなったのか、という疑問がわいてくるかもしれない。肌の色が奴隷の子孫であることを想起させることも、それ自体では問題ではない。下位の地位にあった人や外国人を少しずつ同化した社会は多い。その答えの一つの要素は、ニグロを単にアフリカ出身の奴隷ではなくさせる、植民地で生まれた暴力の特殊性にある。ニグロと血のつながること、同等にみなされること、近づくことさえ恐怖であったことは、ニグロの存在がどれほど白人にとって脅威となっていたかを示し、その特殊性を定義するのを助けてくれるだろう。

ニグロという虚構

実際、ニグロは百年間の大西洋プランテーションのおぞましい産物だ。奴隷以上に、ニグロはその人間性（ユマニテ）の絶え間ない破壊を表す虚構である。ヨーロッパでは啓蒙思想により、人間性（ユマニテ）がすべてであると捉えようとしているとき、ニグロはこの概念を不可能にし、それに逆行しさえする。この困難は、初期の博物学者の研究にも見られる。人類（ヒト）という概念を規定し、それを生物界の分類に入れた最初の学者であるカール・フォン・リンネは、一七三五年と一七五八年の間に出版した『自然の体系』で、人類（ヒト）の下位カテゴリーを区別することを提案した。彼は、自分が規定したばかりの〝ホモ・サピエンス〟のカテゴリーのなかに、〝アフリカヌス〟（アフリカ人）、〝アメリカヌス〟（アメリカ人）、〝アジアティクス〟（アジア人）、〝エウロペアヌス〟（ヨーロッパ人）という地理的性質に基づいた五つの亜種の分類を設けた。そこにニグロはなく、五つ目のグループ〝奇形人（モンストロスス）〟――ここにはホッテントット［コイコイ人］、パタゴン、森に住む魔術的な人間が含まれる——にも入っていない。「ニグロ」という言葉はヨーロッパでは奴隷を意味する日常語になっていたが、まだアフリカ人を意味するものではなかったのだ。ニグロを「エチオピア人」と区別する場合もあった。アフリカがニグロを供給するのは明白でも、その相互性はまだ確立されていなかったのだ。ビュフォンは、一七五三年に出版した『博物誌』で、人類には一つの種しかなく、肌の色や顔の形といった独特の表現型［個体が実際に見せている形質］は少しずつ環境に適応した結果だという点で、リンネの分類体系に反対した。こうした博物学者の人類の性質についての議論は、後の人種説への影響がどうであれ、ニグロの問題は論じていない。時には肌の色の変異の原因をめぐる議論はあったが、当時の一般的な説は緯度や太陽光への露出と関連づけるものだった。反対に、当時刊行されたフランス語の様々な辞書に見られる「ニグロ」という言葉は、その商品としての性質にのみ関連していたことがわかる。[31] あらゆる辞典執筆者によって一般的に非難された、この人身売買という異常性を説明することに対する明らかな戸惑いから、ニグロを民族や住民のカテゴリーとして示すことは避けられたのだ。一七五一年に出版されたディドロとダランベールの『百科全書』ですら、ジョクールが執筆した「黒人奴隷貿易」の項目では、明確に奴隷貿易に反対する立場をとっており、「ニグロ」の項目でも現状を遺憾としつつも、アメリカにいる黒人奴隷を意味するとし、白人は熱帯気候に耐えられないため、残念ながら奴隷なしではやっていけないと説明している。ニグロは奴隷状態に追いやられ、ニグロという言葉は意味の拡張によって、奴隷がやってくる地、つまりアフリカの様々な地域の住民を意味するようになった。[32] これ以上に優れた大西洋奴隷貿易の正当化はできないだろう。

以上のことから、一八世紀半ば時点で、ニグロという言葉を使うことは、人間とはみなしたくない――つまり、ニグロは人間の属性を失ったと〝決めた〟――生き物を指し示すと結論づけるべきだろう。ニグロは人間／男でも、女ですらなく、性別をもたない。アルレット・ゴーティエは著書『孤独の姉妹（Les soerus de solitude）』のなかで、ある入植者の手紙の中の「ニグロをはらませる」という表現に触れている。ニグロは魂も感受性もない、身体的苦痛しかわからない。しかも、その身体的苦痛は計り知れない大きさだ。

ところが、いかなる虚偽をもってしても、「ニグロ」と呼ばれる人は人間である、という明白な事実を隠すことはできないだろう。ニグロと呼ぶことで、要するに白人は虚構を作ったのだ。そして、その虚構は本質となった。数十年の間にニグロは、白人が彼らに負わせようとするすべてのことの本質になった。たとえば、ニグロは「生まれつき淫蕩で悪意がある」[33]という理由で、家畜や奴隷の死や病気を彼らのせいにするといったことだ。ムラートの出生や女性の嫉妬によって引き起こされた社会秩序の乱れは、「生まれつき好色で蠱惑（こわく）的な」「女ニグロやムラートのいかがわしさ」[34]から起きることなのだ。もちろん、ニグロは「生まれつき怠け者」で働きたくないのだ[35]。誘惑、怠惰、悪意こそがまさに、ニグロを映し出す鏡が白人に見せているものだから、常に罰を与え、暴力を振るわなくてはならない。自分の立場にとどまる奴隷と違って、ニグロは不安定さを特徴とするからだ。ニグロは状態ではない、だから「ニグロ化」し、再びニグロ化しなければならない。「ニグロの虚構」は常に動く装置、常にくり返すべき装置なのだ。そして、ニグロを作り出すのは暴力であるから、暴力には際限がない。

際限がないとはいえ、その暴力の数、殴打、手足を切られた体、輸送された〔奴隷の〕量の増加は爆発寸前の状況を作り出した。植民地は必然的に危機に向かい、その危機は奴隷制の原則を問題視するようになった。この危機の震源は奴隷制度の中心地にあった。奴隷が最も集中し、〈アンティル諸島の真珠〉、世界最大の砂糖生産地にして五〇年来の奴隷貿易の最大の目的地、フランス王室の至宝であるサン＝ドマングだ。この島は、その基盤を揺るがす引き金となった。それは労働力の再生と植民地社会の再生産の行き詰まりだ。

第7章　危機に向かって（一七五〇～一七九四年）

一七五〇年以降、大西洋経済は、生産形態としての奴隷制の放棄に導いていくパラダイムへの変化を始めた。しかし逆説的なことに、生産の増加はますます大きな利益を生み出し、奴隷貿易の規模を大きくし、植民地社会の再生産能力への圧力を強めた。その再生産の二つの原動力は——つまり、奴隷については奴隷貿易、奴隷を使う人たちについては入植者の増加——、ともに生産増加のために限界を超えていく。実際、大西洋経済の成功はヨーロッパ人に生産地の拡大を促し、労働力の需要を高めた。大西洋経済のシステムはますます自らの矛盾に直面し、大きな危機を迎えていた。とりわけ、一七五〇年代末の情勢——フランスおよびスペイン対イギリスの各植民地における一七六三年までの七年戦争、そしてアフリカの奴隷貿易業界の危機——は、ヨーロッパ諸国の政府に植民地統治の進路変更を迫らざるをえなかったため、一世紀前に構築された奴隷制プランテーションの基盤を根底から覆すことになる。

経済発展の危機——入植と奴隷貿易の対立

大西洋地域の三大国——ポルトガル、イギリス、フランス——は概ね、植民地経済の発展による恒常的な利益増加に後押しされ、一八世紀半ばに植民地の拡大と新たな生産地の獲得に乗り出した。一七五〇年にスペインとポルトガルの間で結ばれたマドリード条約で、アメリカにおける両国の境界線が最終的に確立された。ポルトガルは、ブラジル征服前のトルデシリャス条約で認められた領地の二倍の面積をもつ広大な領土を認められた。ポルトガル帝国に新たに組み入れられた土地——主にアマゾン川流域および現ブラジルの中央部——は、当時はわずかに知られるのみで、ヨーロッパ人にほとんど支配されていなかった。そこでは、イエズス会の修道士のみがインディアンの労働力による「模範的な」プランテーションを運営していた。ポルトガル王国の宰相で影響力のあるポンバル侯爵は、まず何よりもインディアン人口の安定化を通じて、この領地を支配しようとした。それは一七五五年の宰相の〝指令書〟の目的でもある。イエズス会共同体——宰相がブラジルから追放した——をヨーロッパにあるような農民共同体の原則に置き換えようと、ポンバル宰相はインディアンにポルトガルの「市民性」を認めた。インディアンの村々は、イベリア半島の再征服時代（レコンキスタ）のような免税憲章を受けとった。侯爵は同時に、核家族向けの個別住居や、新たな食糧栽培（白米）や商業栽培（それまでは森で採取されていたカカオ、綿、パラゴムノキ）の生産を優遇し、奨励した。ブラジル開発の経済計画は、プランテーション開発とインディアン人口の補充のため、大量の奴隷貿易も必要とした。こうして、近代ポルトガル国家の創始者であるポンバル侯爵は、労働者の政治的二元性を確立した。一方は、自ら人口を増やしてブラジル住民の精神的基礎を作るべき労働者、他方は、労働力を提供できる数年という短期間のみを想定した労働者［奴隷］だ。

この同じ二元性は、同じく一七五〇年以降に大いに拡大する北アメリカの植民地にも見られる。そして後に、奴隷制の「南部」の植民地と、入植による「北部」の植民地の深刻な対立につながる。一七五五年に出版されたベンジャミン・フランクリンの『人類の増加、国々の人口増加等に関する観察(Observations Concerning the Increase of Mankind, Peopling of Countries, etc.)』は、人口に関する最初の書物の一つとみなされているが、ヨーロッパ出身者の人口の増加を確認するとともに、イギリス人によるアメリカへの大規模な植民を提案したものだ。フランクリンの提案は、ドイツ人の人口増加を相殺することであり、「唯一の真の白人」であるイギリス人の文化に比べるとあまり自由主義的でないゲルマン文化が広がるのを阻止したかったのだ。フランクリンは、労働を高価なものにして社会を堕落させる奴隷制も批判した。イギリス人入植者への土地の譲渡による白人入植こそが、アメリカ文明の源であり、イギリス帝国の繁栄の礎になるとした[1]。

当時は、ジョージアやサウスカロライナでプランテーションが大いに拡大し、さらなる奴隷貿易を促進していた。一方、北東部の植民地では、クエーカー教徒の説教師が奴隷制放棄を訴える活動を続けていた。たとえば、ジョン・ウールマンは一七四六年に、ニュージャージーからノースカロライナに至る地域をめぐる説教の旅を開始した。一七五八年、フィラデルフィアで開催されたクエーカーの年次総会では信者の奴隷所有を禁止した。ちょうどその頃、イギリスはフランスとスペインに対する七年戦争に突入した。イギリス海軍はあらゆる地方でライバル国の植民地を奪取しようとしていた。

フランス領のマルチニックとグアドループも支配し、イギリスはフランス領ルイジアナの大部分を手に入れた。

一七五〇年代の植民地拡大の推進力は、アフリカ人奴隷の価格にすぐさまはね返った。一つは需要が非常に高くなったこと、もう一つは、奴隷の生産と供給の危機も重なったようだ。このことは次の一〇年間で、アフリカの中部、南部、東部における新たな奴隷売買網の出現につながった。一七五〇年代から一七六〇年代の奴隷価格の上昇で、植民地の事業者のなかには大西洋奴隷貿易に代わるものを求める者も出てきた。

フランスにおけるパラダイムの変化

七年戦争の終結に伴う一七六三年の和平条約により、北アメリカからのフランスの撤退ならびに砂糖生産の島々への後退が決定的になった。マルチニックとグアドループを取り戻したフランスは、初めて世界の砂糖生産のトップに立った。しかしながら、戦争をきっかけに、奴隷貿易に依存することに困難を感じるようになる。マルチニックには四年間も奴隷船が来ておらず、入植者もフランス政府も奴隷供給の脆弱さをしきりに嘆いた。その後、奴隷貿易は回復してより大規模になったが、アフリカの奴隷供給には依然として難しい面もあり、奴隷資源が無尽蔵ではないことが自覚されるようになった。このことは、次第に行政機関の報告書に、また農園主が自分の管理者や共同経営者に別の労働力管理を促す指示にも表われるようになる。マルチニック総督のフェネロン侯爵は、一七六三年の手紙で次のように書いている。

私がいつも驚かされることの一つは、植民地が形成されて以来、この地域の人口が増えないことです。アフリカの海岸の子どもたちをまったくなしでやろうというのではなく、少なくとも［奴隷］輸送のなすがままにならないように、継続的な再生産によって増える、土台となる人口増加のことを言っているのです。奴隷の輸送は、それを行う人にとって厄介な商売であり、輸送する資源はいつかは必然的に枯渇することになるでしょう。［中略］農園主の多くは、奴隷に十分に食事を与えず、より多くの収入を得るために彼らの体力以上に働かせるため、彼らを怒らせているることには疑いの余地がなく、彼らの生殖力に影響をおよぼすことになります。妊娠した女ニグロをその状態で出産間際まで厳しく働かせ、しばしば虐待します。食事についても同じことが言えます。そうした労働と食事が母親と子どもの身体に、ニグロの子や若い女の病気に影響を与えないことはありえないでしょう。それに対し、ニグロの扱い方において、よりよい世話と配慮をする以外の打開策を私は思いつきません。同時に、私は、マルチニックで修道士の家（彼らが行う唯一の善行です）や幾人かの農園主が、ニグロに十分に食事を与え、父親や子どもによく配慮するところでは、人口がかなりに上ることに気づきました。そういう修道士や農園主の家では、新たなニグロをまれにしか買わないばかりでなく、自分たちの生産したもの［奴隷］を売ることができるのです。[2]

こうした新たなアプローチは、クレオール奴隷の出産を奨励し、仕事を始める一四歳になるまでの奴隷の子の世話に投資することを目指している。それは奴隷——とりわけ妊婦と産婦——の扱い方を完全に見直すだけでなく、農園主による管理とはかけ離れた長期的視点を全面的にとり入れることも意味する。それは、政府だけが多かれ少なかれ強制的に保障できる大きな方向転換であっただろう。生産体制における政府の役割に関するこうした姿勢は、同時代のマルチニックの地方長官、ル・メルシエ・ド・ラ・リヴィエールの姿勢につながる。この地方長官は任期終了後、アンティル諸島での観察に基づいて、『政治社会の自然的・本質的秩序（L'Ordre naturel et essentiel des sociétés politiques）』という題名の回想録を出版した。一七六七年にパリで出版されたこの本は、ケネー、チュルゴ、ミラボー、デュポン・ド・ヌムールの周りに集まった重農主義者（フィジオクラット）や経済学者の理論を最も「明確に示している」と即座に評価された。

その後、自身がサン＝ドマングの農園主となったル・メルシエは、そこで近代経済理論の基本理論を展開した。彼は、経済界はその近代経済理論において「自然の秩序」を有すべきであり、そのことを国家が承認し、全体の幸福のために奨励し支援すべきとした。このように、経済秩序とできるかぎり調和させるために、「政治社会」が政府によって構築されなければならない。ル・メルシエにとっては、経済の自然な秩序はすべての人の繁栄を可能にする生産増なのだ。その自然な秩序の代理人は、封建貴族やアンシャン・レジームのカトリック教会組織ではなく、「所有者」である。所有者という言葉は起業家の〝特性（エートス）〟と一致する用語であり、自発的精神と生産手段、あるいはむしろ投資資本をもつ者のことだ。投資資本は、技術資本（作業場、機械など）と労働力からなる。後者は植民地の場合、「苦役の奴隷」のことだ。そして、政府は必要な社会秩序を整備することによって、所有者の起業家精神ならびに生産増への自然な傾向を支えなくてはならない。[3]

植民地経済から直に着想を得たル・メルシエによると、自然な秩序をよりよく尊重するための理想的な社会秩序は、ヨーロッパにおける経済主体を締めつけ続ける封建制を放擲（ほうてき）することである。植民地において、彼は住民を四つのカテゴリーに分ける。大農園主（プランテーション所有者、富の源泉である生産者）、小農園主（みんなの食糧の耕作を確保する農民）、職人と召使い、最後に奴隷だ。国家はこの自然な経済を支援しつつ、ニグロ労働者の移住ばかりでなく、ヨーロッパからの白人貧困層（petit Blanc）（農民、召使い、熟練工）の移住を引き受けることで、所有者を支援しなければならないという。

それは、混血によって乱された植民地社会にある程度の秩序を回復させる機会でもあるのだ。実際、ル・メルシエは、生産における役割に応じて経済主体に身分が割り当てられるような社会を想像した。大農園主は当然、白人である。熟練工や中間職ならびに、住民全体に食糧をもたらす農民も白人だ。ニグロはニグロであるから、万人のためにその身分にとどまるのがよいという。

そのため、この新たなアプローチには新たな厳格さが必要になる。それは固定化とまではいかないものの、いわゆる自然なカテゴリー、つまり、植民地における白人の人種隔離主義者が要求する肌の色による社会秩序を尊重するための厳格さである。ニグロがプランテーションの境界と、彼らに割り当てられた役割を超えるのを避けるため、ル・メルシエはヨーロッパから熟練工を呼び寄せ、黒人を「やがて農奴に、そして賃金労働者になるであろう苦役の奴隷」にとどめておくことを提案した。この理想的な社会では、白人貧困層と職人は、「自由な所有者と投資家」と同様に、ニグロとは〝自然に〟区別されるのである。

社会全体の繁栄の責任を負う所有者も、この自然な秩序を尊重せねばならず、衝動的な行為——彼ら自身も「自然な欲求」と呼ぶところの奴隷やムラートの強姦——に身を任せてはならない。ル・メルシエの政策のこの論点を農園主社会に認めさせるのは、容易ではなかった。農園主の代表者のなかで最も饒舌なうちの一人、モロー・ド・サンメリは主人の「自然な欲求」を熱心に擁護し、どんな法律や規則もそれを抑えられると想像するのは無駄だとした。ところが、ル・メルシエはそれこそが植民地経済の機能不全の源とみなす。彼は「秩序を乱す不道徳な奴隷解放が多すぎる」と嘆き、それを避けるために、所有者が解放時に国に払う解放税を値上げすることを提案した[4]。また、ル・メルシエは相続の長子権を主張した。それは、とりわけ解放された子どもによって、所有地の横領と社会の混乱をもたらす相続人が増えすぎる事態を避けるためだ。

奴隷制と奴隷貿易への異議

実際、この無秩序の原因を認め、植民地における社会関係全体に蔓延する暴力を嘆く人々は多かった。しかし、農園主の大多数はそれを否認することで責任を転嫁し、この暴力を「怠惰で淫蕩で悪意のある」ニグロ、「好色でみだらな」女ムラートの「気質」のせいにする一方で、ヨーロッパの支配階級の多くは、暴力を、「われわれの植民地の」生産が残念ながら避けることのできない「必要悪」

とみなした。ところが、本国では憤慨する者もいた。アダム・スミスらが「経済学者のセクト」――つまり重農主義者（フィジオクラット）――と呼ぶところの人々のうち、サミュエル・デュポン・ド・ヌムール［フランスのジャーナリスト・重農主義の経済思想家］は一七七一年の出版物のなかで、黒人と白人の本質的な平等を証明しようとした。彼はそのうえ、奴隷制は道徳的に容認しがたいため、奴隷労働が砂糖を生産するための唯一の方法ならば、砂糖の消費なしで済ますべきだろうと主張した。

この砂糖ボイコットは、イギリスでも少し前から提唱されていた。アメリカのクエーカーであるジョン・ウールマンが、奴隷制と闘うようクエーカー教徒を説得する目的で、一七七二年にロンドンで開催されたクエーカー教徒の年次総会に参加したのも同時期だ。同年、弁護士のグランヴィル・シャープは、奴隷の認められないイギリスの地に来たのだから、アメリカの奴隷ジェームズ・サマーセットは自由であると認めさせるのに成功した。ジェームズ・サマーセットは、イギリスで解放されて有名な自伝を出版した奴隷であるオラウダ・イクイアーノとともに、初期の奴隷解放運動に参加した。この運動は福音派、クエーカーの人々や、社交クラブやカフェ、サロンで少しずつ組織されてきた弁護士や進歩派らを吸収し、イギリスにおける最初の「国民的議論」を巻き起こした。

同じくフランスの啓蒙主義者たちも飛びついた道徳的問題とは別に、デュポン・ド・ヌムールは労働コストに関連した経済議論を推し進め[5]、その立場は一七七六年にアダム・スミスによる著作『国の豊かさの本質と原因についての研究［国富論］』――この本の影響は言うまでもない――において踏襲された。スミスはその著書で「自由労働」の利点を証明している。当時の経済学者の多くと同じように、スミスは暴力の狂信者ではない。彼は、植民地で生産するための別のやり方がないことを遺憾とし、倫理的には明らかに奴隷制を非難していた。スミスは自らの考察が重農主義者（フィジオクラット）やル・メルシエの文書に負っていることを認めているのだが、[6] 富の生産は万人の繁栄の源であるという考えを受け継ぎ、政治社会は富の増大を促進することを目標にすべきだとした。その観点から、スミスは、すべての富の基盤である労働の形態とそのコストについて自問した。需要と供給が労働への報酬方式を決めることを確認しつつ、スミスの賃金についての考察は労働力の再生産問題も含むものだった。

> 必然的に人は仕事によって生活しなければならず、その賃金は少なくとも生活の糧を得るのに十分でなくてはならない。多くの場合は、それよりもう少し多くなくてはならない。そうでなければ、労働者は家族を育むことができなくなり、そうした労働者の人種は一世代以上続かないだろう。[7]

「労働者の人種」の再生産に必要な賃金についての議論において、スミスは、子を育てることの収益性を評価しつつあった植民地プランテーションで練り上げられた計算方法に着想を得た。すでに一七七四年、ル・アーヴルの航海業者・砂糖製造業者であるピエール・スタニスラス・フォアッシュは、クレオール奴隷の育成を促進する利点を察知していた。それは暴力のコスト、つまり砂糖原価にかかるコストを減少させる重要な要因である。彼は、サン＝ドマングの農園主に次のように書き送っている。

クレオールの黒人はギニア湾地帯の黒人より優れているだけではなく、それよりいいことは、子どもがニグロたちを結びつける家庭を形成し、ニグロに土地への愛着を抱かせ、指導しやすくなることだ。[8]

フォアッシュは、他の人々とともに、「放蕩」を回避するために奴隷間の結婚と奴隷夫婦をプランテーションに定着させることを奨励した。そうすることで、奴隷自身による規律の内在化が強制のコストを下げることを期待したのだ。家族としての責任と少しばかりの土地所有が、うまく鞭の代わりになるはずだと考えたのだ。また、フォアッシュは、女ニグロの妊娠と乳児の世話に対する配慮の欠如に懸念を示した。この時代の育児学と出産についての知識の進歩は、植民地にも活かされるべきだと考えたのである。母親が産後に労働に戻るときに保母がクレオールの子たちを育てることや、奴隷のための産院を建設することを考える者すらいた。

こうした考え方が、アンティル諸島の農園主にとっては危険であることが理解できよう。こうした提案を含む文化革命が彼らにとって脅威にならないわけはない。なぜなら、それはある種の心理的な壁、そしてニグロの虚構とニグロが人間に属さないという虚構を維持させるための様々な形の否認を取り払うことを想定するからだ。子どもに配慮し、ニグロの家庭とその道徳に価値をもたせる（それにより、ニグロに妻と子どもへの権威を認める、つまり彼の権力を認める）ことは、ニグロと白人の間の象徴的な境界の崩壊につながるプロセスに踏み込むことを意味する。第一に、農園主たちは、その境界が〝自然な〟ものからはほど遠いことをだれよりもよく知っている。多くの人が嘆くように、混血はあらゆる社会階層に広がる現実であるからだ。次に、農園主にとって、黒人同士を結婚させることは大きな危険である。それについては、一七八〇年代に植民地を旅したスイス人旅行家が指摘しているが[9]、一つには、配偶者の一人を売却して夫婦を引き離すことが妨げられるために、結婚は農園主が所有権を行使するうえで足枷になりうるのだ。もう一つは、「しばしば政治的嫌悪感は、利害上の嫌悪感に追加される。奴隷は、主人によるあらゆる使用を決して制限せずに尊重しなければならないのに、結婚によって、奴隷が自分を白人と同等とみなすのではないかと恐れる」からだ。

一七七〇年代から八〇年代の人口増加主義者は、プランテーションにおける奴隷の待遇を向上させたように見えるが、逆にブーメラン効果を生じさせることになる。ニグロを白人から遠ざけておくために、暴力を行使する常套手段は依然として残り、奴隷を母性から遠ざけ、生殖という生物学的役割に奴隷を追いやった。このように、ニグロとの近接性やニグロへの共感に対する恐れは、不条理なまでに暴力を助長した。所有者が、自分の行う強姦や劣悪な待遇の責任をニグロに負わせるために、ニグロが誘惑したり毒を投与したりしたと非難したのと同じ策略で、所有者は女ニグロが子を産まないことを厳罰に値する盗みとしたのだ。

子どもが死んだときは、産婆には鞭打ち、母親には鞭打ちと鉄の首輪の罰を与え、この罰は母親が再び妊娠するまで続けなければならない。妊娠したと思われるすべての女ニグロは産婆に届け出を義務づけられ、違反者は罰を科される。産婆は妊娠を外科医に報告し、外科医は記録を作成しなければならない。妊娠を届け出て記録された女ニグロが届出なしに流産したら、再び妊娠するまで鞭打ちと首輪の罰となる。既知の理由なしに流産したすべての女ニグロについても同様である[10]。

こうした政策の結果はもちろん惨憺たるものだった。アルレット・ゴーティエは、トゥルタンという人物が一七八八年に回想録で記したものを次のように引用している。

このような残酷な扱いを受ける恐怖は、大多数の女ニグロをして、母親になるのを避けるためにあらゆる手段をとるように仕向ける……。女ニグロは、堕胎するのに用いられる暴力的な手段のために頻繁に死ぬ。こうした意図的な堕胎によって健康という原則、とりわけ生殖能力が永久に損なわれる女ニグロもいる。男たちは、自分たちの不幸な連れ合いが絶えず受ける劣悪な扱いに反抗し、すでに奴隷制によってゆがめられた魂に絶望や復讐の欲求がかき立てうるすべてのこと――自殺、頻繁な犯罪――に身を任せるのである……[11]。

農園主たちにとって、自分たちが思い描くところの「ニグロ」が子を作らないことは、単純に理解しがたいことだった。ニグロが子を作るようにするためには、奴隷に人間性を返さなければならないが、アンティル諸島の白人にはそれを認める用意がまったくできていない。その反対だ。この行き詰まりを認識しつつも、フランスの植民地経済の近代化を望む人々には、奴隷制のプランテーションを白人貧困層の入植者のプランテーションに転換する心積もりがあった。たとえばコンドルセは、フランスで土地をもてない人たちに土地所有権を認めることを提案した。つまり、ユダヤ人、プロテスタント、農民など、自らの「労働倫理」をもって入植するであろう人たちである。[12]

人種隔離主義、〃血の純潔〃および植民地の階級化

そうした暴力が振るわれ、計画され、行使されるなかで、植民地の白人にとってはニグロと縁続きだという感覚が耐えがたいのは理解できよう。祖先であれ、子孫であれ、白人は一般にニグロ的なものと共通の親族性を想像することに耐えられなかった。ムラートは白人の子どもにも、兄弟にも、従兄妹にもなりえない。ところが、ムラート自身が奴隷の所有者になると、時にはムラートが白人の親族になりうるし、少なくとも彼らはそれを望んでいる。白人の親族になるためには、ニグロの系譜を追放し、あらゆる方法で「白人化」を獲得しなければならない。こうして、ニグロの脅威は、植民地社会の再生産のもう一つの障害となる。今度は、農園主側が所有者の生殖能力を制限し、自らの白さのなかに身を守り、結果的に取り返しのつかない政治危機を引き起こすことになる。

なぜなら、プランテーションが始まって半世紀を経たアンティル諸島の社会の現実は、ル・メルシエが想像した「自然な」秩序に合致しなかったからだ。それどころか、彼が自然としたどの肌の色のカテゴリーも固定されなかった。白い肌の色自体が、世襲的社会階級よりも波乱に富むことのあるメカニズムなのである。アメリカのスペイン語圏では、スペインの再征服時代(レコンキスタ)にさかのぼる〃血の純潔〃(*Limpieza de sangre*)――文字通りの意味は「血の洗浄」――という司法手続きにより、農園主や

所有者は「白くなる」ことができた。再征服時代（レコンキスタ）には、証拠あるいは証拠の買収によって、スペイン王のキリスト教臣民からムーア人やユダヤ人の出自を削除することに使われた。それから二世紀後のアメリカに舞台を移すと、血の純潔はしばしばお金によって、八代前からの白さを法廷で保証させることができたのだ。

同じように、奴隷もすべてが黒人ではなく、ムラートが増えていった。さらなる強姦によってムラートを「ニグロ化する」こと、そうして主人や白人妻の平穏のために、彼女らをニグロの立場にとどめおくことがしばしば不可欠であった。しかし、現地生まれの自由ムラート、そして多くの解放された自由黒人、あるいは解放奴隷の母から生まれた自由黒人が、ル・メルシエが白人貧困層のために想定した経済空間を占めるようになった。小農園主、商人、職人、職工長などだ。父親によって解放された者は相続することもあり、プランテーションの所有者になる者も次第に増えた。こうして、農園主階級も白人だけではなくなった。スペインのインディアスで最大のプランテーション地域だったヌエバ・グラナダ［現在のコロンビア、パナマ、エクアドル、ベネズエラの地域］では、カラカスの〝パルド〟（混血）が政治経済の筆頭勢力になった。フランス領のサン＝ドマングでは総督が、一七三〇年以降、より大きな富を築くようになった白人と黒人の姻戚関係が多すぎると嘆き、「フランスの血が汚されることへの危惧」を表明している[13]。「有色自由人」と呼ばれた農園主は農園主社会の連帯を崩し、ニグロとの姻戚関係に耐えられずに肌の色による分離を強制しようとする人たちと、それを受け入れて彼らの子や甥や従兄妹が時にはより精力的な所有者に仲間入りすることを認める人たちに分裂した。だが、もし白人がムラートの従兄妹を完全にニグロとみなさないことができるなら、白人たちは非白人を維持する新たな身分を作り出さなければならない。

アンティル諸島では、非白人を区別するための形容語が、役所の書類に次第に現れるようになる。「有色自由人」「解放黒人」「ムラート」といった表記が増え、自由民の間で差別の正当化に使われ、個々の先祖においてニグロへの近さを示すとされる肌の色のみを元にした社会的アイデンティティーを定着させた。判定は肌の色だけで十分だということだ。しかも、白人の独占性をさらに推し進める新たな区別が日々作り上げられた。白さは政治的な闘いとなり、肌の白さが意味する貴族階級は自らの特権を維持するためにあらゆることをやった。オランダ領スリナムでは肌の色は、混血（mestice）、四分の一黒人（quaderoon）、ムラート（mulatto）、サンボ（samboa）［黒人とムラートの混血］、モングルー（mongroo）［サンボと黒人の混血］と段階付けられた。イギリス領ガイアナでは、バック（buck）［黒人の男］、ハーフ・バック（half buck）［半分黒人の男］、ハイ・カラー（high colour）、ハイ・イエラー（high yeller）、カラード（coloured）［有色人］、パタジー（puttagee）、フェア・スキン（fair skin）［肌の色が薄い人］、レッド（red）［インディアン］、サロウ・コンプレクションド（sallow complexioned）［黄色い肌の人］、ニグロ（negro）［黒人］、ハーフ・ニグロ（half negro）［半分黒人］、ダグラー（douglah）［黒人とインディアンの混血］、ブーヴィアンダ（bouvianda）などの名称が見られる。一八世紀末のサン＝ドマング議会の有名な議員であるモロー・ド・サンメリは、肌の白さの「度合い」で人を分類し、それぞれのカテゴリーに割り当てられる身体的・精神的特徴を区別するために、先祖についての一二八種類という恐ろしい数の組み合わせのリストを作成した。ちなみに、農園主の七代さかのぼった家系、ましてや奴隷のそれを知ることはとうてい無理だから、その区別は凝りすぎであると同時に愚かな記述に基づいている。ばかげたやり方ではあっても、白さを明示するためではなく、白人をニグロから遠ざける緩衝帯を設ける意味があるのだ。奴隷の身分だけではもはや十分ではなかったからだ。

ニグロが白人とのあらゆる姻戚関係から「自然に」遠いことを保証する考え方は、北アメリカでも普及した。北米ではすでに一七六二年から、「イギリス人とインディアンとニグロの混血雑種」ではなく、「白人イギリス自由臣民」を形成する入植者の「純粋性」[14]が賛美されていた。一七七六年のアメリカ合衆国独立宣言の起草に加わったトマス・ジェファーソンは、ヴァージニア邦知事だった彼はその際に、手足の切断と絞首刑の刑罰を復活させるなど、奴隷に対して厳罰化する法律をつくった――一七八一年に、『人種についての考察』のなかで次のように書いている。「博物学の観点から、われわれの目にする赤い人種と黒い人種」は事実、「肉体と精神のあらゆる完成度において白人に劣っている」。同じ文書内でジェファーソンは、アメリカにいる奴隷のほとんど動物的な性質――何もすることがないとすぐに眠りたがり、想像力も慎重さも予測力ももたず、愛情という「感情と感覚の繊細な混じり合い」を知らず、アメリカでは彼らの妻たちにオランウータンが気をそそられるほど、肉体的欲望しか感じさせない、「馬や犬や他の家畜の普及に重要と思われる」以上の容貌をもたない――これらの性質は、彼らの隷属状態のせいではなく、自然の秩序に由来するものであり、混血児を生むことで黒人が改善できる器官の特性を高めるが、そうすれば白色人種を汚染することになる[15]」。

怪物への近接性に対する農園主の不安を表す、この「肌の」反応が影響をもたらさないわけはない。この反応は、植民地空間に閉ざされたゆえの苛立ちのせいだけではないが、アメリカのプランテーションという非常に特殊な状況における心理的な防御姿勢の結果として理解できないこともない。白人から遠ざけるためにニグロの定義を理論化して定着させようとする意思は、より広い大西洋とヨーロッパという文脈に組み込まれている。この議論をアンティル諸島に限定するには、農園主とヨーロッパ経済や政治の支配階級との関係が強すぎるのだ。奴隷制やその変革についての議論が、博識を自認するアンティル諸島の数人のヒステリックな人たちにしか関係がないものとするには、植民地経済の利益は重要すぎた。ヨーロッパの政治の中心とのつながりは、ピエール＝ジャック・メスレ・ド・グランクロといった人物たちの経歴を見ればより明らかになる。海賊のひ孫、農園主の孫であったメスレ・ド・グランクロは、サン＝マロの主要な海運業者の一人として前述したジャコバイトの子孫、アントワンヌ・ウォルシュの従兄妹である。一世紀前からつむがれてきた彼らの家系ネットワークは、ヨーロッパの主要港を介して彼ら――海運業者、奴隷貿易商、農園主――を結びつけていた。一七六〇年以降、メスレ・ド・グランクロは最初のフランスの奴隷貿易船主の一人だった。三〇年の間に一六六回の航海を行い、そのうち三五回はアフリカの奴隷貿易のための航海、三〇回はアンティル諸島への航海だったといわれる。彼の事業はヨーロッパ経済界に深く結びついており、それは住所録にある七〇〇以上の名前のうちの半分がパリの住所であることからもわかる。[16] 海運業者はたいがい砂糖精製業者でもあるか、砂糖業者と密接な結びつきがある。ルイ一四世がフランス本土内に限定した精製事業は、大西洋経済のもう一つの側面である。大規模な精製工場がラ・ロシェルやボルドーに造られた。ルイ・セ（リヨンの実業家・経済学者であるジャン＝バティスト・セの兄弟）が創業したナントの精製工場は、後の一大砂糖企業ベガン・セの元になる。精製工場は内陸部にもあり、たとえば一七八〇年代のオルレアンには四二ヶ所もあった。

同じくサン＝マロの有力な海運業者出身のフルニエ・ド・ヴァレンヌ一族は、すでに一六七五年からサン＝ドマングに定着していた。三世代にわたって、一族の兄弟たちはパリ、サン＝ドマング、奴隷海岸およびサン＝マロの間で奴隷貿易とプランテーションと商業活動を分担していた。ジャン＝フランソワ・フルニエ・ド・ヴァレンヌは、一七三九年にサン＝ドマングに生まれた。同地のカプ・フランセ［現カパイシャン］の農業会議所のメンバーだった彼は、サン＝ドマングの白人人種隔離主義政党の代表者だった。この人物は、モロー・ド・サンメリの『風下におけるアメリカのフランス植民地の創建と法（Lois et constitutions des colonies françaises de l'Amérique sous le vent）』の執筆に協力し、また、パリの社交界での議論にも参加した。一七八〇年に出版された『百科全書』の補遺にある植民地についての記事の執筆に加わったともいわれている。

それよりすこし前、ビュフォンは生物の分類方法を発展させ、人類単一起源説を支持し、人類の異なる表現型は白人という共通の起源から変化したものだろうと推定した。実際、百科全書派やイギリスにおける知識人の論争や議論は、出版され広く読まれていた文書をもとに、ヨーロッパとアメリカの主要都市を行き来するエリート知識人の間で戦わされたが、それらの議論の対立は絶えず変化しており、アダム・スミスやル・メルシエについてすでに見たように、革命派と反革命派の対立に帰結させるのは難しい。植民地の問題は実際に、奴隷貿易や奴隷制という、肌の色による境界線についての議論を経たわけだが、本土と植民地人との関係の危機も経験した。こうして、イギリスの一三の植民地の所有者たちは、一七七六年にイギリス本国なしでやっていこうと決め、自らの国を建国した。フランス領の島々の所有者たちも、本国が植民地の商売に負担を負わせたり、邪魔をしたり、不公平に徴税したりするように思われる場合は、アメリカ合衆国の建国に参画するか、あるいは同じようにしたい考えをもっていた。

ちなみに、一七八〇年代当時、「肌の色の偏見」を提唱するアンティル諸島の人種隔離主義者は、「有色自由人」の市民の要求に対して公に理解を見せた本国政府からは支持されなかった。一七八四年に植民地問題で指揮をとるようになったフランス海軍大臣カストリ［シャルル＝ウジェーヌ＝ガブリエル・ド・ラ・クロワ・ド・カストリ］は、有色自由人の主張に譲歩しようとした。政府は、奴隷制を改革する必要性をめぐってまとまりつつあった意見に合流した。ル・メルシエやモロー・ド・サンメリの助言を受けて、カストリは奴隷の待遇を変更する法制化に着手し、度を越したあらゆる劣悪な待遇を妨害するために、奴隷所有者を行政官の監督下においた。

カストリ大臣は、所有者として政治的権利をもった市民としての有色自由人の権利擁護を、奴隷のより人間的な扱いの必要性に関連づけるという、この数年来ヨーロッパで優勢になった姿勢を表した。一七八七年にロンドンで設立された〝奴隷貿易廃止促進協会〟、そして翌年にパリで設立された類似組織である〈黒人の友の会〉の主な目的は、奴隷貿易廃止だった。フランスには、シュヴァリエ・サン・ジョルジュ［ヴァイオリン奏者・作曲家］あるいは後の革命軍陸軍中尉トマ＝アレクサンドル・デュマ（作家アレクサンドル・デュマの父）といった解放奴隷がパリの社交界にいたことも（あらゆる黒人や有色人種のフランス本国入国を禁止し、アンティル諸島への奴隷送還を定める一七七七年の「黒人取締のための王の宣言（Déclaration du roi pour la police des noirs）」より前に入国した）、有色自由人の主張や奴隷貿易廃止の立場を優位にした。農園主の不満にもかかわらず、王はカストリの考えに賛成した。奴隷制反対論者たちは、奴隷制の廃止や強制労働の原則を問題にするまではいかなくとも、奴隷の寿命や出生率の向上を求めた。安定した大家族をつくることで、次第に奴隷たちの自由が拡大し、契約労働者の地位に近づいていくこともできるだろうし、家畜労働、技術革新、そして人的労働力の必要性と仕事の苦痛度を低下させるような新たな機器の導入によって、奴隷の負担を減らすこともできるだろうという考え方だ。収益性の配慮からであれ、道義的責任からであれ、植民地の奴隷制を変革し、奴隷貿易への依存やニグロの苦痛を減少させる体制を模索する必要性において、一七八〇年代末にはある種のコンセンサスが生まれていたのである。奴隷制は疲弊し、奴隷制の発展は限界に達していた。農園主でさえ、もうそれに耐えられなくなっていたのだ。ル・メルシエの長男は、一七八八年に次のように記している。彼は、父親がマルチニックの地方長官職を退いた後にサン＝ドマングに購入したプランテーションの管理のために、当地に出向いていた。

> 私の農園（アビタシオン）は気持ちのいい場所にあり、美しい。工場はすべて水力で動き、内部のあらゆる場所に行ける押し車のおかげで独自の運営もできている。コーヒーの木三〇万本がよく育ち、この植民地の他のどの地区より美しいが、植え付けも施設の整備もまだまだ終わってはいない。作付けは二倍や三倍に増やすことができる。そういう計画はあるが、最後までやり遂げられるかどうかはわからない。農園主の仕事には嫌なことがあり、ますます私にのしかかってくる。ニグロの監督だけでも、この仕事を酷いものにする。大きな作業場の秩序を維持するために常に厳格にしなけ

ればならないが、疲れすぎないようにするためにも、私自身のあり方にも、あまりに反するものだ[17]。

父親の年金を払うために息子が悲しき熱帯地方で憂うつになっている間、父親はパリで入植者、農園主、海運業者といった友人たちの利益を擁護していた。彼らの仲間は、フランス革命後の憲法制定国民議会の審議が始まったとき、〈マシアック〉と呼ばれるクラブ［圧力団体］をつくった。そのクラブは奴隷貿易を支持し、とりわけ白人と有色自由人の権利平等を妨げ、本国政府によるプランテーション経営への介入を阻止するための植民地固有の統治を要求した。彼らは奴隷制廃止論者と同様に、新たな世論に影響を与えるための宣伝手段をもっていた。『フランス愛国者』紙に掲載された〈黒人の友の会〉の見解、雑誌に掲載されたイギリス発信の解放奴隷の物語などに対して、マシアックはニグロの奴隷化を聖書によって正当化する、この機会に更新されたハムの伝説[18]［ハムの呪い。ノアが息子ハムの子孫が奴隷になるよう呪った］を広めるなど、あらゆる種類のプロパガンダで対抗した。新聞・雑誌、路上、カフェ、サロンで行われていた議論は、革命という時代背景を物語っている。

パリとサン＝ドマングの間の革命危機

フランスで一七八九年に起きた革命のプロセスは、植民地問題を除外することはできず、二つの政治空間の関係が植民地の状況を激変させた。

フランス領の主な三つの島では、自由人と奴隷の数の不均衡（およそ一対一〇）や多数の暴力行為の必然的帰結により、農園主の立場が弱体化した。イギリス領の島々と同様に、反乱の脅威は常にあった。弾圧は厳しく、暴力に訴える予防措置がとられた。サン＝ドマングは、白人を恐怖に陥れた逃亡奴隷「マカンダルの事件」で依然として動揺していた。マカンダルは毒使い、革命家、ブードゥー教の魔法使いとして、農園主の恐怖心を一身に集めていた。彼は一七五八年に捕らえられ、「共犯者」とみなされた何百人もの人々とともに絞首刑にされた。白人たちは「毒使い」が自分たちの職工長であり、「家内ニグロ」であり、最も近くにいる召使いであり、自分たちがいつ裏切られてもおかしくないことに気づくようになった。こうした張り詰めた空気は、激しい反応を呼び起こすことになる。事実、有色自由人がパリの三部会の植民地代表者となることを拒否したサン＝ドマングの白人たちは、自分たちで白人のみの常設議会をサン＝マルクに設置した。彼らにとって、「人間および市民の権利の宣言」を「奴隷に」適用することは想像すらできなかったのである。第一条の「人間は自由かつ平等な権利をもって生まれる」からして、アメリカ合衆国の農園主がしたように、独立以外の選択肢はない（多くの農園主は亡命してフィラデルフィアに移住した）[19]。彼らは、一七九〇年にフランスの憲法制定国民議会に二人の有色自由人が参加することを妨害できなかったが、有色自由人に対する暴行や攻撃が増加するなか、自前の差別法を成立させようとした。内戦の始まりである。

サン＝ドマングの大多数を占める奴隷たち（全人口六〇万人のうち五〇万人）はこの機会を逃さず、反乱を続けた。［一七九一年］八月一四日夜、ムラートの若い奴隷でブードゥー教の女性祭司〝マンボ〟であるセシル・ファティマは、主な反乱集団の指導者をカイマンの森に集めた。彼らは男性祭司のブクマンとともに、結束を固めるためのブードゥー教の儀式を行った。作戦を練り、生贄にした豚の血を飲んで勝利の日までの団結を誓った。その八日後、八月二三日から二四日にかけての深夜、サン＝ドマング全域で一斉に奴隷の反乱が勃発した。何百人もの白人が殺され、プランテーションには火が放たれ、略奪された。

有色自由人のほうは、彼らの社会階層の利益のため、奴隷の反乱への参加には流れなかった。だが、彼らの政治的権利の承認に時間のかかる革命議会には失望していた。彼らは、エスパニョーラ島の東半分を支配するスペイン人に合流し、フランスに対して戦争状態に入った。血塗られた八月二三日夜の後、有色自由人たちは、フランス人に対抗して奴隷たちとの同盟に一歩を踏み出した――勝利の暁には奴隷に自由を約束した。こうして、力関係が突然逆転した。サン＝ドマングの奴隷と有色自由人の反乱は、国民公会の現地委員をしてサン＝ドマングの奴隷制の即時廃止を採決させ、翌一七九四年二月には、国民公会によってすべてのフランス植民地に奴隷制廃止が拡大された。

こうして、蜂起した奴隷たちはわずか数ヶ月でサン＝ドマングを制圧し、世界の砂糖生産の四〇％を供給する経済大国かつ奴隷貿易帝国であるフランスに奴隷制を廃止させたばかりでなく、ニグロと有色自由人の同盟によって反乱を先導することに成功したのだ。白人に対抗する非白人という肌の色による同盟は階級、経済的利害、あるいは政治的立場すら超えるものだった。北米から南米までの植民地世界の白人にとっては、驚愕と恐怖以外の何物でもない。フランス革命は急激に奴隷制を終結させた。実際、農園主たちや彼らのネットワークは、これまでよりさらに奴隷制にしがみついてはいたが、一世紀前に考えたような植民地社会を放棄しなければならないことを悟った。奴隷制は、植民地生産と「諸国の富」に必要な社会秩序を確立し守ることができなかったのだ。
力関係の逆転――奴隷が白人を殺し、突然に自分たちの人間性の地位を確保したこと――は、植民地の白人たちにとっては驚きではなかった。心の底では起こりうると思っていたことである。何世代にもわたって受け継がれてきた恐怖であり、彼らにとっては自分たちの予防的攻撃性を正当化するものであった。サン＝ドマングの革命から数週間後には、同地の市場での次のような逸話が残されている。

反乱中に行方不明になった官吏の未亡人である、ある白人の婦人は、生き延びるため、カプ・フランセの市場で食糧の蓄えを小売せざるをえなかった。一人の客がお金を払うのを忘れたので、その婦人は他の人に「あのニグロを呼んでくれませんか」と頼んだ。その男は剣を振り上げて婦人にこう言った。「だれをニグロと呼んでいるんだ？　あの人は市民だよ。ここにはあんた以外にニグロはいないよ[20]」。

ニグロの虚構は確固とした虚構ではない。それを振りかざす人を吹き飛ばすこともできるのだ[21]。奴隷たちの驚くべき革命がその証拠である。

結論　ニグロと暴力

ニグロを作り出した場所を奴隷の歴史のなかに位置づけるなら、ニグロという形象がとくにヨーロッパ諸国のアメリカ植民地において現れたことがわかる。長距離の奴隷貿易を基礎とした、砂糖やその他の商品作物の大規模な資本主義的生産が発展した場所である。したがって、ニグロは大きな経済的矛盾と同時に生まれ、労働者身分の問題を突きつけた。大西洋経済システムは、生産と利益の急速かつ継続する発展を可能にする一方で、常により多くの奴隷労働力を作り出す必要があった。この状況は、奴隷貿易が必要になる条件——奴隷の非再生産および、植民地プランテーションという化け物が奴隷を次々と消費すること——を悪化させる暴力の増長をもたらした。

一八世紀末、このシステムの再生産が危機に陥り、白人は暴力の増長に耐えるために自ら作り出した虚構に直面した。ニグロは突然現れ、氾濫し、白人に近づき、白人と縁組みして人間性を取り戻す恐れがあるという虚構だ。奴隷制の頂点に立つ経済エリートにすら問題視された奴隷制は、各人の役割を割り当てるには十分に強固ではなくなり、どんな新たな身分制度もそれにとって代わることはできなかった。「ニグロの虚構」は自滅するリスクがあったのだ。サン＝ドマングの市場の白人女性がニグロと扱われたのと同時期に、アメリカを旅したイギリス系オランダ人が明快な話を残している。これは、後にアルシド・ドルビニー［フランスの一九世紀の博物学者］が伝えたものだ。

ステッドマンは、当時のパラマリボ平原はニグロ住民の地獄だったと語った。彼は、かわいそうな奴隷が脇腹から木に吊るされていたり、一六歳の女の子が革紐の鞭でひどく打たれたりするのを見たと言った。とりわけ彼が言及したのは、あるクレオールの女主人の酷い行為のことだ。その女はある日、自分のプランテーションに小舟で行く途中に、女奴隷が乳をやっていた子の泣き声をうるさがった。母親の叫び声にも憐れみを覚えることなく、女主人は哀れな乳児を取り上げて水に浸け、溺死するまでそうしていた。しかも、女ニグロを泣き止ませるよう鞭で打たせたのだ。[1]

この光景は、いかなる構造的な暴力を振るわれても、ニグロの人間性が絶えずよみがえることを示している。とりわけ、彼らが欲望を呼び起こすとき、感情を覚えるとき、子を産むとき、死んでやると脅すとき、反抗するとき、祈るとき、乳児に乳を与えるとき、歌ったり踊ったりするとき、しゃべるとき、つまり、あらゆる瞬間でだ。そして、そのたびに白人は自らの暴力に脅え、自らの「ニグロ化」——それは確かに象徴的なものだが、心理的には非常に危険である——に脅え、そのうえサン＝ドマングの虐殺に示されるようにニグロの反乱という現実的な脅威にも脅える。

したがって、白人にとっては、ニグロに身体的な暴力を振るうことが二重に必要となる。労働を強制するため、反抗や逃亡を抑止するため、さらにはニグロの人間性の象徴的破壊――奴隷制だけではそれを仕組んで遂行させるのに十分でない、あるいはもはや十分でなくなった――を再び活性化するためである。

ところで、暴力は白人もニグロも絶え間なく断罪する――確かに二者に同じ割合ではないが……。主要な犠牲者はニグロの身体であり、そのことが必然的にニグロをニグロにする。ニグロは、非人間性という虚構に絶え間なく追い立てられるように、身体的にも精神的にも崩壊を招く虐待を受ける。しかし、その暴力は同時に、それを行う側の人間にとっても、自分自身の「ニグロ化」、自分自身の崩壊、自身の人間性の破壊から身を守るために必要なのだ。あらゆる拷問者と同様に、暴力を振るう者は自分の一部――他者への暴力と破壊によって影響を受ける部分、自分の犠牲者はもう一人の自分自身であると〝知っている〟部分――を切り離さざるをえないのである。それはその人にとっては、強迫観念からそう遠くない別のタイプの暴力である。

というのも、否定することは、経済システムが避けて通れない暴力を乗り越えて生き残るために必要な無感覚をもたらすからだ。しかし、その否定は、拷問者にとって高くつくこのサイクルにおいて、別の暴力が飲み込まれる穴になる。強迫的なくり返しによって、否定という深淵で現実を取り戻すために、正当化しえないものを正当化するために……。

件の女性が赤ん坊を水に沈めたとき、そして母親を鞭で打ったとき、彼女はいったい何をしたのだろうか。一方で、若い奴隷の母親から察知した人間性という脅威を打ち砕き、他方で、自分が奴隷とその子ども、そして明らかに自分自身に――そうでないはずはない――に振るった暴力を握りつぶすことでないとしたら……。

われわれがここで目にしているのは、完全に崩壊し、破壊され、錯乱し、自分を見失った、精神的に完全に打ちのめされ、身体的にも崩壊した、そういう個々人、そして恐怖の光景、日常的な拷問の光景、極端な暴力の常態化が広がり、くり返されている状況である。

その広がりはいくつかの数字によって示すことができる。一七六〇年代末期、アメリカ全体では年間一九万三〇〇〇トンの砂糖が生産され、その九割はフランス、イギリス、ポルトガルによるものだった。一七四〇年代から二〇％増加している。生産量が多い地域のなかでも、サン＝ドマングが年間六万一〇〇〇トンで他を引き離してトップだ。こうした生産（砂糖、コーヒー、インディゴ、タバコ）のために、奴隷貿易商は一七五〇年から一八〇〇年の間にアフリカから四〇〇万人の奴隷を連れてきた。これは、カリブ海の島々で砂糖生産が始まった一六七五年以降に輸入された奴隷の七〇％に当たる。この大西洋経済の影響を、メスレ・ド・グランクロ一族など本書で言及した人物を通して思い描くこともできる。ロンドンの栄光、あるいは光の都パリ、ホテル・リッツのサロン、アントワヌ・クロザが造らせたヴァンドーム広場を思い浮かべるといい。リッツでは、カフェや砂糖やカカオがふんだんに消費された。年金をかせぐために収穫を待つル・メルシエの息子たち、あるいは、サン＝マロのフルニエ一族、大西洋岸のすべての港を牛耳ったウォルシュ一族、王国の銀行家たち、オルレアンの四二軒の砂糖精製工場、フランスやウィーンのパティスリー、アムステルダムの商品取引所などを思い描いてもいい。ニグロの虚構がどれほどヨーロッパの政治システムの中心にあったかに思いを馳せてみよう。

近代ヨーロッパ経済の中枢に生まれた、累積した暴力の総計は取るに足らないものではなく、奴隷制廃止だけで赦免されるわけではない。カロリーヌ・ウダン＝バスティッドがいうように[2]、その暴力はわれわれの集団的潜在意識のうちに「文字通り」ほとんど変わらずに残っている。

ヨーロッパの奴隷制社会は、サン＝ドマングの反乱のショックからまもなく立ち直った。マルチニックの農園主の娘だったジョゼフィーヌを妻にもつナポレオンは、一七九四年の奴隷制廃止を直ちに見直し、一八〇三年に奴隷制を復活させた。彼は肌の色による差別を記述した最初の法制を民法典［ナポレオン法典］のなかに明記した。しかし、植民地社会は動揺していた。ニグロへの恐れを抑え込むことは不可能だと知りながら、蓋をしたのだ。白人たちは時間かせぎをした。

サン＝ドマングはだめになったが、植民地社会全体ではそうではなかったからだ。一般的に、プランテーションからの収入はこれまでにないほど大きかった。サン＝ドマングの陥落はライバルの野心を目覚めさせた。一つ獲得すべき場所ができたというわけだ。農園主にとってもヨーロッパの支配階級にとっても、植民地の収入を放棄するなど問題外だ。奴隷制が最良の解決策でなくなったなら、プランテーションの生産を維持するために別の制度を作り上げなければならない。一七九五年にサン＝ドマングを掌握した元農園主で黒人准将のトゥサン・ルヴェルチュールでさえ、奴隷制の原則のあらゆる観点を想起させるような法制を適用した。急に「アフリカ人」となった[3]「栽培者」がプランテーションで働き居住する義務や、身体的懲罰を伴う労働警察の設置である。一八〇一年のサン＝ドマングの新憲法には、奴隷貿易すら言及されていた[4]。大西洋の奴隷制が死に瀕するようになるまでには、フランスによる最初の奴隷制廃止から少なくとも一世紀かかっている。

それまでは、仕事を続け、新たな生産に必要な暴力を正当化し、不幸な大西洋経済の「ニグロ化されたがらくた」をリサイクルしなければならない。奴隷制がだめになったとき、人種がその役割を見つけるのである。

第III部　白人の支配

生物界における一つの全体、および一つの部分集合として捉えられる人類（ヒト）の「自然な」解釈に基づけば、ヨーロッパのヒューマニズムは、人間の自由の確立を導く本質的な平等、人間の平等の原則を定めている。近代ヨーロッパならびに、その延長線上にあるアメリカの「文化目録」［文化を構成する要素の総体］においては、平等性と結びついた自由の概念は、エミール・バンヴェニストによって「インド＝ヨーロッパ」の概念として特定され、本書ですでに言及した奴隷制の人類学的性質に関する観念からも引き出される。この文化目録においては、「自由な（libre, franc）」［franc にはフランク人という意味もある］という性質は「ともに生まれて、ともに育った」同類の者に付与される。このことは、世界の政治形態の主要モデルとして運命づけられたネーション（国家／国民）という言葉の語源［ラテン語の *natus* は「生まれた」を意味する］を思い起こさせる。事実、一八世紀末の諸革命は、ネーションと自由、およびネーションと平等性の間に相互性を構築した。革命は、その推進者たち――その多くは奴隷所有者だった――には制御できない民主主義のプロセスを始動させた。農園主階級、つまり政治的エリートの一部にとって、自由黒人を同類として同化させることが不可能であることは動かしがたい事実となった。奴隷制の帰結である〝ニグロの虚構〟――すなわちニグロの非人間性の虚構――は、民主主義革命以降に敷かれた新たな政治的・経済的世界秩序の説明になる。

さて、一九世紀初めのヨーロッパおよびアメリカのエリートたちは、世界中で富を生産することについて、これまでにないほど野心を抱いていた。植民地制度は、奴隷貿易の危機によって弱体化したものの、敗北からはほど遠かった。それどころか、見事に拡大し、産業資本主義となった資本主義の発展の中心であり続けた。そして、その植民地では生産、労働、土地支配、商品輸送を組織化し続けなければならない。奴隷制がなくても――エリートたちはそれなしでやることを学ばなければならなくなる――、農園主やその出資者は経済面でのニグロを必要とし、彼らを移動させたり、定住させたりしなければならない。奴隷貿易からの供給による奴隷制プランテーションと、入植による植民地化の対立は、すでに詳しく見てきた大西洋地域の危機の原因だった。ユダヤ人やムーア人の部分的な同化と排除をもたらしたイベリア半島の再征服時代（レコンキスタ）と同様に、植民地拡大は、自由人、キリスト教徒、同類の者、土地所有者――彼らと同等の者による議会が彼らの領地への統治権を規定する――の身分と、「自分のために」働かない労働者、政治的な代表者をもたず、親族性に参加しない労働者の身分とを区別することに導く。

サン＝ドマングの衝突の後、植民地帝国は二つの方法で再編成されていく。一つの方法は、奴隷制に頼らないものの、その主な性質は維持しながら植民地の原則を大西洋社会で進化させていく。もう一つの方法は、新たな空間を支配し、支配地域の人口密度に応じて異なる支配様式によって新たな社会を統治することだ。すなわち、人口密度の高い地域では、ヨーロッパ人たちは一部の労働者を生産地域に移し、しかもそこで自分たちが作った工業製品を売りさばこうとする。労働者が非常に少なく、したがって労働市場が有利でない人口密度の低い地域では、ヨーロッパの各政府は再び入植活動と奴隷貿易（あるいは奴隷形態の労働者の移動というべきか）を組み合わせる――つまり親族と非親族を同居させる――のである。一九世紀には、この三つの論理がしばしば矛盾したやり方で同時に発展していく。いずれにせよ、人種のパラダイムがこうした再調整――強制移住、政治的権利からの排除、強制労働、住民の隷従、土地支配――に必要な暴力を行使することを常に可能にするのである。どのようにして人種のパラダイムが少しずつ作り上げられ、世界の労働と権力の新たな体系である白人の支配に貢献していくかをこれから見ていこう。

第8章　ドミ・ネーション（一七九〇〜一八三〇年）

科学的言説における人種の登場が二つの震源地をもっていることは、まったく偶然ではない。一八世紀末に民主主義革命の震源地となったアメリカ合衆国とフランスである。実際、この二つの奴隷制社会は、それぞれの革命を通して民主主義社会の原則である自由と平等を主張した社会である。この二つの社会はともに、奴隷制維持のパラドックスに直面した。同時に、新たに構想された社会秩序、すなわち国民の友愛の社会秩序に、ニグロを親族として組み入れられない状況にも直面することになった。

人種という概念は、一九世紀前半に政界、植民地社会、科学界で確立していくのだが、それは人間とその身分の不平等性を科学的に正当化しようとする意味で、「科学的人種主義」と呼ばれるものに相当する。この概念は、奴隷制社会にあって民主主義革命によって生じたパラドックスの解決に重要な役割を果たし、後には奴隷制廃止後の世界における労働と富の新たな分配――ヨーロッパとアメリカ合衆国のエリートに有利な分配――を支えることになる。

したがって、ここからは、人種という概念が作り出されていく段階をたどりつつ、さらに、大西洋の奴隷制の長い断末魔の苦しみ、ならびに変容した植民地帝国の頂点にあるところの国民国家という新たな権力機構の形成に、この概念がどのように伴走したのかを一つ一つ追っていこう。一八世紀末から一九世紀半ばにかけて、この変容は、交替で権力を掌握した二つの異なる陣営を構成するいくつかの集団によって共同で進められた。二つの陣営とは、一つは大西洋型奴隷制モデル（奴隷貿易、プランテーション、植民地占有）にしがみついてきた農園主とその仲間、もう一つは新たな資源と販路を模索するリベラルな産業エリートだ。この新旧二つの支配集団の利害の対立、そして好むと好まざるとにかかわらず両者ともに経験した民主主義化のプロセスは、国家の概念に特殊な解釈を加えることで少しずつ解決策を見つけていく。国家を受け入れることで、平等の範囲をある集団に限定し、その集団による他者への支配を正当化することが可能になる。別の言い方をすれば、「ニグロの虚構」から白人の虚構が作り出されるのが見てとれるのである。

徴用された国家（一七九四～一八一五年）

アメリカ合衆国の奴隷制維持とフランスの奴隷制復活

ヨーロッパや北アメリカの奴隷制廃止運動が拡大して、革命派や独立派のプロセスに貢献したとしても、フランスでもアメリカ合衆国でも――サン＝ドマングは例外として――革命運動は実質的に奴隷制を後退させなかった。

すでに見たように、サン＝ドマングはトゥサン・ルヴェルチュールに統治されたが、彼は奴隷制廃止を追認しながらも、プランテーションにおける労働を強制する特殊な憲法を一八〇一年に制定した。マルチニックでは、一七九三年から農園主が激しく抵抗し、奴隷制廃止を適用するよりもイギリス人を島に入れることを選んだ。ブルボン島［現レユニオン島］でも、農園主たちは奴隷制廃止を妨害することに成功した。ナポレオンが一八〇三年にアメリカ合衆国に譲渡した広大な仏領ルイジアナは、奴隷制プランテーションを維持したまま共和制の合衆国に加入した。一八〇二年、ナポレオンは一七九四年に国民公会で可決された奴隷制廃止を撤回した。グアドループでも自身の政令を強制することに成功した（一八〇三年のリッシュパンス令）。しかし、サン＝ドマングでは、ルヴェルチュール総督の軍隊に対抗するための三万一〇〇〇万人の兵士派遣、そして一八〇二年のルヴェルチュール捕獲にもかかわらず、奴隷制復活は新たな反乱を引き起こし、フランス軍を破った。フランス遠征軍の恐ろしい残虐さ（ロシャンボー将軍は「逃亡黒人の捕獲」のために、キューバで飼育された闘犬を使ったことで有名になった）[1]にもかかわらず、フランス人——少なくとも虐殺を逃れた人たち——はサン＝ドマングを永久に去らざるをえず、一八〇四年にデサリーヌ少尉によってハイチの独立が宣言された。

一八〇〇年、アメリカ合衆国では、一八〇八年に適用予定の奴隷貿易廃止法が議会で可決されたが、プランテーションの奴隷使用については問われなかった。それ以外のアメリカでは、独立主義者は必ずしも奴隷制廃止論者ではなかった。そのことは、一八〇八年から一八〇九年のナポレオン軍によるスペインとポルトガルへの侵略が、両国の植民地に危機を招いて独立戦争に発展した際にも確認できる。この独立戦争の首謀者の多くは奴隷制擁護の土地所有者であり、サン＝ドマングやマルチニックの農園主と同様に、自分たちの利益に全く反する命令に従うよりは、スペイン本国との関係を絶つことを望んだ。結果的に、クレオールの支配階級は、アンシャン・レジームの王室への忠誠心から、ついに独立国家計画を表明するに至った。したがって、革命と国家を同列におくことは難しく、革命と奴隷制廃止を同列におくことは余計に難しい。もし、奴隷たちが独立戦争からメリットを得たとすれば、それは戦争中にクレオールの様々な派閥が彼らを兵士として必要としたため、自分たちの買い戻しや解放の約束をより多く取りつけたことだ。一八一五年、南米の独立運動指導者シモン・ボリバル[2]は、「アメリカ国家」を樹立する考えを、亡命先のジャマイカから表明した。それはインディアンや奴隷の支配に基づいた奴隷制国家であり、自然の法則がそれぞれの「人種」に能力と嗜好に応じて地位を与える――白人のそれは支配者の地位――ため、自然なことだから平穏な支配だという論理に基づくものだ[3]。

ボリバルは、そうした不平等性の〝自然〟と考えられる性質を明らかにするため、啓蒙思想に基づいた革命思想に反して確立されつつあった立場を表明したまでだ。そうした立場はフランスの数多くの作家にも見られた。たとえば、一七九五年から気候の論理に基づいて奴隷制廃止に反対する論陣を張ったボワシー・ダングラだ。彼の論理は、肌の色や振舞いの違いを説明するために、ビュフォンがすでに唱えていたものである。ビュフォンは、自由は北の人々だけが主張できる性質だと論じた。自由は、彼らの生活の糧と進歩を保障するために、自然に対する絶え間ない闘いから生まれたものであり、自然に恵まれているためにそうした逆境に立ち向かう必要のない南の人々は、単調で無為な生活を送ればいいので、自由を手に入れる必要はないのだという[4]。

こうした議論では、ニグロとヨーロッパのプロレタリアを区別しない「自由主義者」と、反動的で保守的な奴隷制擁護論者とが再び対立した。どちらの場合も、ル・メルシエのように、社会的地位によって一方による他方の利用が正当化される。「ニグロはあなたたちの小農のようなものだ。彼らの地位がどうであれ、労働者は逃れることのできない同じ掟に服従する。つまり、私のために働け、そうすれば私はおまえを養う。これが金持ちと貧乏人の間の普遍的な契約なのだ」[5]。ジャン＝フェリックス・カルトーという人物は、自然な平等の論証に反対するため、一八〇二年にカリブ海諸島から次のように書き送っている。

主要な社会が〝休む者〟と〝働くことを強制される者〟から構成されるのは人類の本質であるということは、証明されていると思われる。前者は〝金持ち〟、後者は〝貧乏人〟と呼ばれる。あるいは、〝ブルジョワと日雇い労働者〟あるいは〝主人と奴隷〟と名づけられる。根本的には同じことで、呼び名が違うだけだ。貧乏人も奴隷も日雇い労働者も、まったく同じ階級を意味する。社会的地位によって他人に奉仕することを運命づけられた階級だ[6]。

とはいえ、フランスとアメリカの革命は、主権国家をあらゆる正当性——とりわけ反乱の正当性について——の根拠とした。平等を求める革命を経なかったドイツやイタリアの初期のロマン主義的ナショナリズム運動でも、国家と自由の間に同様の論理が形成されていく。この意味で、ヨーロッパの一九世紀初頭の国家は、インド＝ヨーロッパ語の「自由」の定義と再び結びつくといえる。国家、つまり同類の人々の社会によって、自由人は自由人として定義される。自由人はとりわけ税金によって、次世代の生活の糧を保障し、前の世代に負債を払うことで、国家共同体に貢献する親族共同体の一員になるのだ。よって市民は、国家という形象に照らすと、人類学的観点においては親族である。ここに、政治的国家の平等の有効範囲の限界がある。奴隷制を廃止した一七九四年のフランス国民公会の政令は、解放奴隷を国民に組み入れ、市民権を継承できる親族にした。ところが、アンティル諸島の奴隷制社会は、この政治決定を適用することをまったく望まなかった。同様に、奴隷制廃止主義のアメリカ合衆国やイギリスでも、イギリスの奴隷制廃止協会のモットーである「私は人間、兄弟ではないのだろうか？」は、依然として否定疑問形を維持していたのだ。

解放奴隷をどうするか

一七九〇年に発布されたアメリカ合衆国憲法により、自由な所有者の共同体が創設された。奴隷やインディアンは市民とみなされなかった。彼らは選挙権も被選挙権ももたず、納税者でもなかった。だが、解放奴隷や、自由人として生まれたその子孫についてはどうだったのだろうか。自由黒人の問題が政治演説で熱心に論じられたことから見ると、前述した、トラウマとなる暴力の化身ともいうべき〝ニグロ〟との姻戚関係が、いかに白人入植者にとって恒常的な恐怖であったかがわかる。実際、憲法に定められた机上の平等性は、ニグロをアメリカ市民の親族とすることを可能にしたが、それは白人には耐えられないことだったのだ。後に合衆国大統領になるトマス・ジェファーソン自身も奴隷を多数所有し、彼らのうちのかなり多くの父親でもあったのだが、ヴァージニア邦知事だった一七八一年に自由黒人を州から追放することを提案した。人々の「偏見」のために彼らを合衆国に参加させることは不可能だとして、ジェファーソンは後に、彼らを「白人と混血する可能性から遠くに」排除しなければならないとまで言った。[7]

アメリカの白人にとって、「ニグロ体験」を乗り越えることが病的なまでに不可能であることについて、これ以上うまく言い表すことはできないだろう。だが、自由黒人の追放を包括的な解決策とみなすことは不可能だった。ヌエバ・グラナダ副王領（現在のベネズエラ）やブラジルのように、自由黒人が経済の行為主体として無視できない割合を占めていた国ではなおさらだ。まず、アメリカの新たな国々もフランス植民地も、ニグロの人口を必要としていた。奴隷貿易の危機により、ニグロの再生産能力に加え、その必要性から黒人奴隷の間での疑似親族性が考慮されるようになった。ところが、人権宣言と憲法と奴隷制廃止令をすべて適用することになると、この疑似親族性は家系における白人の独占を脅かすことになるだろう。白人入植者は激しく抵抗し、植民地を「特殊な領土」――言い換えれば、「特殊規定」[8]が適用される土地――にするため、自分自身の市民権の行使を放棄するほうを好むようにすらなる。その一例として、ナポレオン法典の適用政令は次のように問題を解決している。

婚姻、養子縁組、非嫡出子の認知、父母の財産相続における子の権利、遺言状あるいは贈与により行われる恩恵、非公式あるいは任意・法定後見に関する市民法典中の規定は、植民地においては、白人同士、解放奴隷あるいは解放奴隷の子孫同士の間でしか実行されず、直接的あるいは間接的にも、当該規定が、ある階級から別の階級に行われることはない。[9]

したがって、婚姻制度、親子関係の制度、遺産譲渡、相続の規定――われわれの社会の親族性に関する制度上の規定、現在まで続く国民の市民性の柱――は、植民地においては、不変で閉鎖されたカテゴリー内で実行されなければならないのだ。この閉鎖性を正当化するために、政令は目に見えぬ、謎めいた必要性を根拠としている。

以上は、植民地では常に肌の色による区別があったこと、その区別が奴隷の国では不可欠であること、また白人階級と解放奴隷およびその子孫等の階級の間に常に存在した境界線を維持する必要があることを考慮している[10]。

国民からの象徴的な排除のもう一つの形は、黒人が戦争に参加することを禁止するものだ。ナポレオンにより、今後は「有色」人は戦争に参加できず、フランス軍に入隊することもできないうえ、過去に参加した者は恩給を撤回された。革命戦争による国家への共和思想的同化は、トマ＝アレクサンドル・デュマ陸軍少将のような革命軍の大物も含めて見直された。デュマ少将はサン＝ドマングで生まれた奴隷の子だが、戦闘で得た軍事的栄誉も剥奪され、後に貧困に陥った[11]。

アメリカ合衆国では、国民のなかに「黒人」という疑似親族性の象徴的カテゴリーが次第に作り出されていった。それが、ジェファーソンの懸念への解決策の一つとなった。このカテゴリーは、とりわけ人口調査の際に、行政的、制度的な形をとり始めた。議会の議員数を決定するために、各州の住民数を算出する必要性から、奴隷をそれに含めざるをえなかったのだ。理論上は、奴隷は市民ではないのだから、議員によって代表されることはありえないのだが、奴隷制を擁護する州の代表者たちは奴隷を計算に入れることを強く主張した。本来なら、奴隷は市民として「数える」ことはできないため、五分の三人分として数えられた。自由黒人についてはまた別のカテゴリーなので、次第に奴隷と同じ基準、「黒人」という共通の名称で――これは現在でも国勢調査に存在する――数えられるようになる[12]。

自由黒人を象徴的に排除することが不可能であるなら、混血の危険から自分たちを守るために物理的に排斥しなければならないと考える人たちもいた。ヴァージニア州は一八〇三年、「アメリカ人は社会が混血化し、市民が異なる〝性質〟になることを何よりも恐れている[13]」と宣言した。そこで、政府が統括する植民政策により、人の住まない西部に自由黒人を移住させるようになった。さらに、アメリカ合衆国で奴隷貿易が終わるとすぐに、「アフリカへの帰還」という考えが主に奴隷制廃止運動のなかから芽生えた。一八一七年に創立されたアメリカ植民地協会は、自由黒人と解放奴隷を送り込むために、ギニア湾地方に土地を買った（この植民地は一八四七年にリベリアとして独立する）。これは、解放奴隷を送り込むために、一七八七年から現在のフリータウン［現シエラレオネの首都］の土地を買ったイギリスの例に習ったものだ。一七九二年からシエラレオネ会社によって統治されていた植民地シエラレオネは、アメリカ独立戦争のときにイギリス側で戦った解放奴隷兵、ジャマイカのマロン（逃亡奴隷）、イギリス人の奴隷制廃止運動の際に解放された奴隷貿易船の奴隷を受け入れた。こうしたことは、植民地帝国諸国の東方［アフリカやアジア］への急傾倒および、アフリカとの新たな関係を実証する一例といえよう。一八〇八年には、奴隷制廃止主義者であるトマス・ペロネット・トムソンが、シエラレオネの総督に就任した。

革命に続く数年間に民主主義の枠組みが見直されるなかで、白人の表象が描かれていく。その表象は、革命時に突然解放された後のある集団に対して国民を制限する――つまり、象徴的かつ政治的側面での制限、親族性の制限――プロセスに大いに寄与した。まさにその当時のナポレオン法典（一八〇一年）の意図は、市民性を有する個人を再定義し、その市民性の継承能力を家長に制限し、それによって家長に従属する女性、子どもを民法上の権利や政治的権利の行使から除外することだったのだ。父親だけがそうした権利を享受し、彼の苗字においてのみ、将来の潜在的な父親、つまり息子だけが継承する。この論理では、女性はこの継承の仲介者にすぎず、それは自分の家系の名によってではなく、子どもの父親の名を帯びることによってである。男性による家系の支配は、親族性と非親族性、兄弟と非兄弟を決定する場合に問題にされるのだが、それは、白人の法的な虚構が植民地にもたらすこと――ヨーロッパ人と、ニグロおよびニグロに連なる者すべてを区別する――と類似している。[14]なぜなら、ニグロは単に奴隷であるだけでなく、奴隷の系譜に結びつけたり、奴隷を作り出す暴力に直面させたりする脅威を常にもたらすからだ。民主主義革命の時代には、自由黒人はより大きな脅威となった。奴隷制はもはや防壁の役割を果たさないからだ。このようにして、諸制度や法律、もちろん二つの革命が表明したばかりの社会契約の陰に、ヨーロッパ人入植者は、確認も明示もできないアイデンティティー、そして金銭でも戦争でも法でもアクセスできない想像上の系譜を自ら発明したのだ。「白さ」というカギが、あらゆる「ニグロ化」から彼らを防御し、とりわけ親族性の独占を保障した。大西洋地域における奴隷貿易の危機によって、植民地帝国が別の形の生産を再展開していくなかで、この白人の表象がどのようにしてヨーロッパ人の新たな計画に伴走したかを見ていこう。

植民地の転換とイデオロギーの急変（一八一五～一八三〇年）

イギリス人による奴隷貿易廃止運動やアメリカの国々の独立といった大西洋経済への打撃により、ヨーロッパの大国は植民地政策を再検討するようになった。そこで、奴隷貿易に依存していた奴隷制プランテーションという古いモデルが抵抗を示す現象と、工業製品や熱帯の産物の「自由な」貿易に基づいた新たな支配が確立されていく現象を並行して見てみよう。こうした変化は、ヨーロッパの工業生産の発展とともに、強制労働についての経済面の考察、奴隷制に代わる「自分のための」労働の美点を想定させることになった。

一八世紀半ば以降のヨーロッパの植民地主義は、東洋への新たな関心を軸に形成されるようになる。一七七六年にアメリカの一三州の植民地を喪失したことで利益を侵害されたイギリス人は、他国に先駆けて大英帝国を東洋に向けて再構築し始めた。イギリスは、ポルトガル帝国やオランダ東インド会社（VOC）の軌跡をたどりながら、アジアへの商業的影響力を強化していった。一七六三年以降、イギリスの東インド会社はインド、インドネシア、そして中国沿岸においてフランスやオランダ、ポルトガルの拠点を奪い取った。アンティル諸島の砂糖がまだ莫大な利益をもたらしていたとはいえ、植民地との交易は大英帝国の最も重要な活動となった。この東への展開は、これもオランダから奪ったアフリカの植民地ケープタウンへの入植の増加を促進した。一八〇〇年から、ケープタウンの港はヨーロッパからの家族を受け入れ、インド洋や太平洋に向かうイギリス船の補給港および中継地となった。イギリスは、すべての大陸に拠点をもつこと、経済計画を方向転換することによって、他の植民地帝国に奴隷貿易を廃止させるための大洋の「警察」になったのだ。オランダは、一八一四年に奴隷貿易を廃止し、フランスとポルトガルも一八一五年のウィーン条約によって、少なくとも公式には廃止した。[15]

パリやロンドンの社交界を発祥とする、よりグローバルな労働市場の展望が次第に形をなしてきた。まずは、ヨーロッパに労働力の供給源があることが確認された。一八世紀末から始まった人口推移の影響でヨーロッパ田園部が貧困化し、都市周辺部の産業地帯で人口が急増した。もう一つは、インド、中国、東南アジア（インドネシア、インドシナ半島）も、ヨーロッパ製品の消費市場になりうることがわかった。イギリスは新たな形の帝国への道をたどっていった。イギリス人は、自分たちに非常に有利な貿易を各地の当局に強制した。そこで自分たちの商品を売って、とりわけ綿や茶など熱帯地方の品物を買うのだ。このシステムでは、生産と労働はイギリスと合意を交わした現地当局に下請けに出される。現地では人口密度が比較的高く、労働力が豊富だからだ。議会と経済界で擁護された自由貿易の原則により、イギリス人同士の間で常に自分たちに有利なように市場を連結することができた。すなわち、イギリス人は製品をインドで売り、そこでアヘンを買って、お茶と引き換えに中国で売った。イギリスポンドは国際通貨となり、その価値は上昇する一方だった。こうして、ロンドンの倉庫は世界中の商品の集散地、ヨーロッパ経済の中心地となった。

奴隷制擁護派、リベラル派、一八二〇年の危機

東洋におけるイギリスの影響力と競争できるとはとてもいえなかった王政復古期のフランスは、逆にアンシャン・レジームの帝国内に影を潜めていた。アンティル諸島の農園主グループは、一八一五年の王政復古政権、ブルボン朝と再び政治的に手を結んだ。当時、フランスの砂糖生産は、サン＝ドマングの生産減で有利になったライバル、キューバとブラジルのリーダーシップによって弱体化していた。サン＝ドマングが独立してできた新しい国ハイチは、独立の「賠償金[16]」を求めるフランスが行った封鎖に押しつぶされた。砂糖を生産するフランス植民地の島々では、革命、ナポレオン戦争と奴隷貿易の部分的停止のため、農園主は借金を抱え、何年ものあいだ収穫前に砂糖を売らざるをえなかった。そこで生産費用を立て替えたのは、フランスの港の海運業者だ。海運業者と農園主は、奴隷貿易への政府の支持、アンティル産砂糖のフランスでの価格保証といった、アンティル諸島の砂糖生産を復活させる政策を引き出すために、協力して議会に圧力をかけようとした。農園主たちは一八一六年から、綿を買ってその製品を植民地に売る製造者や海運業者とともに、革命前に繁栄した[17]「エコノミー－ネーション（économie-nation）」［植民地の排他性に依存する重商主義］の復活を目指して組織立った行動を起こした。

こうした元のシステムへの回帰は、労働システムの変容についての考察を妨げるものではない。本国では、「自分のための」労働や自然な再生産が奴隷貿易や奴隷労働にとって代わるべきだという考え方が浸透していった。ナントの商工会議所では、一八一四年に「まずは、ポーランドやロシアでいまだに続いている農奴制に近い農民のような状態に、ただし後々にはこの新農奴を最も先進的な人間

に、そして自由な耕作者にする」[18]ことが提案された。しかし、さしあたり植民地ではプランテーションの労働者がひどく不足していたので、新たな奴隷貿易、あるいは新たな奴隷供給網で補給しなければならない。そこで、プランテーションに投資した資金の回収に腐心する海運業者たちは、ブルボン島（レユニオン島）に三万六〇〇〇人の黒人を供給するため、一八一七年に二九〇〇万フランを投資した。こうした政策により、フランスのアンティル諸島は一七八九年の生産レベルの半分にまで回復した。しかし、新たな生産国との競争にさらされる砂糖生産にほぼ頼っていたため、その成功は脆いものだった。

アメリカで唯一、スペイン帝国植民地の名残りであったキューバは、一七六二年にイギリス人が入ってくると非常に効率のよい砂糖生産地になった。ブラジルの砂糖生産者は世界市場での優位性を奪還し、リオデジャネイロ地方やミナス・ジェライス地方ではコーヒーの生産も始まった。イギリスの奴隷貿易廃止の圧力にもかかわらず、キューバとブラジルはアフリカ人奴隷の最大の輸入国となり、大西洋奴隷貿易は一八一〇年から一八五〇年の間に、史上最高の規模に達した。それに加えて、他の砂糖生産地がアメリカ諸地域と競合するようになった。一八二〇年、オランダはインドネシアにプランテーション（砂糖とコーヒー）を設置し、現地民に賦役制度を押しつけるとともに、インドネシア諸島内で奴隷取引を行った。イギリスもインドで砂糖生産を始めた。こうして、砂糖だけでなく、綿、コーヒー、タバコなど他の熱帯地方の産物が市場にあふれ、一八二〇年には世界的な過剰生産を招き、ロンドンの商品取引所で価格暴落が起きるほどになった。すでに膨大な借金を抱えていたフランス人農園主はもはや立ち直れなかった。

この危機に対して、一八二〇年代のフランス植民地政策についての議論は、二つの立場に収斂した。一つは農園主たちの反応で、巧みに構成された圧力団体を組織した。一八二二年、彼らは資金を出し合ってボルドーに五二人の農園主からなる代表団を送り込み、国会議員に圧力をかけるために数ヶ月間滞在した。彼らは最右翼の派閥と結びつき、植民地の占有権の維持、フランス領アンティル諸島の砂糖価格の維持と外国産砂糖への課税、さらに砂糖業界全体への税制整備を要求した。彼らにとっては、支持者である海運業者や土地所有者と同様に、砂糖は定収入であり続けなければならないし、生産者に高収入を保障する高価な製品、つまり階級社会において上流階級のみが消費できる製品でなければならなかったのだ。もう一つの立場は、裕福な仲買人や金融業者を中心とした「リベラル派」であり、砂糖価格の低下による大衆消費のほうを信じる人たちだった。彼らは、新たな市場の開放を可能にするために植民地人の独占と専有の終焉を望み、アメリカ諸国の独立によって突然開かれた市場の獲得から取り残されまいとし、その市場をイギリスやアメリカ合衆国に委ねてはならないと考えたのだ（合衆国は一八二三年から、「アメリカ大陸はアメリカの人のもの」という有名なモンロー主義をとっていた）。

リベラル派には製造業者、とりわけ砂糖の価格低下が自分たちに有利と考える砂糖精製業者らが加わった。砂糖精製業者は、価格が安ければ、砂糖が中国から来ても、フランス北部で栽培されるテンサイ由来でもよかったのだ。彼らは製品をさばいて、インド、インドネシア、中国、アメリカのイギリス人と競争することを望んだ。イギリス人と同じイデオロギーをもつリベラル派は、一八二三年にフランス奴隷制廃止派であるイギリスの福音主義協会を手本にして設立されたキリスト教道徳協会や、フランスのプロテスタント実業界に多かった。同時代に、サン・シモン伯爵の思想が、一七世紀からボルドーに定着したポルトガル系の古いユダヤ人家庭出身の金融業者や海運業者の間で信奉者を得ていた。大西洋経済が栄えた時代に活動を多角化した（プランテーション、奴隷貿易、保険、貸付け、両替商）グラディス家、ロドリーグ家、ペレイラ家などの一族のなかには、サン・シモンの唱える「産業主義」に調和的で繁栄する新たな社会の未来を見出し、新たなタイプの投資および奴隷制生産の終了のために尽力する者もいた。

アメリカ合衆国でも、一八〇三年に買収されたフランス領ルイジアナの合衆国への加入が問題になったときに、新社会と植民地の旧社会が対立した。フランス領ルイジアナの一部で、一八二〇年にユニオン［北軍］に入ることになる将来のミズーリ州の創設案が大きな議論を巻き起こしたが、それが一八六〇年代になって南北戦争の元になる分裂の前兆となった。事実、ミズーリ州における奴隷制容認問題は奴隷制廃止派と擁護派の分裂を招いた。そのほとんどが南部州に入植していた奴隷制擁護派は、めざましい発展を遂げていたイギリスの綿産業に向けた奴隷制生産の驚くべき成長によって、政治面で力をつけた。合衆国憲法についての議論から三〇年後、彼らは、州が奴隷制について独自に法律を制定する自由を認める新たな妥協を引き出したのだ。

奴隷制廃止主義と新たな支配

こうした考え方の変化、および欧米の議会で行われた議論の方向性の背景には、国家についての新たな政治的解釈からなるイデオロギー転換がある。リベラルな経済、自由貿易、産業経済の擁護者たちは、植民地経済の最も有力な階層の出身者だ。海運業や金融業を営む一族は、まさにヨーロッパ経済のエリートだった。何百年も政治から遠ざけられていたユダヤ人やプロテスタントの上層階級は、革命の一端を担い、国内の地位を獲得した。ナポレオンは国家機構において彼らとの新たな関係を認め、彼らの多くは国の政治計画に情熱を注いだ。一方、伝統的な上流階級では、ヒューマニズムに深く突き動かされた土地所有者、製造業者、金融業者などの若い世代が生まれ、奴隷貿易廃止のために集結したり、政治に熱心に取り組んだりした。エコール・ポリテクニークの最初の世代でもある、高等教育を受けた海運業者や奴隷貿易商の息子たちは、国家計画における革命派と反動派の対立を超えようとした。その後、一〇〇年にわたってヨーロッパを統治するロマン主義国家の原則が、彼らのなかにはっきりと浮かび上がってくるのがわかる。

ドイツの諸地方やハプスブルク帝国に普及していた国家――革命国家と比べるとある種の誤解ともいえるが――の受容は、法律に基づかない、本質的で根源的な自由の約束であり、それを認めることは人民の解放に等しい。知識面では、この国家の観念はネオルネッサンス、とりわけ古代ギリシャ文学の再発見に基づいている。それは、モーリス・オランデール〔一九四六年生まれのフランスの歴史家〕が、アテナイへの愛を復活させ、アテナイを起源の庭として神秘化した歴史家ヴィルヘルム・フォン・フンボルト（探検家かつ科学者のアレクサンダー・フォン・フンボルトの兄）の著作の中で出会ったものと同様だ[19]。オランデールは「聖書上のカップル――ギリシャ人とユダヤ人――に焦点を当てた、ヨーロッパのアイデンティティーにおける根深い対立に言及する。ギリシャ人とギリシャ人の祖先を賛美することは、ヨーロッパ人がユダヤ人イエスの系譜に自らを連ねるのは不可能であるという考えを克服する手助けになり、ヨーロッパのキリスト教徒の起源についてのある種の不快感を解消することができる。このギリシャ人とユダヤ人の対比は、［民族の］起源の神秘化において別の変異型を生んだ。それは、一般的にはギリシャ人からアーリア民族を、ユダヤ人からセム民族を推定させる。その虚構からヨーロッパ人は、キリストを殺したユダヤ人と奴隷制擁護のアラブ人の両方に対して、インド＝ヨーロッパ語族の表象のうちに自らを体現する。インド＝ヨーロッパ語族の蛮族が古代末期のローマのキリスト教徒のところに到着するという、創生の歴史の参照先にしているわけだ。

こうして、一八二〇年代の文学界と科学界は、ヨーロッパ民族におけるフランク人、サクソン人、ゴート人の起源とともに、各国の政治制度における民族的起源を明らかにしようとするのである。起源を証明できないこうした民族の「自然な」性質は、新たなイデオロギー運動を伴う。それゆえ、奴隷貿易に反対するイギリス人の闘いは、「自由への嗜好」として説明され、そういう性質は、マルティーヌ・スパンスキ［フランス人の英国文明研究者］によって、イギリス国民のアイデンティティーにおいてプロテスタンティズムと同じくらい重要だとみなされた。彼はそうした国民性を、自由と男性らしさを結びつける中世の想像の世界から掘り起こし、イギリス人を連合王国の他の国々（スコットランド、ウェールズ、一八〇三年からはアイルランド）だけでなく、フランス人——一八〇二年に奴隷制を復活させた不道徳な国民——とも区別できるとした。[20]

同様に、フランスやドイツ諸国でも、選ばれた王の周りに集まる族長たちや、戦争によって組織されるフランク人の封建制が再発見される。アメデ・ティエリーといった歴史家たちは、フランス人のアイデンティティーの模索に乗り出した。そこで引き合いに出されたものはすべて、イデオロギーと軍事の両面で新たな征服の演出に加わっていく。東洋の奴隷制の廃止を目的とした正当な戦争という名目だ。実際には、アルジェリア、エジプト、オスマン帝国の支配下にあるヨーロッパの征服、一般的にいえば、オスマン帝国内でキリスト教徒を奴隷にし続けていると批判される、イスラム教徒の征服なのである。

奴隷制廃止の闘いは、セム民族やテュルク系民族に対する国家的戦争ともみなされ、ロマン主義文学運動によって賛美された。一八一六年、サン＝マロの奴隷貿易船主の息子で王党派、カトリック教徒であったシャトーブリアンは、「白人の奴隷化をやめさせる」ためにアルジェの海賊の成敗を呼びかけた。[21]彼の『パリからエルサレムへの旅程』の一八二六年の第二版では、トルコ・イスラムに対する征服戦争を公然と推奨し、オスマン帝国エジプト地方総督へのフランス軍用船の売却を、奴隷貿易に使われるとして批判した。アルフレッド・ド・ヴィニー、一八二九年のヴィクトル・ユゴーの『東方詩集』、あるいはオスマン帝国の包囲網が解かれた後を描いたドラクロワの『ミソロンギの廃墟に立つギリシャ』にも同じギリシャびいきが見られる。

そのうえ、当時のヨーロッパには人口増加の脅威に対する切迫感があった。トマス・ロバート・マルサス［イギリスの経済学者］の一連のエッセイでは、すでに多くの移民を送り出していた田園地帯のさらなる人口過多が懸念されている。実際、ドイツ人は一八一五年には二〇〇〇万人だったが、一八四〇年にはすでに三〇〇〇万人に達していた。自然で原初的な国家と、征服欲を司る「生存圏」の希求の間に生まれたイデオロギー構築の最初の犠牲者は、ナチズムより一世紀も前になるが、ユダヤ人だった。ドイツ人の移住政策に貢献した一八一五年のポーランド分割は、結果としてポグロム

〔ユダヤ人迫害行為〕の始まり（バイエルンでは一八一八年、プロシアでは一八二二年）と、ロシアにおけるユダヤ人「居住区」の設置を招いたのだ。

アーリア人の国家、フランク人の封建制といったイデオロギー上の参照先のほか、一八二〇年代に更新された征服モデルは、新たな地理的、歴史的、科学的知識の生産を活発にした。それはとりわけ、知識生産のサークルであると同時に、支配すべき新たな空間の征服を後押しする地理学会（パリでは一八二一年設立、ロンドンは一八三〇年）を通して行われた。一八二九年にオーストラリアがイギリス領と宣言され、フランスはその翌年にアルジェリア征服を開始した。キリスト教道徳協会もこの動きに同調し、協会の黒人奴隷貿易反対運動は、トルコの「奴隷制」からギリシャ人を解放する運動を推進した。一八三〇年、そのメンバーの何人かは政権に加わった。海軍大臣になったアントワーヌ・ダルグー、あるいはフランソワ・ギゾー、銀行家のシャルル・フランソワ・ラフィットらだ。奴隷制廃止は、アルジェ征服運動の公式な口実となったのだ。

アレクサンドル・デュマといった作家たちも奴隷制に反対する文章を書いたが、決まってイスラム教を非難し、アルジェリアの植民地化を正当化した。アフリカにおけるイスラムの「告発文（リーヴル・ノワール）」が作成される一方で、奴隷に対するトルコ人の寛容さを記述したエッセイのくだりは検閲で発禁処分になった[22]。ヴィクトル・シェルシェール〔フランスの政治家で、フランス植民地における奴隷制廃止運動を推進した〕すら、エジプト訪問の後、この悪癖に陥り、アルジェリア征服を支持するために奴隷制撲滅という口実を取り入れた。ところが、アルジェリアには当時、奴隷はほとんどいなかった

（一六三七年に二万五〇〇〇人だった奴隷は、一七八九年には八〇〇人、一八三〇年には一〇〇人程度しかいなかった）。奴隷制廃止についていえば、アフリカ征服活動ではその逆のことが実践されていたのだ。一八四二年のルシアン・ド・モンタニャック陸軍中佐の手紙には、次のように書かれている。

われわれが捕らえた女たちをどうしているのか聞かれましたが、人質として何人か手元においておくほかは、馬と交換したり、残りは荷物運搬用の家畜のように競売で売るのです……なかには非常に美しい女もかなりいます。[23]

フランスでは、奴隷制廃止主義者の道徳論議が高まったことに加え、フランス人の入植と直接統治による植民地化のプロパガンダが広まった。植民地をエデンの園のように紹介するパンフレットが出回り[24]、アルジェリアは少しずつ新たな植民地体制を迎えるようになる。そこでは奴隷労働、入植者やプロレタリアートの労働が独自の政治カテゴリーを生んでいった。

所有者の国家

やがて、自由人の平等を統治原則、および社会を物理的に構成する原則とした大西洋の革命プロセスは、平等という特権を制限することで利益を得る集団によって再び掌握されることになる。西洋の奴隷制地域においては、新たなエリートたちの市民性と国家の形成は、基本的に「ニグロ体験」に結びついていた。確かに、それだけで西洋近代化のイデオロギーの歴史を説明することはできないが、最も革命的であると同時に最も奴隷制を擁護する社会である二つの国――フランスとアメリカ合衆国――において、ニグロ体験は、自然という言葉で正当化され、不平等の源になる新たな区別が生まれるのに大いに貢献した。その区別とは、黒人と白人、自由人と非自由人、再生産者と生産者、市民と従属者、男性と女性の区別である。

一八二〇年代末、フランスで復古王政が七月王政に屈服したとき、「国家（ネーション）」という言葉は、アルジェ侵攻を正当化するのに十分なイデオロギー的変貌を遂げた政治思想であった。この国家を形成する兄弟や同種の人間は、ヨーロッパやアメリカ合衆国の産業発展において権力を得たエリートたちを範とする。市民性を行使できる者、すなわち市民であるための物理的自立を有する者（有権者であり議員）とは、所有者である。所有者であることが市民権の物理的さらには哲学的条件であるという考え方は、アメリカの民主主義に定着したばかりでなく、ヨーロッパのリベラリズムの根本の一つでもあった。所有財産――つまり、自分自身の収入を生産する手段――は、他者のために働く従属者に対して、自由人を定義する「自分のための労働」を保障する。自分のために働くことによって、所有者は自分の財産の利益のために、そしてそれを次の世代に引き継ぐ展望において行動する。したがって、所有者は富の生産者であり、同時に社会秩序の保証人なのだ。この市民＝所有者＝家長のみが、同等の人たちとともに政治的権利を行使できるのである。

民法典［ナポレオン法典］および、そこから着想を得た近代の様々な法律は、財産の所有と相続を制御することを目的とする。こうした法律の規定（人や財産についての民法上の権利、憲章や憲法に定められた政治的権利）はドミ・ネーション、すなわち〝家（ドムス）〟＝「所有財産」の国家（ネーション）を定義する。その言葉が示すように、国家は「他者のために」働く人々――所有財産の生産と再生産の努力の大部分を担う――への所有者による支配（ドミネーション）を内包するのである。

所有財産、〝家（ドムス）〟あるいは〝オイコス〟［古代ギリシャ語で家および財産を意味する］は、このように自由人と非自由人との間の関係すべてを定義する場、とりわけ他者のための労働を組織する場である。ここで取り上げた新生国家の憲法の多くは、市民の資格を〝家（ドムス）〟に属さない浮浪者にも、召使いにも認めていなかった。当然、アンティル諸島の植民地の奴隷も自由黒人の召使いも同様である――そもそもアンティル諸島には民法は適用されていなかったのだ。女性に関しては、多くの国で再生産機能に役割を限定されていた。女性の役割は自然の法則に関連づけられ、しかも婚姻規則は、親子関係と財産相続を父親の姓によって統制することを規定していた。[25]

一世紀以上にわたってヨーロッパとアメリカを支配した国民（ネーション）という語の制限付きの特別な意味は、一方の人々にとっては親族性の独占だが、他方の人々にとっては自由の制限であり、一方の人々にとっては所有権と自分のための労働だが、他方の人々にとっては従属と他者のための労働であった。所有者の国家という考え方は非常に不平等であるが、それはアンシャン・レジームへの回帰というよりも、むしろ植民地経験を考慮したうえで革命的平等が見直された結果である。植民地で性別や経済・生産・再生産の役割を規定するにあたり、自然な性質という考えが持ち出されたのは、白人所有者がニグロの子ども、先祖、傍系に是が非でもつながらないように望んだからだ。とはいえ、所有者の国家は、フランス復古王政の反動的な人々が望んだ通りの奴隷制秩序には戻らなかった。その国家は、自分のための労働と自由を結びつけることによって、新たな民主主義の希求と、奴隷制を離れた経済発展の条件を表明したのだ。

第9章　奴隷制から人種へ（一八三〇～一八五〇年）

プランテーション制度を発展させ、奴隷貿易に頼らない生産計画を実行するには、奴隷に代わるものが必要になる。奴隷の出身地とは異なる社会――奴隷が社会的存在とみなされない社会――の利益のための、そして完全に他者のための労働という形態には終わりを告げなければならなかった。一八三〇年代から一八四〇年代の植民地支配者たちは、彼らが「自由労働」と呼ぶところの「自分のための労働」――労働者世代が少なくとも再生産できるような――と、奴隷制社会に完全に捧げられる「他者のための労働」の区別を完璧に理解していた。彼らは生産における強制と暴力のコストも把握していた。伝統的な農園主もリベラルな農園主も、「ニグロ体験」の後では、農園主と解放奴隷を共通の社会におくのは難しい、あるいは不可能だと認識していた。したがって、何らかの方法で、奴隷の役割を自由人に明け渡すために、奴隷の代わりを見つけるか、奴隷を変容させるかして奴隷を手放す必要があった。常に自然に範をとりつつ、植民地の実業家たちは、自分や子孫のために新たな征服の進展に加わる心構えのある開拓者、所有者である入植者からなる新たな社会を構想することを好んだ。

こうして、その新たな征服――アルジェリア、ケープタウン、アメリカ合衆国西部――は、最初から入植による植民地として考えられた。農村部の人口過多に対する解決策にもなるだろうし、工業都市に現れてきた社会運動への解決策ともなりうるのだ。奴隷制は結局、一八四八年にフランスで廃止されたが、奴隷制即時廃止のための闘いを始めた頃のヴィクトル・シェルシェールは、一八三三年に最も貧しいヨーロッパ人を植民地に送ることを提案し、貧民たちの「恐るべき腕力が脅威になることをやめ、働くことだけを期待している」と記している。「白人農民」の美徳は、ポルトガルから独立したばかりのブラジルの皇帝にも好まれた。皇帝は、移民が国の食糧生産を向上させてくれると考えて、一八二六年にドイツとスイスの農村からのささやかな移民計画を開始した。

ポルトガル王国によってアフリカ西岸が植民地化された時代と同様に、移民の候補者となったのは、あらゆる種類のヨーロッパ人だった。イギリス領ケープはコルシカ人とスペイン人、アルジェリアはポーランド人、ドイツ人、アゾレス諸島とマデイラ諸島のポルトガル人、アメリカ合衆国西部はアイルランド人とドイツ人といった具合だ。〝再征服（レコンキスタ）〟時代と同じやり方で、ヨーロッパ諸国は、開墾する土地をもらうことで、「自分のための労働」によって国の経済に参加するであろう入植者を送り込んだのだ。この入植者たちは、子どもしか所有するもののないプロレタリアートより社会的地位は高く、まったく親族性をもたない奴隷よりはずっと上の地位にあった。彼らは入植した社会体制における市民性、自由、政治的平等の条件である所有地をもつことによって、半市民権を獲得した。

奴隷制からの脱却（一八三〇～一八四〇年）

パリやロンドンでは、「自分のための労働」が植民地を救ってくれるだろうと考えられるようになった。しかし、奴隷制によって完全に堕落した植民地の生産関係や社会関係を変革するのは、それほど簡単ではない。パリの社交界での理論と、アンティル諸島のプランテーションの実態の間のずれは明らかだった。農園主にとっては、状況は非常に憂慮すべきものだった。借金を負い、失望した彼らは、奴隷に対する犯罪の再燃に身を任せたかに見えた。このことは、奴隷制廃止に先立つ一〇年間に、植民地法廷に記録された訴えの数からもわかる。一八四八年初めには、次のような訴えがあった。

　大人や子どもの非人間的な扱いや傷害、死に至らしめる殴打や傷害、不注意による殺人、作業場の黒人の手足切断、頻繁に鞭打ちをして奴隷を二ヶ月間鎖につないだこと、棒による殴打、火であぶったナイフによる火傷、性器へのつぶした唐辛子の挿入、奴隷を一一日間鎖につないで監禁、殴る蹴るの暴力を受けた者、流産を招いた多数の劣悪な待遇、国王の検察官に主人を告訴した奴隷への不法な懲罰[1]。

当時は、一〇年前からジャマイカ、トリニダード、マルチニック、プエルトリコ、キューバ、グアドループで奴隷の反乱が頻発していた。また、奴隷に対するアンティル諸島の農園主の暴力は、奴隷制廃止の見通しとともに酷くなっていった。奴隷貿易が労働力の蓄えを補給している限りは、農園主たちはたやすくパラノイアに陥るのだ。一八二二年から一八二七年に、マルチニックでは毒を投与した容疑で六〇〇件の死刑判決が下された。[2] 一八三〇年代の初めには、数々の大規模な蜂起（ジャマイカでは二万人以上の反乱者）が起き、サン゠ドマングの二の舞を懸念したイギリスは、奴隷制廃止を早め、奴隷制廃止法を一八三三年に成立させた。

フランスでは、奴隷制廃止の議論は、農園主のロビー活動によって行き詰まったままだった。農園主の言い分は、奴隷制は恥ずべきものであるとしても、ニグロに労働を強制する唯一の方法であるという考え方に終始していた。

奴隷を「白人」に切り替えるべきだろうか。ルイ・ブラン［フランスの社会主義政治家・歴史家］が一八四〇年に書き記したように、植民地の社会関係の状態は奴隷制によってあまりに堕落し、入植者もニグロも「偏見」が強すぎるため、黒人の労働力をヨーロッパの白人に切り替えることを提案した人々もいた。シェルシェールは一八四二年にそれを推奨した。[3] 彼は、いずれにしても奴隷貿易がなければ黒人は消滅していき、植民地の病んだ集団は、若い移民の血が押し寄せることで刷新されていくだろうと考えた。一八四五年、フランス政府は、ヨーロッパ人労働者の雇用に対する補助金を提案しさえした。これは、奴隷制廃止への移行を保障するいくつかの法律（マコー法など）に含まれる措置である。社会主義者ジュール・ルシュヴァリエが、一八四四年にギアナ［南米のフランス領ギアナ］の再植民化計画で提案したように、そもそも入植者を刷新する必要もあった。ヨーロッパの人口増加や、リヨンやストラスブール周辺の貧困問題も考慮された。「黒い人や黄色い人の友人であるのはいいことだが、まずは何よりも同じ肌の色の人の友人であるべきだ。［中略］最も苦しんでいるのはヨーロッパの人種であり、最も働くことを必要としているのはその人種であり、よりよく働く術を知っているのもその人種だ」[4]と。ラテンアメリカでも、一八四五年前後に農園主たちが試験的な白人入植計画を始めた。メキシコのヴェラクルスのほか、ブラジルではニコラウ・ペレイラ・デ・カンポス・ヴェルゲイロ上院議員が、コーヒー栽培のために分益小作制度［農園主と小作人の間で収益を分ける制度］を初めて実施した。

「自分のための労働」が肌の色の問題であるという考え方に反対する人々は逆に、黒人を働く気にさせるものは自由だと考えた。奴隷制廃止主義者であるアレクシ・ド・トクヴィルは一八三九年当時、奴隷制廃止の条件を検討する国会委員会の報告者だった。白人の生活条件と同じもの――つまり、宗教、婚姻、家族や所有財産に対する義務感――を黒人に与えることで、黒人が農場主の希望に沿って、規律と集中力をもって働くことができるという考えを示した。サン・シモン主義者やリベラル派の多くはこの政治路線を支持した。それはロドリーグ一族、ペレール兄弟、ギュスターヴ・デシュタルといった人たちで、パリ民族学会に属していた。この学会は、ジャマイカの農園主の息子で、最初の科学的人種の「立案者」であるフレデリック・エドワールによって、一八三九年に創立されたものだ。[5]こうして、オーギュスト・ブランキ［フランスの社会主義者・革命家］のような人たちが、産業と経済発展のために最適な組織形態である、自由な賃金労働者という身分を黒人に適用することを推奨した。ジャン＝シャルル＝レオナール・シモンド・ド・シスモンディは、奴隷制廃止後のイギリスの経験を批判しつつ、さらに論を推し進めて、一八三八年にニグロの分益小作制度の計画を展開した。[6]

ニグロをプロレタリアートに転換したイギリスとは反対に、フランスは彼らをフランス農民にしなければならないだろう。［中略］ヨーロッパで最も幸せな形で以前の奴隷制にとって代わるのは、分益小作制度の契約だ。

彼の考えでは、「自分のための労働」は、プランテーションにおける生産高の維持を保証するためには十分に強制的であったのだ。

小屋と庭の委譲によって、最初の大きな一歩は達成される。田舎に定住させて、［中略］ニグロの性質を変える。彼らに尊厳の感情、永続の感覚を与える。彼らは土地を所有する。［中略］土地は、彼らの最高の貯金になるだろう。

といっても、この分益小作制度は、市民権を与えるものではない。耕作者は「農民」であって、「市民」であってはならない。実際、農園主が恐れるのは、「黒人」が、その性質と考えられた野蛮な状態に戻ること、産業社会が提案する社会関係から離れること、そして、単に必要ないからといって「黒人」が働く必要がなくなることだ。

パリ民族学会に入会したシェルシェール[7]は、一八四二年にセネガルへの旅から戻ったとき、次の点で自信をもっていた。

ニグロたちは人間だ。それをまだ疑うのなら、彼らのもつ虚栄心やうぬぼれだけで、十分な証拠になるだろう。生活習慣が、われわれと同じように彼らに人工的欲求を生み出し、その欲求は、われわれと同様に、それを満足させる手段とともに高まるだろう。教育、権利の享受、結婚、能力開発がまもなく、彼らに欲求を与えるようになるだろう。文明化された人間との接触が、産業を支えるまがいものの必要性に彼らを導いていくだろう。

このような論理が、学者や自由主義者、そして新たな展開を期待する実業家の間で受け入れられたとしても、農園主はそうではなかった。「ニグロ体験」にどっぷりと浸かった植民地社会では、自由になった黒人の生理学的能力そのものに疑いを抱いていた。トクヴィル委員会に聴取された、マルチニックの植民地代表者アメデ・ド・コール・デ・ノワイエは、ニグロは諸般の事情のため、家族を築き上げられるような状態にはないと主張した。彼らは好色で、姦通をはたらき、移り気で、貯蓄することを知らないため、自由人にする前に、家族の義務に少しずつ慣らさなければならないだろうというのだ[8]。

ニグロの性質、それこそが、農園主が解放奴隷を親族の社会に同化させるあらゆる試みに反対したがる根拠なのだ。本国では、家族権に関して突破口が開いたばかりなので、なおさら急を要することだった。当時、アドルフ・ガティーヌという弁護士が、主人の遺言によって自由になったグアドループの女奴隷で、二人の子どもの解放と養育権を求めていたヴィルジニーを弁護したことで、有名になっていた。ガティーヌは、子どもは母親の身分に従うという黒人法典のよく知られた規定を論拠とし、衝撃的な口頭弁論を行った。一八四一年にヴィルジニーは子どもの親権を認められ、「ヴィルジニー判決」は判例となった。ガティーヌは解放奴隷マリー・プラトンのために同様の論理を展開し、翌年、マリーの連れ合いと孫たちの解放を獲得した。これによって、解放奴隷の親としての資格が主人の所有権に勝るようになった。同年、やはり非常に象徴的な、奴隷貿易船〝アミスタッド〟号の反乱事件[9]の裁判があった。この奴隷船はキューバに向かっていたところ、アメリカ合衆国沿岸で座礁した。保険会社に賠償金を求めるために海運業者が主張する所有権に対して、奴隷貿易を禁じるアメリカ合衆国の法律が勝利した事例である。この裁判は波紋を呼び、奴隷を奴隷の地位にとどめる制度が脆弱になっていることを植民地社会に知らしめたのである。

人種の科学（一八四〇〜一八五〇年）

植民地に関する議論の中心にあったのは、ニグロという人種の自由への適性である。それに応える形で、植民地問題についての国民の議論を活性化させるために動員された科学界は、人種を一つの制度にした。

アメリカ合衆国では、再び国勢調査を通じて、政治が人種の問題について科学に〝付託する〟やり方を見ることができる。一九世紀の初めから、国勢調査の必要性から、〝黒人(ブラック)〟人種のカテゴリーを確実なものとするための人口調査や社会学が発展するようになった。それは初期の国勢調査で形成されたような、つまり完全に実用的な方法によるものだった。一八四〇年には、国の人口を調査するための一〇年毎の質問票を利用し、盲目や狂気といった疫学目的の質問が加えられた。こうした質問はすべて、白人と黒人とで差別される前に区別されていた。黒人のカテゴリーには奴隷も自由人も含まれている。一八四〇年の国勢調査の結果によると、概ね奴隷制を禁じていた北部州では「狂った黒人」の割合が驚くほど目立った。すぐさま、奴隷制擁護派はこの数字を次のように解釈した。自由は黒人を狂人にするのだから、自分たちは奴隷をその危険にさらさなくて正解だった。この理論は、奴隷制についての論争に二年間使われた。その後、国勢調査の担当者の一人が、自由黒人を狂人の項目に加えるというデータ処理の大きなミスを明かしたのだった……。[10]

フランス、イギリス、ベルギーでは、王立学会などの既存の機関と医学、科学、文学の新たな学会をかけ合わせたヨーロッパの学者の世界が築かれていったが、そうした学会は生物学的要素を引き出そうとした。そのなかの一人がフレデリック・ウィリアム・エドワールだ。この人物は、自身の思索と科学者との交流によって動物学、医学、民族学の中間に位置しており、一八三九年にパリで民族学に特化した最初の学会であるパリ民族学会を設立した。学者や別の学会の会員とともに、多数のサン・シモン主義者を含む国会議員や銀行家、実業家といった人たちが、植民地視察の話や、アルジェリア、エジプト、オーストラリアへの探検報告書をめぐって定期的に会合をもっていた。骨相学（頭蓋の研究）あるいは法医学といった様々な取り組みを導入しつつ、パリ民族学会は人種についての知識を総括しようとした。ペレール兄弟やその従兄筋のロドリーグ家の人とも親しい、サン・シモン主義のギュスターヴ・デシュタル――エドワールが会員として招いた――は、一八四二年にこの学会の主な論客の一人になった。彼はユダヤ人銀行家の息子で、カトリックに改宗し、アルジェリア遠征に参加したこともあった。反ユダヤ主義の偏見も認識しており、人種研究が人種間の関係を緩和させるようになると考えていたようだ。こうして、民族学の役割は、人種間の融合が避けられない未来に備えるために、「各人種に特有の役割を与えるために、様々な人種の性質や適性を明確にする」ことだと考えられた。彼自身、「ユダヤ人に向けられる憎悪は、黒人に向けられる憎悪とともにしかなくならない」[11]と言っている。ところが、人間関係の人種的解釈は、平等のための論理に使われるのと同じ程度に、将来の支配関係の正当化にも使われる。同じ学会のメンバーで、「ラテンアメリカ」の概念を創り出したミシェル・シュヴァリエは、後者の例であろう。

ラテングループ諸国に対するアングロ＝サクロンの優位性は、強化される傾向にある。われわれフランス人は、ラテングループ全体のなかで、われわれの気質に合うようにアングロ＝サクソン的影響の進行を変容させつつも、それにわれわれを同化させるのに最良の地位、唯一のよい地位にある。われわれはエネルギーにあふれている。われわれの知性が今ほど開放されたことはない。われわれの心が崇高な試みのために今ほど高鳴ったことはない……。フランスはラテングループの最高権威をなしており、その庇護者である……フランスは、自分たちだけでやっていける状態にまだ至っていない南アメリカの住民に対して、好意的で実り豊かな後援を行うよう呼びかけられているように、私には思える。[12]

パリ民族学会が「人種の科学」の確立を使命としていたとしても、メンバーのなかには、人種の存在とそれについての知識を構築することが人種の消滅の条件であるとみなす者もいた。たとえば、銀行家オランド・ロドリーグは、入会の際に次のように言っている。

民族学会は人類全体の解放に貢献するだろう。全人類はいつの日か、このような高潔な努力のおかげで、人類の普遍的連帯をいまだに妨害する貴族的偏見、性別、人種、財産のあらゆる偏見から解放されるだろう。[13]

他のメンバーのなかには稀に、人間科学のカテゴリーとしての人種の妥当性に疑問を抱く者もいた。たとえば、医師のピエルカン・ド・ジャンブルーは人種という言葉の流行現象をからかい、その正当性に異議を唱えている。[14] しかし、人種は、人間関係と社会の進化によって生じるあらゆる問題の解釈法になった。デシュタルのほうは一八三九年、イスマイル・ユルバンに宛てた手紙のなかで、白色人種と黒色人種は補完的であるとみなし、両人種の将来の関係についての説を展開している。「人類において、白人が「男性人種」であるように、黒人は「女性人種」だと私には思える」。このように、奴隷制廃止や、ニグロが自由であるための生来の能力を擁護しつつも、デシュタルとその仲間は、ニグロと白人の間の根源的区別を想定するだけでなく、ニグロを白人の支配下におくような人種主義的言説を作り上げていったのである。

パリ民族学会における奴隷制廃止論争は、国会での議論と並行して行われた。民族学会の会員はしばしば国会議員か、議員と親しい人々だった。一八四〇年代の間はずっと、奴隷制廃止論争は国会議員の幻の議論のようなものだった。だれもが避けられないとみなしていた措置――一八三八年以降は、イギリスの植民地には公式にはもう奴隷がいなかったのだから、なおさら――を実行に移すのをいまだに妨害していたのは、農園主たちの圧力だった。実際には、農園主たちの抵抗の主眼は、自分たちの「所有物」の喪失に対して国が出すだろう賠償金額の交渉にあったのだ。奴隷の払戻しが農園主の借金を解消し、事業を継続させるための唯一の僥倖だったからだ。

一八四五年のマコー法でいくらか前進したものの、七月王政が一線を超えることはなかった。一八四七年、アンティル諸島の状況はますます悪化し、エリートのリベラルな意見がはっきりと自由労働に傾いていた頃、国会は奴隷制の即時廃止を求める何万人もの署名を集めた請願書をいくつか受け取った。同年四月から七月に、これらの請願書が国会で活発に議論されているとき、デシュタルはパリ民族学会で、「白色人種と黒色人種の性質について、および両人種の連携の条件についての問題」を提起していた。その問題は、ブラジル帝国の状況を報告した、ポルトガル王国のフランス外交機関の職員であるリスボアという人物が取り上げたものだ。その人物は、ブラジルには黒人、白人、混血（ムラート）の三つの人種があるとした。それぞれが独自の性質（たとえばムラートは音楽に優れているなど）を有し、それぞれの優れたものを引き出すために融合することで、人種は得をすると考えた。植民地に十分な数の白人を移住させることによって、黒色人種への白色人種の「移植」も考えられるだろうと主張した。[15]

デシュタルはというと、人種の類型の補完的要素について私見を披露した。「何よりも黒人は優しく、喜びの存在である」ため、二重に女性的である黒人女性は、「黒色人種の典型的なタイプ」であろうと述べた[16]。人間のカップル同様、黒人に欠ける率先力があるのは白人である。したがって、黒人が文明に同化できるのは「白人との接触」によってであるとした。

一八四八年の革命によって最終的な奴隷制即時廃止が成立する数ヶ月前、国会と民族学会で並行して進んだ黒色人種と白色人種の関係についての議論では、学者の説く人種論が、奴隷制廃止の政治的問題およびプランテーションにおける新たな生産条件への回答になるだろうと指摘された。この意見は、見解を同じくする科学界、政界、知識人社会全体によって証明されることなく認められたのだが、学会のなかでは様々な矛盾する仮説があった。しかし、奴隷制廃止についての国会の議論と、革命時の緊急の必要性のほうが科学的議論を押えつけ、植民地支配の目的のほうに目を向けさせた。その目的は、いずれにせよ学者、政治家、金融業者の間で共有されていたのだ。実際、白人の文明によって豊かになる運命である女性的な「黒色人種」はそれだけで、リベラル派や実業家たちが築こうとする広大な計画を体現し、一九世紀の終わり三分の一の西洋の植民地計画の狂気じみた拡大に導くのである。

こうした情勢急転の兆候ともいえようが、フランス人はブルボン島のプランテーションに供給するために、マダガスカルの住民に興味をもち、一八四〇年代に不法だが公式な地域内奴隷売買をマダガスカルとの間に発展させた。一八四九年、ポンディシェリ［インド南東部のフランス領地区］のフランス商館がその奴隷市場を掌握し、「労働や家事労働の人々の階級」を輸出し始めた。同時期に、カーボ・ベルデのサンティアゴ島でも、東方に向けた奴隷貿易の逆流が見られた。この島の港は、一六世紀からアフリカ人奴隷を大西洋地域に売っていた。しかし、一〇年間にわたる奴隷貿易の危機の後、奴隷貿易の流れが初めて逆転した。一八四八年、西アフリカ沿岸に広がり始めた落花生のプランテーションで働かせるために、カーボ・ベルデの住民がアフリカの沿岸部に売られていったのだ。[17] 同じ年に、フランスは奴隷を解放する。その数年前から、キューバやブラジルに向かう奴隷船の阻止を任務とする船舶があったが、一八四九年、そうした船の一つ〝ペネロプ〟号は、ブラジルに向けて出港間際だった奴隷を解放した。その奴隷たちは、解放奴隷を受け入れるためのリーブルヴィル［現ガボンの首都］を創設し、そこは西アフリカにおけるフランスの入口になった。

この奴隷の流れの逆転は、地理的なものにとどまらない。それは、植民地計画の大きな転換でもあり、植民地の新たな担い手の筆にも表われている。一八一二年生まれのナント市民の息子であるエマニュエル・ベルトラン＝ボカンデは、亡命中の一八三七年に、下カザマンス地方［現セネガル南部］に滞在した。昆虫愛好家だった彼は四万種の標本を収集し、一八四八年には生まれ故郷のナント市にある自然史博物館にコレクションを寄贈した。翌四九年、貿易に従事するためにカザマンスに戻ったベルトラン＝ボカンデは、第二共和政政府から同地のカラバン商館長に任命されることになった。[18] 数年後に、彼は「カザマンス川沿岸に設けられたフランス商館が現状において推薦する資源」についての章で、状況を記している。「フランスのいくつかの産業が利用する術を知っている」多種類の植物を一つ一つ検討した後、その地方の調査を次のように締めくくっている。

くり返し言ってても言いすぎることはないが、セネガンビア南部の商業の状況は完全に変わった。黒人奴隷貿易の廃止により、ほとんど知られていないこれらの地方に生まれ始めた産業は大きく変化した。以前に奴隷を探しにきた場所には、今は自由労働者しかいない。しかし、彼らは、いわばある程度の文明を必要とすると言わねばならない無知な労働者たちである。彼らを取り巻くやや混乱した豊穣のなかにあって、まずはわれわれが彼らに求めていることを伝え、また同様に、観察によって彼らの知らない産物の存在を学ぶことができると伝えることが重要である。［中略］セネガンビア南部は、結局のところは商業にとって処女地であり、これまでなおざりにされていた産物を上手に活用しさえすればいいのである。カザマンス地方については、次の短い言葉ですべてが要約できる。賢明な商取引に限定される膨大な利益、そして、いまだ野蛮なままでいる住民の文明化である。[19]

「ニグロの虚構」から白人の虚構へ

こうして、一九世紀後半に権力階級に人種が定着していく過程を見ていくと、人種というものは理論的に証明されることも、仮説の対象となることすらなく、疑問をさしはさまれないままヨーロッパ諸国の植民地社会の重大な変化の中心命題の一つとなっていった状況がわかる。ヨーロッパはこのように奴隷制を放棄しつつあったが、それは奴隷制の経済的原理ではなく、制度としての放棄だった。こうした推移、そして「人種」という概念が形成された場所、その言葉を発し広めた人たちから推察するに、人種は、奴隷制によって行われた人間性の根源的断絶——すなわち非親族の生産——の科学的用語による再構築であると考えられるだろう。奴隷制と同様に、人種も自由人と非自由人を指定する。その目的は前者の使用のために後者の労働を獲得することである。また、人種は奴隷制と同様に、絶えず身体的暴力に頼る必要のある象徴的暴力をもたらす。その象徴的暴力はしかも、暴力の行使を正当化し、強制労働に基づく生産の必要性に応えるのである。さらに、人種は奴隷制と同様に、支配するために区別を作り出すと同時に、人種が引き起こす暴力によって再びその区別を覆す。人種はあいまいな概念で、ほとんど無意識であるため、奴隷制よりもさらにいっそう暴力を生み、本来は筋道をつけるべき社会関係を常に攪乱する。

つまり、人種は奴隷制の後を引き継ぐとしても、奴隷制に相当するものではないことがわかる。人種は民主主義体制の到来という特殊な背景から生まれたため、極端な状況を除いては、法的な形をとることは難しい。伝統的な植民地社会における人種の経済的役割は、奴隷制のそれに似ている。しかし、生産モデルが進化し、自由人の定義が変革されるさなかに作られた人種という概念は、非自由人を定義し、その地位に固定するやり方をも変化させる。こうして、革命後に生まれた支配階級が平等性の権利をもつ者を規定する権力を手に入れたとき、彼らは国家とその同族・兄弟の共同体の表象を根拠に、自分たちのみに親族／国民の資格を集中させた。国家の兄弟たちは、他の兄弟集団とのライバル関係において、とりわけ生産と社会の再生産に従事する非兄弟の支配において自らを規定したというわけだ。

ニグロが市民／所有者になりうる法的可能性が現れるとすぐに、植民地の支配階級はニグロの国民へのアクセスをかすめ取るようになった。それは、ヨーロッパ征服のはるか昔の時代にうずもれ、科学的にも歴史的にも起源のわからない「白さ」という、自然もどきの、ありえない、想像上のアイデンティティーにニグロを服従させることによってなされた。こうして、ある意味では、白人と非白人はそれぞれ自由人と非自由人を意味するようになる。まるで魔法のように「自然なもの」とみなされる「白さ」は、生物学的な親子関係によってしか獲得できない。そのため、兄弟たちにとってはそれを監視すること、必要ならば父親の苗字で置き換えることによって親子関係を完全に取り上げることが非常に重要なのだ。それはフランスでは民法典により確立され、他の国でも模倣された。このように、かすめ取ることが「白人の虚構」なのである。

つまり、植民地の拡大、新たな征服計画、植民計画、新たな生産組織の構築と商業的支配の計画といった背景により、この同じ支配階級は、植民地における労働形態を見直し、奴隷労働および自由人と非自由人の区別だけに頼ることをやめざるをえなくなった。プランテーションの労働がほとんど変化しないところでは、それゆえに人種が、植民地主義国家の警察によって適用される様々な法令とともに、奴隷制がもはや果たせなくなった暴力や強制の役割に代わることができるかもしれない。しかし、一八世紀末の危機は、奴隷制――とりわけ奴隷貿易――の限界を見せつけた。したがって、強制、および自由人と非自由人、労働者と所有者、親族と非親族の根源的区別についての可能性を維持しながら、奴隷労働の一部を「自分のための労働」に置き換えなくてはならないし、それこそが新たな植民地投資の第一の課題だった。

非自由人を「自分のために」働かせる、すなわち職工長の暴力もなく、とりわけ奴隷貿易もせずに――非自由人は自分で再生産すべきだから――自発的な隷属状態におくには、疑似親族性、疑似所有権、疑似自由、つまりこれまで拒否されてきたものを与えるふりをしなければならない。入植者とプロレタリアートと非自由人の間の、不安定な無言の境界を作ることを可能にするのは、人種である。つまり、人種は、植民地拡大のダイナミズムにあってニグロと白人を恒常的なやり方で引き離す役割を担っていた。ヨーロッパの植民地主義が進展するにつれて、ニグロが〝親でありうること〟や国民としての市民権を手に入れる展望は、依然としてさらに遠ざかっていく。実際、世界的な労働の組織化、世界規模での資源の分割に必要な暴力を再び正当化しなければならない。そして、人種はこの支配に欠かせない道具になるのだ。

第10章　新たな支配（一八五〇～一八八五年）

われわれ人類の二つの下等な種類である黒色人種と黄色人種は、綿や毛といった粗雑な土台であり、白色人種の第二級の民族が彼らの絹をそこに混ぜて和らげる類のものである。それに対し、アーリア民族は彼らのより細い糸を、より高貴になった幾世代に行き渡らせつつ、銀と金のアラベスク模様を輝くような芸術品のごとく表面に施すのである。

アルチュール・ド・ゴビノー
『人種の不平等性についてのエッセイ（人種不平等論）』
パリ、一八五三年

パリ社交界で活躍したアルチュール・ド・ゴビノーは、一八五三年に「人種の不平等性」について人目を引くエッセイを出版し、当時、制度として確立しつつあった概念である人種を振りかざした。一八世紀末、とりわけ一八三〇年代以降、科学界や文学界でよく使われるようになった「人種」という言葉は、明確な定義の試練をくぐり抜けることもなく、様々なあいまいな現実に言及するか、それを指し示すだけだった。この言葉は「国民（ネーション）」や「民族（ピープル）」という言葉と混同されることもあったし、生物の分類、人間をいくつかのグループとして整理する試みを想起させるものでもあった。明確な概念からはほど遠い「人種」という言葉は、言外の意味と幻想を含んだ一種のかばん語のようなもので、人々はその意味を明確にしようともしなかった。なぜなら、それは正当化するのが難しい現実を隠蔽する、ガラクタを詰め込んだような、この言葉の機能そのものだからだ。実際、「人種」という言葉は、白人の表象を作り出した「ニグロ体験」の上に着陸したばかりなのだ。それは、大西洋経済が生み出した耐えがたい状況を説明するためばかりでなく、やがて新たな植民地計画を正当化するために使われるようになっていった。

学問的な見解に支えられたため、奴隷制を擁護する古い支配階級と新しい世代のリベラル派や実業家エリートたちは、そのイデオロギーの違いにもかかわらず、この言葉の経済的観点の取り決めに同調した。つまり、人種は、貨幣や国家のように、経済生活を成り立たせる現実の一部になるのだ。人種は、奴隷制がしたように自由人と非自由人を区別するが、伝統的なプランテーションよりも複雑になった、新たな労働の組織化に適う微妙な差異を導入している。

権力と暴力の原則である人種は、あらゆる権力機構に奉仕する道具となる。人種はヨーロッパの白人だけのものではない。日本人（イギリス人は一八九九年の条約［日英通商航海条約］で日本人を文明化された国に属する国民、いわゆる「白人」として認めた）[1]も、大日本帝国を形成する際に人種を利用したからだ。[2] 人種は資本主義に必須ではなく、偶発的なもの（労働と資本所有を分離させるためには、どのような形の区別が生まれてもよかった）だが、新たな奴隷貿易、新たな移民を可能にする世界規模の労働を組織化し、新たな入植のルールを規定するようになる。人種は、奴隷制が資本主義と出会ったのと同じ仕方で、人種によって生じ急増する自己破壊的な暴力のエスカレートを招いた。そうした暴力が生み出したのは危機のみだった。

奴隷制なき植民地労働の再編（一八五〇～一八七五年）

少なくともフランス、イギリス、スペインの植民地や旧植民地では、奴隷制廃止によって、アメリカにおけるプランテーションの生産形態を変えざるをえなかった。同様に、一八一五年から少しずつ始まり、一八五〇年以降は決定的になった奴隷貿易の廃止によっても、奴隷制に基づいた大西洋地域の政治モデルを変える必要が出てきた。実際、植民地生産は現地の労働力の再生産を保障するため、ニグロをプロレタリアートに置き換えねばならなかった。生産性のための時間においては単に人間機械とみなされる労働者は、こうして家族の父親となった。その子どもや妻、その他の扶養家族は父親の労働を補完しなければならず、一方で父親はその権威によって労働、「自分のための労働」を全員に強いるのだ。社会関係における大きな変化をもたらしたこの新たなシステムは、婚姻と消費欲という二つのテコを使えば、政府によって確立することもできただろう。ニグロをこの道徳的、文化的革命に導くことは、パリの民族学会の会議や国会で、すでに「文明化」という言葉で表現されていた新たな植民地政策の基礎になった。

アメリカにおける社会関係の転換の難しさ

一八四八年の二月革命の結果、同年五月にはフランスの植民地で、ついに奴隷制廃止令が適用された。ただし、マルチニック島では、奴隷の反乱によって事実上すでに廃止されていた。植民地全体の熱い情勢が、本国政府の決定を加速させたのだ。一八四八年の臨時政府には、かなりの数の奴隷制廃止論者がいた。フランスの奴隷制廃止運動の立役者であるヴィクトル・シェルシェールは、植民地担当副大臣に就任した。シェルシェールは、前述したヴィルジニーの弁護士だったアドルフ・ガティーヌをグアドループの政府委員に任命し、ガティーヌはそこで奴隷制廃止令を施行する役目を負った。その際にガティーヌが行った演説は、フランス植民地政策のジレンマを非常によく表している。ガティーヌは労働と所有権を称賛し、新たな市民に、フランスが示した寛容さにふさわしくあるよう労働によって示すこと、農園主の所有権を尊重するよう奨励した。[3]植民地総督の演説に見られる「論拠」は、一八四八年五月二三日にクロード・ロストランがマルチニックのサン＝ピエールで行った演説にも見られる。

マルチニック市民の皆さん、私が宣言したばかりの偉大な解放措置が、住民の様々な集団の間にこれまで存在した区別を撤廃しました。われわれのなかには自由人も奴隷もいません。今日、マルチニックには市民しかいないのです。われわれが経験した抵抗運動の時代に行われたすべての政治的犯罪に対して、完全なる恩赦を与えます。私はみなさんそれぞれに過去を忘れるよう奨励します。治安維持、所有権の尊重、必要なら労働の再編を、すべてのよき市民に委任します。もし秩序を乱す人がいれば、今後その人たちはフランス共和国の敵とみなされ、法律のあらゆる厳格さをもって敵として処罰されます。[4]

奴隷制廃止の際、アンティル諸島の農園主ロビーとの厳しい交渉の結果、奴隷制後の労働形態は解放奴隷と農園主との間の自由な「提携」の原則、つまり一方が労働をもたらし、他方は所有地を提供し、双方が生産利益を割合に応じて受け取ることに基づいていた。労働者側は、以前と同様に農園主の所有である居住小屋の家賃を差し引かれる。したがって、全体的に提携の条件は奴隷制のときとほとんど変わらなかったが、一つの例外は、労働者が働かない権利を有していたことだ。農園主と政府が主に恐れていたのは、当然ながら、解放奴隷がプランテーションでの労働をやめることで秩序が乱されること、あるいは生産までストップすることだった。すぐに代わりの労働力を見つけられない農園主にとって、労働市場が不利であることはだれもが意識しており、解放奴隷はこの状況を利用しようと考えていた。そのため、奴隷制廃止は、農園主と政府の側で、啓蒙運動によって前もって準備されていたのだ。グアドループのフランス政府代表であるトマ・ユソンは、奴隷制廃止の数週間前に次のように奴隷の説得に努めている。

奴隷は今後、結婚して年老いた父や母、妻や子供、兄弟姉妹をもつことになるだろう。なぜなら、みんなが自由になると、みんなが働かなくてはならないからだ。あなたたちの喜びを示したいなら、「労働、万歳！　結婚、万歳！」と叫びなさい。[5]

しかしながら、農園主の所有権を尊重させ、労働の義務を履行させるには、結婚の利点について説得や奨励をするだけでは十分ではない。解放奴隷にはただ一つの考えしかなかったからだ。それは自立である。その自立は、働かない自由、よそで働く自由、あるいは森や山に開墾した一区画の農地で、自分のためだけに働く自由によって得られるものだ。そのため、第二帝政とともに、一八五〇年以降には奴隷制廃止に伴う強制措置が強化された。すでに制定された解放奴隷と農園主の間の提携についての法律に加え、労働の義務が規定された。その義務は、個々人（実際には黒人のみ）が自身の雇用を毎日証明するために警察に提示しなければならない「労働手帳」によって監視され、違反すれば放浪罪に問われる。つまり、形は異なるとはいえ、強制労働の原則は継承され、放浪者の拘束と農園主への引き渡しを担う国家警察の責任の下におかれたのだ。一〇年前のイギリス人農園主と同様に、フランス人農園主も、一八四九年に「所有財産」［奴隷］の喪失のために賠償金を支払われた。そして、奴隷貿易反対運動を続けるイギリスの抗議にもかかわらず、アフリカからの「自由労働者」の輸入が始まった。レミという海運業者は、一八五〇年代にコンゴから何百人もの「自由労働者」をアンティル諸島に輸送している。一八五一年以降は、レユニオン島にカフィル［南アフリカの黒人の蔑称］

やマダガスカル人の労働者も運ばれた。それは、アフリカ人がインド人よりも屈強で従順――「畑の仕事にしか優れていない」[6]としても――とみなされていたためだ。自国の植民地で雇うためにアフリカ人奴隷の自由を「買い取った」と称するイギリス人も、こうした偽装奴隷貿易を実施していた。一八五六年、フランス人農園主は、ナポレオン三世から、年季契約の奉公人を採用するための奴隷の「事前買い戻し」を認める法律を獲得した。新たな支配地域からも、住民さえ十分にいれば、プランテーションに「自由労働者」を供給した。英領インド、フランス領ポンディシェリ、中国からだ。インド――苦力（クーリー）[7]という言葉の発祥の地――や中国からの最初の労働者は、一八五〇年代にアンティル諸島、モーリシャス島、レユニオン島に到着した。しかし、中国の清政府はすぐに抗議した。苦力（クーリー）の雇用を許可していた清側の委員会は、一八七三年には自国民が「奴隷のように」処遇されているとの理由で、アメリカ（キューバ、ブラジル、フランス領ギアナなど）にそれ以上労働者を送ることを拒否した。[8]

現実として、プランテーションの労働形態が変わらないのであるから、大西洋経済システム独自の社会関係を変化させるのは困難だった。アフリカ人奴隷の貿易を終結させたアメリカ社会では、とりわけブラジルとキューバへの奴隷貿易が廃止された一八五〇年以降は、ニグロとともに生き、彼らを国内社会に同化させることを想定し、決断しなければならなかった。しかし、「過去を忘れる」ことはできるだろうか。暴力の体験はあまりにも深く根づき、主人や奴隷の態度を決定づけていたために、所有者たちのなかには、「奴隷制の精神」を終わらせる唯一の可能性は奴隷を消滅させること、黒人を物理的に消滅させることだと考える者もいた。南北戦争の直前、一八六〇年に国勢調査を実施した、アメリカ合衆国の国勢調査局長ジョセフ・C・G・ケネディがまさに予言したことだ。一八六四年、奴隷制についての議論を鎮静化しようとしたのか、彼は混血が人種の悪化と混血・雑種の出生減少を招き、黒人の劣悪な生活環境が彼らを漸進的に消滅させるだろうと確約した。[9] プランテーションが多い地域の別の人たちは自然な退廃を信じず、組織的行動に出た。一八六五年に創立されたクー・クラックス・クランはとりわけ活発で、暴力的な活動形態を標榜した。一八七〇年の議会では、「人種、肌の色、過去の隷属状態」の区別なく、あらゆる市民に選挙権を認める合衆国憲法の修正第一五条が可決された。テロ行為で有罪判決を受けた後、クー・クラックス・クランは一八七一年に一時的に非合法組織とされた。しかし、「ディキシーランド」と呼ばれる奴隷制擁護州は、人種主義的制限をもつ法律（「ジム・クロウ法」と総称される）を州議会で成立させた。この法律は、たとえば公立学校での人種隔離策の導入や、白人と有色人種の間の結婚を禁止するものだ。

ラテンアメリカ諸国のクレオールの支配階級も、奴隷制の有害な残留物かつ、国民の精神衰弱の原因とされる黒人のすみやかな消滅という方針を選んだ。アフリカ人奴隷貿易がとくに盛んで黒人が多かったブラジルやコロンビアなどの国では、「自然な」消滅を期待することは想像できなかった。そこで、白人の大量移民によって国民を「白人化」し、国民の黒い肌の色を中和するために組織的な混血に頼らなければならないとされた。コロンビアのホセ・マリア・サンペール[10]［作家・思想家］は一八六一年、白色人種があらゆる点で支配的である「人種の融合」により黒色人種は吸収されて消滅するだろうと予言した。ブラジルやキューバでも同じような考え方が見られた。

一方、ヨーロッパの人口の状況も、こうした計画に有利に働いた。ヨーロッパでは人口の急増が続き、田園部から都市部や産業地帯への集団移住が起きたばかりでなく、たとえばイギリス自治領（カナダ、ニュージーランド）に利する移民が急増した。一九世紀半ばには、オーストラリアの鉱脈の発見によってゴールドラッシュが起こり、アイルランドの飢饉やドイツとポーランドの人口急増によって、アメリカ合衆国に移民が流入した。一八六四年以降は、ポルトガルの人口増加がブラジルやアフリカへの移民希望者の供給を後押しした。

フランスはアルジェリアを、奴隷ではなく入植者の地にすることを望んでいた。一八四八年、新体制［第二共和政］はアルジェリア省を新設し、大衆的な地区のパリ市民をアルジェリアに送り込んで、農業植民地化を推進しようとした。入植者、つまり「自分のための労働」による小規模な所有者による開発と、プランテーションに年季奉公する農業労働者である現地民による開発の競合が、一八六五年の民法条項に表われている。フランスは「国がアルジェリアに送り込んだ市民」を優遇し、他方で、現地人のフランス国籍を認めて国家に「属する」としたが、彼らの市民性は認めなかった。したがって、彼らは親族性への参加を象徴的に表す民法上の権利をもたない[11]。入植による人口増加と伝統的なプランテーションの維持という二重のプロジェクトのある地域、つまり、市民と奴隷、親族と非親族が同居する地域（アルジェリア、アメリカ合衆国、南アフリカ、ブラジルなど）では、「人種」という概念が最も辛辣であることが後にわかるだろう。一八七一年のアルジェリアの大蜂起に対する弾圧は、ジャーナリストのシャルル・フェローをして次のように言わしめた。「騒乱を好み、矯正しがたいこの住民には厳しい教訓を与えることが急務だった。その教訓によって得られた道徳の効果は、甚大だった[12]」。彼は、「平穏」を回復するために、活発な入植と土地の奪取の政策を提案した。

現地の不穏分子との均衡をとるために、ヨーロッパの構成員ができるだけ早くやってきて、平穏な状態になり信頼が回復されることが重要だ。広大な土地の接収により、近い将来に、国の繁栄にとって非常に望ましい平穏が訪れると期待できよう。ヨーロッパ人は、われわれが見て回る地方に豊穣な谷を見つけるだろう［中略］そのうえ、気候は温和で健康によく、目に映る魅力としても、すばらしい場所や無限の多様さがある。[13]

同じく、入植によるフランス植民地のヌーヴェル・カレドニー［ニューカレドニア］――虐殺されなかったアルジェリア人も強制移住させられた――では、現地民の反乱が純然たる破壊の欲動を引き起こした。植民地行政府の官吏の一人は、心配して日記にこう記している。「一八七八年七月二日。［中略］入植者たちの怒りは頂点に達した。彼らは、あらゆる手段を講じて現地人人種を絶滅させるよう強く要求している」[14]。

アフリカにおける新たな生産計画

アメリカ人が奴隷制の解決不能な遺産と闘っているとき、生産面の新たな解決策がアフリカで生まれようとしていた。カザマンス地方のフランス政府代表者であるベルトラン＝ボカンデは、一八五六年、『ルヴュー・コロニアル』誌で、「下カザマンス地方の人々はよく働く」と記した。現地民たちは、大西洋岸を埋め尽くす落花生の新たなプランテーションに向けて移動した。こうして、ヨーロッパ人は、自ら設置したプランテーションで現地民の生産したものを買い、彼らにヨーロッパの商品を売ればよいだけになった。大英帝国の方式にならい、自由主義のヨーロッパ人は、まず人の往来の自由と自由貿易によって支配を進めようとした。たとえば、一八五一年に第二共和政を倒したクーデターの後、国民を安心させようとしたルイ＝ナポレオン・ボナパルトは、次のように自らの計画の意味を明らかにした。

帝国は戦争だ、という人がいる。私は、帝国は平和だと言おう。征服、これはよいことだ。それは和解と宗教と道徳の征服である。われわれには、開墾すべき膨大な未開の土地、敷設すべき道路、掘るべき港、航行可能にすべき川、掘り終えるべき運河、補完すべき鉄道網がある。マルセイユの対岸には、フランスに同化させるべき広大な王国がある。われわれには、速さはいまだ不十分ながら、交通によってアメリカ大陸に近づくべき大西洋岸の数多の大きな港がある……。[15]

こうした交通や輸送を欲する強迫観念の裏には、ヨーロッパにおける多数の新たな政権を支える産業資本主義の勢いがある。その論理は新たな投資先の探求だ。しかも、新たな資源（南アフリカやオーストラリアの地下資源）が発見されただけでなく、資本家たちは商業インフラへも投資した。フランスのいくつかの企業は、イギリス資本が融資したエジプトの資金でスエズ運河を建設した。こうして一八七一年からは、イギリスは融資返済を確保するという口実のもとに、オスマン帝国下のエジプト政府を管理下においた。

世界中で様々な市場を行き来する必要があるだけでなく、その過程で新たな販路も開拓しなければならない。一八五六年から一八六〇年の第二次アヘン戦争の結果、フランスとイギリスは中国の港に進出した。一八五八年にサン・シモン主義者の圧力でフランスに植民地省が新設されたとはいえ、直轄植民地の収益は必ずしも経済界を納得させなかった。経済界は、自由貿易から得られる利益のほうを重視していた。イギリスの国会委員会によると、イギリスのコンゴ地方の植民地事業の収入（年間一八万ポンド）は、貿易相手国との商売の三分の一にすぎなかった[16]。

ただし、植民地は「保護された市場」になりうるし、商業帝国のなかで往来するための物流の一翼になりうる。たとえば、イギリスは最大の利益を生み出す二つの地域――インドと中国――にアクセスするために、インド洋のマダガスカルとザンジバル諸島を必要とした。この二つの東洋奴隷貿易の中心地（一八五〇年以降、五〇〇万人の奴隷がここを通過した）では、イギリス船は奴隷制反対運動を止めていた。マダガスカルとモーリシャスでは、イギリス人のプランテーションが奴隷貿易で「買い戻した」奴隷の三分の一を雇っていた。この矛盾を正当化する現地のイギリス人入植者の言い分には説得力がある。「彼らはいずれにしても奴隷だ。彼らの世話をすれば、彼らの主人たちに償うことになり、彼らを養えば、主人たちを養うことになる。それでも、彼らを世話したり、雇ったりするべきではないのだろうか[17]」。

しかし、こうした矛盾も、イギリス人が自らの使命を継承する妨げには全くならなかった。アフリカ探検の英雄であるスコットランド人、デイヴィッド・リヴィングストンもその一例である。一八四八年以降、彼は「文明」への道を開くために、アフリカ内陸部の「端緒を開いた」。一八七一年、リヴィングストンはコンゴの「暗黒」のなかに姿を消した。アメリカ人ヘンリー・モートン・スタンレーもヨーロッパ諸国に探検事業を提案し、タンガニーカ湖沿いのウジジでリヴィングストンを発見した。同時期に、イタリア系フランス人ピエール・ブラザという人物も、フランスの依頼で同様の探検を遂行した。ジュール・フェリー［首相などを務めたフランスの政治家］は一八七五年から七八年、そして一八七九年にも、ブラザに探検を依頼した。その頃には、スタンレーはイギリス国籍を得て、ベルギー王レオポルド二世の依頼で動いていた。こうしたヨーロッパ諸国間の競争は、ヨーロッパ同様アフリカでの力関係を作り出し、大国をして商売の継続をよりよく保障するための協定を模索させるようになる。

白人の科学

アフリカへの侵入の隠喩［女性的とされたアフリカの征服への欲望］、およびそれが呼び覚ます幻想は、ヨーロッパ諸国の政府の政治的・経済的野心を表すばかりでなく、白人による支配と国家によるイデオロギー計画を心理的に準備する、ヨーロッパの人間科学の構築によって育まれてもいた。将来の投資を計画する政府各省の官房室に新たな知識をもたらす探検や、植民地計画の立案は、知識人社会にも還元され、学会、雑誌、サークルなどが作られていった。

まるでその前兆であるかのように、一八七〇年以降、そして新たな国（ドイツ国とイタリア）の建設以降、アフリカと植民地経済の展望は対立と同盟の両面で進展した。想像上のヨーロッパ国民については、奴隷制廃止の歴史的背景のなかで作り上げられたユダヤ人／ギリシャ人の「対比」が、セム民族とアーリア民族の「対比」に拡大された。[18]ヨーロッパ人の起源――その子孫はギリシャ人――はアーリア民族であるという神話は、純粋な文化的・自然的国家の形象に貢献しただけでなく、ヨーロッパ諸国間の競争やヒエラルキーすら生み出した。この考えに基づいて、ヨーゼフ・アレクサンダー・フォン・ヘルフェルト［オーストリアの政治家・歴史学者］は、ボスニア問題を扱った自著のなかで、「オーストリア人はローマ人の事業をここで継続しなければならない」[19]と宣言した。この頃から、アフリカ進出への偏執は国家の存在――ヨーロッパ内外の国境の明確化――への偏執、「生存圏」への偏執と結びついていった。ビスマルクはこうして、ドイツを欧州の中心で「飽和した強国（*saturiert Macht*）」と表現し、[20]自国の存在を近隣の大国に知らしめ、場合によっては「自然な出口」が必要になるであろうアフリカにも、自国の存在を認めさせなければならないと考えた。

民族間、国家間、人種間の関係を自然なものとみなす考え方は、知識人の間で広く普及した議論になっていった。たとえば、一八七一年の『知的道徳的改革』のなかで、エルネスト・ルナン［フランスの宗教史家・思想家］は次のように言っている。

植民地をもたない国家は必然的に、社会主義や金持ちと貧乏人の戦争に陥ることになる。優秀な人種による下等な人種の国の征服、そして統治のためにその国に進出することは、何ら不当なことではない……［中略］同等な人種間の征服が非難されるべきであるのと同様に、優秀な人種による下等な人種の再生は人類の摂理である。わが国の民衆男性のほとんどは地位を下げられた貴族であり、その大きな手は農奴の道具よりも剣を操るためのものである。［中略］その飽くことのない活動を、中国のような外国からの征服を求める国に傾けなさい。［中略］それぞれが役割を演じるだろう。自然は労働者の人種を作った。それはすばらしい手先の器用さをもつが、ほとんど尊厳の感情をもたない中国人という人種である。［中略］公正に彼らを統治せよ［中略］彼らは満足するだろう。大地で働く人種はニグロである。彼らに親切で人間的に接すれば、すべてがうまくいくだろう。指導者と兵士の人種、それはヨーロッパ人種である。[21]

こうした試みは、単にヨーロッパの支配に客観性を与えようという努力にすぎないが、学界が自ら定めた目的でもある。パリ人類学会はその人類学学院とともに、一八五九年から旧パリ民族学会を引き継いだ。ポール・ブロカが創立したパリ人類学会は、一八六〇年代から一八七〇年代に新たな探検によって得た知識や科学、現地住民の管理のために必要なものすべてをまとめるようになった。会員には、民族誌学者・旅行者のアルマン・ド・キャトルファージュ、統計学・人口統計学者のルイ・ベルティヨン、そして一八七九年に入会したギュスターヴ・ル・ボンがいた。ル・ボンはアジアとアフリカをほぼ一〇年にわたって旅した後、骨相学（頭蓋測定学）の概論を公表し、「脳の体積の変動ならびに、その知能との関係についての法則」を提案し、そのなかで中国人、ニューカレドニア人、ヨーロッパ人の頭蓋の計測を比較した。

こうした議論は左翼、自由主義者、急進派の人々、さらに一八七一年以降にはフランスの第三共和政の知の基盤をなすすべてのものを巻き込んだが、[22]白色人種の優越性を証明するというよりは、他文明への白人の介入を正当化するためのものだった。人種間関係の問題は将来を見据えた問題だった。つまり、一八五九年のチャールズ・ダーウィンの『種の起源』出版後、人種とはあらゆる生物種に共通の適応法則に従う文化的属性であり、白色人種は人種の進化を遂行できるだろうという考え方が——とりわけハーバート・スペンサーなど——生まれた。プランテーション社会におけるニグロ人種の改良の問題が、学界と政界の両方で論じられ続けた。たとえばフランスでは、一八七五年、「植民地における労働体制」について裁定を下すために設置された国会委員会が、自分のための労働をニグロに定着させる問題を取り上げ、「自由労働」の限界に言及した。

労働の道徳的義務が〝いまだに十分なレベルにない〟クレオール住民は、あらゆる強制手段を放棄すれば、それを怠惰の奨励とみなすのではないかと懸念すべきではないだろうか。[23]

しかも、科学的パラダイムに基づいた政治思想や、国家とその「自然な」運命という幻想は、少しずつ自由主義思想にも入り込んでいった。自由主義は、かつては新たな事業の参入に完全に開かれた世界というヴィジョンをもっていたが、植民地化によって旨みのある市場を保護するという考えに傾いていった。フランスでは、自由主義経済学者ポール・ルロワ＝ボーリューが、植民地化によって経済を支える必要性についての説得を試みていた。[24] 一八七四年の著作で、一八八二年に再版された『近代諸国民による植民地化について』で、彼は「拡張論（théorie des débouchés）」を展開した。

植民地化は国民の拡大力である。それは空間を通しての国民の拡張であり、増殖である。その国民の言語、習慣、思想、法に、世界あるいは広範囲の世界が服従することである。植民地化する国民は、自らの偉大さの基盤を未来に投影する国民である。

この植民地化への欲動――男性の性行動とまでは言わないにしても、自然な繁殖を装うイメージ――への無意識な共鳴は当時、頻繁に見られた。その一例として、ルロワ=ボーリューは、一八七九年にアフリカのヴィジョンについてこう語っている。

アフリカ大陸はヨーロッパに捧げられている［中略］人は住んでいても、最も豊かな国々と競うためにヨーロッパの技術、公平さ、管理を待つばかりである資源をその胎内に秘めている、まだ処女地のような大陸である。[25]

国家間の競争において、そして投資利益のためにまもなく明らかになったのは、アフリカに対するヨーロッパ諸国の欲望を調整し、主要当事国の間で調整する必要性だった。こうして、一八八三年二月、ビスマルクはジュール・フェリー率いるフランス政府に、先の普仏戦争の恨みは脇において、ベルリンの外交会議に参加するよう呼びかけた。その時の理由は、「どんな文明国も、まだアフリカを征服していないのだから[26]」というものだった。

ベルリン会議（一八八五年）

現代の視点から見ると、遠方の大国たちが、支配する前に「アフリカ分割」を決めるために集まることは非常識に思えるかもしれない。時に誇張した見方もされるが、ドナウ川の交通に関する一八七八年の、コンゴ川の交通に関する一八八五年の二つのベルリン会議が、ヨーロッパとアメリカの資本主義の拡張において、重要な段階の始まりを告げる諸協定を設けることに寄与したことは間違いない。

この会議で重要な役割を演ずるイデオロギーの筋立ては、一八七〇年代全体を通じて仕組まれていた。それは、一八七六年にブリュッセルで開催された地理会議における、ベルギー王レオポルド二世の開幕演説に、とりわけ明白に表れている。王は、「まだ文明が入り込んでいない、われわれの地球の唯一の地域に文明を浸透させ、そこの全住民をおおう暗黒を突き破ることを目指す広範な運動」を開始し、「それは、あえていえば、進歩の世紀にふさわしい十字軍[27]」であると主張した。

この新たな十字軍についての書類を準備する任務、とりわけヨーロッパ諸国の計画の間の仲裁を準備する任務を負ったのは学会、とくに地理学会である。ポルトガルでは、コンゴ地域におけるポルトガルの影響力を地図で表すために、一八七五年にリスボン地理学会が設立された。ベルギーでは、コンゴ支配に備えて、一八八二年にブリュッセル人類学会が誕生する。先のブリュッセルの地理会議をきっかけに、レオポルド二世は国際アフリカ協会（ＡＩＡ）を創設した。その目的は、次のようなものだ。

アフリカの未知の地域を科学的に探検し、アフリカ内陸部に文明を浸透させる道を拓くことを容易にし、アフリカにおける黒人奴隷貿易をなくすための手段を探求する。[28]

ヨーロッパならびにアフリカにおいて、ヨーロッパの大国間を調整する外交首脳会談であるベルリンの二つの「会議」でも、同じ論理が優勢だった。その論理は四つの大原則に基づいている。

第一に、ヨーロッパにおける新国家の誕生とオーストリア＝ハンガリー帝国の再編の後、ヨーロッパ諸国の関係を再構築する必要があったことだ。ドナウ川の航行を調整するための一八七八年のベルリン会議は、とりわけバルカン半島の秩序の確立を目指すものだった。オスマン帝国から解放されることになるスラブ民族の運命は、オーストリア＝ハンガリー帝国への同化だった。ドイツはオーストリア＝ハンガリー帝国と同様、この会議で自分たちの国の優位性の原則と「同化の義務」を導入した。たとえば、モンテネグロ人や南スラブ人に対するハンガリー人の優位性である。[29]人種の原則に大きく依拠する国家は、ヨーロッパ内外で生存圏を要求するにいたった。それは、数年後にエルンスト・ハッセが「人種の健全なエゴイズムが、外国の土地にわれわれの国境標柱を立てることを、われわれに命じている」[30]と表現していることにも見られる。

第二に、商業活動の前提かつ必要条件である、様々な市場への資源の自由な輸送が、この「ベルリン会議の」イデオロギーでは自然な権利とされた。というのも、「国民の拡張力」に頼るイデオロギーだからだ。そのため、一八一五年のウィーン会議後に制定されたドナウ川の自由航行、一八八五年に決定されたコンゴ川とニジェール川の自由航行は、ヨーロッパ諸国の交渉の要点だった。こうした自由航行は、必ずしも経済的議論として主張されたのではなく、近代の十字軍を正当化し、三つのC（キリスト教化christianisation、商業commerce、文明civilisation）という英語の謳い文句を唱える、（宗教、商業、人の）自由のための闘いの原則として主張された。奴隷制に反対する「十字軍」は、コンゴ川河口地域におけるイギリスの航行を認める、一八八三年のポルトガル＝イギリス間の協定に異議を唱える形で形成された。イギリス奴隷制廃止協会を引き継いだ「イギリスおよび海外反奴隷制協会（ＢＦＡＳＳ）」は、同協定はポルトガルに対するイギリスの奴隷制廃止主義の敗北であり、政府はあまりに「軟弱」、つまり違法奴隷貿易に対してあまりに甘いとして、同協定に反対していた[31]。他方で、フランスとドイツは、一八七一年の普仏戦争の怨恨にもかかわらず、自国をその地方から遠ざけるイギリス＝ポルトガル協定に抗議するため、協力することに成功する。そのため、ベルリン会議の交渉は「倫理問題」を扱う一面をもち、現地住民を酷使する目的でアルコールを販売することをすべての当事国に禁じる合意に導いた。

第三の原則として、一五世紀のインドにおける競争と同様に、ベルリン会議の交渉の真の目的はヨーロッパ大国間の影響のおよぶ範囲の境界を決めることだった。再びキリスト教の十字軍に準拠して、大国たちは三つの点で合意した。一つ目は新たな〝無主地（テラ・ヌリウス）〟の原則、すなわち、すでにヨーロッパのある国の影響下にある地域は奪取できないということだ。逆に、支配されていないことを証明できるすべての地域は支配することができる。このやり方で、ベルリン会議の勝者レオポルド二世は、コンゴ川流域の大部分に「中立の地」を主張することができた。その地は、レオポルド二世が責任を負う「コンゴ自由国」になり、後にベルギーの植民地になった。[32]「文明大国」の支配あるいは影響力を確立することは、交渉の過程で非常に重要なことだった。二つ目は、最高の論拠であり続ける前歴である。それは、リスボン地理学会がアンゴラや南コンゴに関して優位性を持ち出し、ポルトガル以外のヨーロッパ諸国にその地域を狙うことを禁止した「歴史的権利」の概念である。三つ目は〝後背地（ヒンターランド）〟で、沿岸地帯や港を支配する国がその内陸部も支配できるというものだ。

ベルリン会議の第四の原則、かつヨーロッパ諸国の新十字軍の最後の側面は、その無限性である。征服の正当化がニグロの文明化の試みにある限りは、ニグロはますます文明化できないものになる。植民地主義者の言い分では、ニグロは文明の地平から今もますます遠ざかっているため、当然ながら同化し続けなければならないことになる。一八八五年のベルリン会議の直後に出版された『ブラザの探検』のなかで、E・ジェナンはこう言っている。

西アフリカの住民は無知で迷信深く、彼らの間にコミュニケーションもつながりもなく、統治状態も悪く、こう言わずにはおれないが、まもなく文明の道に入るよう促されているとは思えない。野蛮さから脱出させるための今日までの努力は無益だった。［中略］ニグロはこれまで生きてきたように生きたいのだ。白人が求め、厳しい労働によって手に入れる高価な物、快適さ、繊細な喜びなど意に介さない。彼らの喧嘩好き、作物を盗む本能、言いがかりをつける傾向、生まれつきの怠惰と言わないまでも、その無精さは、白人の影響に対しておそらく永久に反抗させ、あらゆる進歩を不可能にするだろう。[33]

一八八五年、フランスの『ル・ムーヴマン・ジオグラフィック』誌では、「ニグロの主な性質は、大きな子どもの性質である。彼らはお人好しで、のんきで、怠惰で、狂気じみた陽気さをもち、お祭りや音楽、踊りに夢中になる」と書かれている。このニグロの子どもっぽい性質のために、ヨーロッパ人は何世紀もの間、黒人奴隷売買をしてきたアラブ人の暴虐から彼らを救わざるをえないという。ヨーロッパの十字軍の正当性を下院議員に納得させたいジュール・フェリー（フランスの首相）にとって、それは「高等人種」に課せられた「下等人種を文明化する義務」だった。後の一九〇八年にコンゴ自由国がベルギー領コンゴになったとき、ベルギーの司教会議は「慈愛の集団的行動」と表現している[34]。

このように、ベルリン会議の大原則は、ヨーロッパ封建制の想像の世界に範をとるものだ。十字軍の世界、そしてアーリア民族の首長の子孫である「キリスト教の野蛮な王たち」――中世にヨーロッパに拡大した――の世界である。革命前の、あるいは国家ができる前の想像世界は、古臭い集団の子孫の秩序しか知らない。つまり、征服者の経済のために作られる新領地の境界が、競争によって決定される秩序だ。この野蛮な想像世界と産業資本主義の結びつき――国家の枠組みがその一貫性を保障する――が、世界規模の莫大な投資活動に号令をかける。世界中で新たなプランテーション、新たな植民地、新たな生産が生み出され、それに産業技術の発達が拍車をかける。したがって、奴隷制と奴隷貿易の制度が消滅したにもかかわらず、労働者を移動させ、労働を強制するためにこれまで以上に暴力を行使しなければならなくなった。こうして、「人種の科学」が統治の重要なテコになり、世界中に広がるシステムとなる。住民を増やす、働かせる、移住させるといった必要に応じて、入植者とプロレタリアートと半奴隷の間の細かい差異を操作する植民地政策を発展させることができるようになったのだ。

第11章　人種の統治（一八八五〜一九一五年）

ベルリン会議とともに、アフリカだけでなく、アジアやアメリカでも、プランテーションと鉱山開発の大きなうねりは、暴力の再燃を伴った。そうした意味で、新方式のプランテーションは経済制度としての奴隷制を復活させた。この制度は、住民のなかから就労可能な人を奪い取ることにより、その労働が本来向けられるべき社会のための労働を「解放し」、その労働を移動させ、プランテーションのために完全に使えるようにする。同様に、人種論は土地の奪取や、ときには土地をだまし取られた住民の皆殺しを正当化する。ヨーロッパ諸国が乗り出した植民地計画において、実用的かつ理論的な知識として確立された人種が、空間支配の政策を司る。もはや、大西洋経済のときのように白人とニグロを区別するだけではなく、労働を組織し、住民を統治し、領土を支配するためのすべての〝要素〟を有するのだ。とりわけ、それまで人種は農園主や所有者、資本家の問題だったが、組織立った植民地化は上流階級だけでなく、ヨーロッパ人とアメリカ人すべてを白人優位の物語に引き込むことになる。

ネオプランテーション（一八八五～一九一〇年）

ウィーン会議は、ヨーロッパ諸国間の競争を収束させて調整する枠組みを提供し、第二次産業革命期の資本主義ゲームをスタートさせた。その頃には、熱帯の商品や第一次産品の生産への投資において、国際的な株式会社が先頭に立っていた。その結果、一八八五年以降、ヨーロッパで工業生産が進展するのと同時に、プランテーション経済は新たな空間と新たな市場を獲得していった。プランテーションの数や耕作面積の増加、作物の多様化が同時に進んだ。

コーヒー豆の生産はブラジルで爆発的に増大し、サンパウロ地域の内陸部や、メキシコからコロンビアにかけての中央アメリカの平地地帯にも広がった。カリブ海地域では、一八九九年創立のバナナ生産会社で、後にアメリカ合衆国の帝国主義のシンボルとなる〈ユナイテッド・フルーツ・カンパニー〉が、カリブ海の島々と中央アメリカのカリブ海側（カカオ生産はトニリダード、バナナ生産はジャマイカ）に飛び地的に進出し、鉄道と港という自前の輸送手段をもっていた。メキシコでは、ユカタン半島でのサイザル麻（エネケン）といった、産業の需要に応じた様々な生産を多数の国際企業が発展させていた。また、ブラジルのアマゾン盆地では、ゴムのブームが新たな企業を引き寄せた。西アフリカでは、落花生や他の油性植物のプランテーションが発展を続けており、そこにカカオやコーヒー豆、綿も加わった。アフリカ大陸全体で、ヨーロッパ諸国の植民地化が新たな作物の生産をもたらしたり、促進したりした。

ラテンアメリカでは、大規模生産のために外国資本を招致する政策をとる、「促進者（ファシリテーター）」の政府が生まれた〈メキシコのポルフィリオ・ディアス大統領や、奴隷制廃止直後の一八八九年に建国宣言したブラジル共和制〉。ヨーロッパ諸国では、産業の支配階級が、植民地の直接統治政策によって政府自らが投資するよう組織的に圧力をかけていた。フランスでは、一八九二年に創立された植民地党を名乗るグループがこうした政策を支持し、一八九四年からは新設の植民地省が植民地政策を司るようになった。フランスは一八八七年にインドシナを、一八九〇年にマダガスカルを植民地化した。同じ頃に、ポルトガルはモザンビークとアンゴラを植民地にした。ドイツでは、ビスマルクが一八八九年にアフリカの植民地化政策を放棄したが、汎ゲルマン主義の全ドイツ連盟は一八九四年に、カメルーン、トーゴ、タンザニア、ナミビア、さらに太平洋のカロリン諸島の植民地化を前提にした〈大ドイツ〉計画を掲げていた。一八九五年、南アフリカの金鉱開発に関連した証券危機によって、第二次ボーア戦争が勃発すると、オレンジ自由国とトランスヴァール共和国がイギリスに併合され、ボーア人〈ブール人〉は虐殺されたり強制収容所に送られたりした。この併合は、一九一〇年に南アフリカ連邦を創立することになる南アフリカ法［一九〇九年南アフリカ連邦憲法］の下地となった。こうした植民地化の新方式は、ヨーロッパの大国だけでなく、アメリカ合衆国によるハワイとプエルトリコの一八九八年の併合、日本の台湾（一八九五年）や朝鮮（一九一〇年）の併合にも見られる。

このような新たな生産地への大規模な投資活動は、当然ながら膨大な労働力の増強を必要とする。多くの場合は、再び奴隷売買を実施しなければならなかったが、より一般的にいえば、強制か否かにかかわらず、労働力人口を移動させなければならなかった。前者の場合は、強制に必要な暴力はほとんど人種体制（registre racial）から引き出される。しかし、労働力を必要とする地域が、自発的あるいは少なくとも自らの意志による移民の確保を期待できるときは、暴力的なやり方は必ずしも必要ではない。実際、当時のブラジルからインドネシアまでの様々な移民政策の形を述べるなら、労働者の肌の色やいわゆる人種は、決定的な基準ではなかったことがわかる。資本家はまず、労働市場の制御という観点で思考する。たとえば、ブラジルでは、サンパウロのコーヒー豆プランテーションで奴隷労働を補充し、後に入れ替えるため、〝ファゼンデイロ〟と呼ばれる大農園主たちが、中国人やインド人の〔移民会社や受け入れ国に〕「支援された」移民の促進に興味をもった。こうした移民の流れが発生しないか、あるいは促進されない場合は、より伝統的な方法——強制的な募集や移送、あるいは生産地を労働力の豊富な場所に移す——に頼らなければならなかった。

この時代、インド洋地域のモザンビークとマダガスカルの間では、新たな奴隷貿易が出現した。[1]また、一八八五年頃にはサントメ・プリンシペで、「自由な」西アフリカ人（シエラレオネ、リベリア、ダホメ王国〔現ベナン〕、アンゴラ）や中国人が雇用された。実質的には強制された「自由な労働者」あるいは〝苦力（クーリー）〟の売買は、最も人口の多い地域で継続された。中国では、二〇世紀初めから「移民会社」が作られていた。たとえば、フランシス・ヴェッチ〔フランスの外交官・実業家〕の会社は当時、上海のフランス領事だったポール・クローデル〔作家〕の保護のもとで、一九〇一年に中国人労働者をレユニオン島に輸出した。[2]中国は、五〇人ずつのグループで計八〇〇人を島の主な農園主の土地に送り出した。イギリス人は、マレーシアのプランテーションに中国人労働者を連れてくるために、「クレジット・チケット制度」を作った。これは、労働者を集めるブローカーが労働者の将来の給与に相当する渡航費を前払いする（別の言い方をすれば、労働者を雇用者に売り、労働者はその借金を抱える）制度だ。これにより、中国人労働者は数年で、マレーシア人口の半分を占めるにいたった。これと同様のカンガニー制度（プランテーションの現場監督官によるインドでの人員募集）も、ビルマやセイロン［現スリランカ］の農園に労働力を供給した。[3] まずは中国人、後にはインド人も、イギリス領、オランダ領、フランス領のアンティル諸島に輸送された。エリゼ・ルクリュ［フランスの地理学者・アナーキスト］は、こうした「移民」について一八八二年にこのように記述している。

まず、移民の流れの大部分は、まったく自発的なものではなく、多かれ少なかれ偽装された奴隷貿易にすぎない。商業都市の路上で様々な口実で勧誘されたり、沿岸部で誘拐されたりした何百人という不幸な人たちは、夜陰にまぎれて船に載せられ、船倉に監禁され、アンティル諸島やギアナやペルーの農園主のもとに「自由意志による年季契約の労働者」として届けられるのだ。[4]

雇用契約を交わしていても、こうした強制移民たちは、奴隷の社会・経済的状況における「自由意志の年季奉公」に近い。労働者を出身地から引き離すことは、奴隷制と同様に、彼らの労働をプランテーションのために「解放する」ことに寄与する。年季奉公人は、通常六年間の労働によって渡航費用を雇用者に返済しなければならない。多くの者は疲弊のため現地で死亡するが、なかには現地に定住するようになる者や、無一文で祖国に戻ったものの元の共同体で居場所を見つけられない者もいる。しかし、強制による長距離の人の移動は、採算が合わないことがやがて明らかになる。強制された新たな生活環境に適応できない、あるいは反抗する年季奉公人が多くなると、地域内の奴隷貿易が長距離の年季奉公制度を補完するようになる。こうして、一九〇五年以降、インドネシアにおけるオランダの植民地政策（*Kolonisatie*）により、何万人というジャワ人がスマトラ島に送られた。[5]同様に、解放奴隷の子孫であるイギリス領アンティル諸島の住民たちは、中央アメリカに大量に移住させられて、アメリカ合衆国の果物会社に雇用された。

労働者の強制移住は、生産力の維持や新たな生産地の拡大だけでなく、新たな産業技術によって可能になった、生産の集中化にも関わりがある。フランス領アンティル諸島の砂糖生産では、工場（伝統的な風車や窯から、蒸気による蒸留工場に切り替えられた）が一般化して、一八八〇年代以降に伝統的プランテーションに完全にとって代わり、その結果、サトウキビの作付面積が増加し、わずかな製造所に砂糖生産が集中するようになった。そこから土地、経済、労働市場の構造が変化した。こうした生産システムの変化はサイザル麻やコーヒーでも同様で、より少ない人数の安定した熟練工ならびに、常により遠くに移動する季節労働者に頼らなくてはならない。このように、多数のドイツ企業がコーヒー豆プランテーションを設けたグアテマラの沿岸平地では、主に混血の職工長が収穫のために、高地に逃げたインディアン住民を暴力によって連行したため、インディアンは自分たちの生活の糧のための耕作を放棄しなければならなかった。こうした住民の不当徴用は、人種主義的な侮辱を伴う。それなしでは不可能だからだろう。人種の経済的機能が最も顕著なのは、こうした状況においてである。侮蔑や恐怖といったやり口で行使され、維持された人種主義的暴力は、こうした生産形態に構造的なものだ。[6]実際、ユカタン半島のやや内陸部に住むインディアンたちが、一九世紀の最後の二五年間のサイザル麻プランテーション時代を「奴隷制」とみなしているのは間違いではない。[7]

新たな植民地では、行政府の役割は、まさに労働力の調整と必要な移住を保障することだった。プランテーションの労働力は、生産の組織化、さらには植民地の管理のための最重要課題だった。新しいプランテーションが設置された場所ならどこでも、労働者を連れてきて定住させる。したがって、奴隷売買と強制居住の両方の政策がとられた。たとえば、アルジェリアでは一八八一年、フランス政府が「現地民」の往来を規制した。山岳地帯の季節労働者には旅行許可証を発行し、平地のアルジェリア人にはそこに定住させるため旅行許可を発行しなかった。[8]

労働者を移動させるだけでなく働かせるための、仲介人や職工長や行政官らによる身体的暴力は、国家の暴力に依拠していた。［フランスでは］「現地民法典」が新たな植民地化に付随した。一八八一年以降、コーチシナ［現ベトナム南部］とアルジェリア（一九二七年まで）ならびに、一八八七年以降はヌーヴェル・カレドニーでも、植民地行政府はインフラ工事の強制労働のために、現地民の労働力を使用することを許可されていた。[9] セネガルのようなフランスの古くからの植民地では、住民は市民身分（statut personnel）を放棄せねばならず、その代わりに「現地民」というカテゴリーが作られた。一八九〇年には、ポルトガルも新植民地のモザンビークとアンゴラで現地民身分の制度を直接適用している。この制度は、まず、現地民に貨幣経済に参加すること――つまり、給与と引き換えに働くこと――を強制するために、通貨による税制を強制するものだ。そして、より露骨なのは、ポルトガル政府は現地民に強制的な「自分のための労働」を強いたことだ。たとえば一八九九年の法律には、「ポルトガル植民地のあらゆる健康な現地民は、この法律により、労働によって自分の生計の維持に必要なものを確保し、自らの社会環境を暫時向上させる道義的かつ法的義務を負うものとする」[10]と明記されている。雇用されるより他に選択肢のない現地民は、こき使われるようになった。アメリカにおける解放奴隷の放浪に対する弾圧とまったく同様に、強制移住、現地民の労働義務は、警察や本国政府の官吏によって合法的に強制されたが、現地民の労働を利用する所有者、商人、職人などあらゆる入植者による日常的な市民の暴力にも引き継がれた。

こうした強制労働の暴力に、植民地戦争における恐怖の特殊な利用も加わる。植民地戦争については、以前から歴史家によって集められた過剰なほどの証言がある。とりわけマダガスカルやコンゴの戦争は、その残虐さでよく知られている。次の文章は、一八九九年のフランス軍によるチャド征服についてのポール・ヴィニェ［政治家・作家］の証言である。

［一月八日から九日にかけての夜］パトロール隊は村々に近づいて、刀剣類をもって村を奪い取り、抵抗する者をすべて殺し、捕まえた住民を連行し、家畜の群れを奪わなければならない。九日の朝、この現地踏査は牛二五〇頭、羊五〇〇頭、馬二八頭と捕虜八〇人を連れてキャンプに戻る。狙撃兵数人が負傷した。ヴレ隊長は「見せしめ」のために、乳房にすがりついた乳幼児を連れた二〇人ほどの母親を選び、キャンプから数百メートルの場所で槍で殺させた。それらの死体は、セ［ニジェール南西部の町］の司令官によって発見された[11]。

入植者が絶えず人間の命の価値を否定しようとするこうした一般的な風潮は、強制労働の環境にも反映された。ベルギー王レオポルド二世治世下のコンゴ地域のゴム栽培は、一八九〇年代に数百万人の労働者を死に至らしめたとされる、大規模な虐待[12]の口実になっていた。同じ時代のセイロンの〝苦力（クーリー）〟の死亡率も、奴隷制のような労働環境が復活したプランテーションで働くために、大陸から連れてこられたタミル人労働者に課された劣悪な扱いを証明している。[13]輸送時の劣悪な環境――とくにコレラやマラリアや窮乏――を生き延びたとしても、〝苦力（クーリー）〟は「水道も窓も便所もない狭い家に住まわされ、朝六時前に太鼓の音で起こされる。夜明けに冷たい米の食事を飲み込んだ後、点呼に集まる。そこで、それぞれのグループはその日の作業を割り当てられる。午後のさぼりを避けるために、ほとんど休憩はない。女たちは乳児を同行し、子どもは八歳から働いた[14]」。

暴力があらゆる植民地空間の社会関係を支配するなか、一八世紀のカリブ海地域のプランテーションにおける「ニグロ化」に似た仕組みが働き始める。ニグロ化は、植民地秩序の同語反復的正当化になるのである。現地民はまず法律によって、共通の人間性（ユマニテ）から排除される。一九世紀から二〇世紀に変わる時期に制定された現地民法は、現地民の市民性へのアクセスを不可能にする役割をもっていた。現地人はたいがい「帝国の臣民」であり、ヨーロッパの「国籍」を有している。しかし、植民地化の存在理由が彼らの文明化であるために、彼らは決して〝市民権（キウィタス）〟――市民性ならびにそれに伴う権利――を得ることはない。白人による彼らの文明化は、まさに大西洋地域のプランテーションのニグロが常にニグロ化される必要があったように、終わりのないプロセスであり、決して完了することはない。ポルトガル領のアフリカでは、現地民は〝類似した〟（*assimilado*）地位を目指さねばならなかった。文明化された白人のよいマナーを身につけられなければ、市民権を要求することはできないのだ。ところが、植民地化が進むにつれて、現地民たちは文明からますます遠いものとみなされた。彼らは暴力を振るわれれば振るわれるほど、野蛮人にされることが必要となる。そして、必要なら彼らを再び野蛮化する。たとえば、フランス植民地帝国で現地民を学校に入れると、教育当局は教師たちに、現地民の子どもを「小さなニグロ」と呼ぶように奨励した。

新たな植民地の開発の一部は、別のタイプの労働に依拠した。移民入植者の労働だ。開拓者、開墾者、あるいは分益小作農である、多少とも自発的な移民は、「自分のための労働者」の主役である。自分の意思と努力で旅するのだから、彼らを移動させる必要も、無理やり働かせる必要もない。彼らは自分で自分を律する。プランテーションの所有者や植民地行政府と同様に、彼らは自分の生産と富を増やす目的で、自ら熱心に、ときには家族全員も巻き込んで働く。一九世紀初めに奴隷制廃止の兆しが見えてくるとすぐに、ヨーロッパ人移民に頼ることが代替案となった。ヨーロッパ移民は商業目的のみのプランテーションの労働を補完できるだろうし、アメリカの若い国々に、ヨーロッパへの依存から脱するべき食糧自給をもたらしてくれるはずだと期待された。しかも、自分のための労働のほうが採算性が高いというリベラルな考え方が、次第に植民地に定着していった。たとえば、キューバでは、奴隷制の砂糖プランテーションの隣に、スペイン人が小規模所有地でタバコを生産できる「スペイン人農民」の移民を組織した。ブラジルでも一八八〇年代から、奴隷労働力や国内奴隷売買が不足してくると、コーヒー豆の新興実業家たちは、プランテーションの分益小作制度の一種である〝コロナートゥス制〟のヨーロッパ人移民に期待をかけるようになった。この労働形態は必ずしも所有地の獲得にはつながらないが、少なくとも家長である移民の計画、および生産を強化するために彼に

「従属する人」（妻、子ども、兄弟姉妹、親）を動員する能力を期待できるのだ。一八九〇年代に、コーヒー栽培の開拓前線が内陸部に向かった時期、ヨーロッパの「家族」の移民希望は高く、サンパウロ州では、ヨーロッパから来る移民に資金を援助して調整する政策がとられた。こうした移民は、南ヨーロッパの田舎の過剰人口から賄われた。同じ方式で、土地の一角を開拓者に与えることによって、コスタリカのコーヒー生産も拡大した。[15] 当然ながら、開拓の前線となった地域や入植による植民地では、「親族の」労働者は植民地社会に同化された。いずれにせよ、多少とも所有者で、多少とも「国民」である彼らは、植民地国家への貢献に対してある種の感謝を期待することができたのだ。後に、二〇世紀の民主主義制度の建設において彼らが重要になることがわかってくるだろう。

とはいっても、プランテーションの生産モデルは、柔軟な農業労働力や生産量の変化に応じた労働力の蓄えなくしては成り立たない。奴隷制に特有の労働市場、すなわち労働を常にすぐに利用できる労働市場を、農園主に有利なように再建しなければならない。どこの農園主も奴隷制廃止後の移行の課題をよく察知し、「束縛された賃金労働者」という形態の労働供給を維持しようとした。この言葉は、フランス人経済学者ヤン・ムリエ・ブタンが、奴隷制後に現れた〝混合契約〟（提携［実態は農園定住の低賃金労働者］、日雇い労働者、定住させられた賃金労働者、クレジット・チケット制など）と名づけたものだ。[16]

したがって、入植者の移住に加えてプランテーション地域でとられた移民政策は、十分な数の移動可能な日雇い労働者を引き寄せることだった。ヨーロッパ人が「家族そろって」移民したがっても、世界の他の地域から労働者を連れてくる動きを妨げることはなかった。こうして、中国人労働者はブラジルのコーヒー生産の有力者から切望されるようになった。[17] 人生の失敗を乗り越えるため、より快適な気候の恩恵にあずかるため、家族から逃げるため、など様々な理由から自発的にブラジルにやってくるヨーロッパ人は、こうした不安定な労働者の予備軍を形成した。この種の労働市場では、白い肌の色やそれに割り当てられる特性（規律、自分のための労働、率先と革新の精神）はすべて消え去る可能性があった。たとえば、ハワイでは、プランテーションにポルトガル人を雇い、彼らを「コーカソイドだが、白人ではない」という人種カテゴリーに入れた。[18]

プランテーションの拡大により、新たな区別が必要になってくる。人々の移動は別の混合や祖国喪失を招くのだ。こうした新たな土地では、いくつかの住民増加方式が、分益小作農、プロレタリアート、奴隷または疑似奴隷といった異なる住民の身分と組み合わさっていた。とりわけ、大規模な開墾政策がとられた南アフリカなどのイギリスの植民地ではそうだったし、コスタリカやブラジルの新たなコーヒー豆栽培の地方もそうである。同様に、ドイツのいくつかの植民地でも、ドイツ人入植者の受け入れとともに、生産地（ナミビア、カメルーン）への住民移動や半奴隷売買が行われた。こうした状況においては、市民と非市民、親族と非親族、半奴隷とプロレタリアートの間の象徴的境界はよりあいまいになり、覆される可能性が出てくる。したがって、労働力政策は一般的に、個々のカテゴリーに応じた労働の調整を維持し、植民地社会での役割を各人に振り分けるような新たな民法を伴った。

たとえば、アメリカ諸国の独立過程で付与された政治的権利に対する制限は、各地で見ることができる。コロンビア、メキシコ、ブラジルの各共和国では、すでに実施されているのでなければ、納税額による制限選挙を導入した。これは「非識字者、放浪者、召使い」（もちろん女性も）を排除する、すなわち実質的に所有権を拠り所にできない人々すべてを排除することを意味する。南北戦争後のアメリカ合衆国のように、より平等な社会制度をもつ政治体制では、解放奴隷が世代交代した一八九〇年代に、南部のいくつかの州で、黒人と白人の間の境界を再構築する州法が現れた。そして一八九六年には、ルイジアナ州の列車内での人種差別が訴えられた裁判で、合衆国最高裁判所が有名な「プレッシー対ファーガソン」判決を下し、人種隔離策を合憲と認める「分離すれど平等」の見解を承認した[19]。

白人がニグロと結びつくことのタブーは、一九〇五年のドイツ植民地における異なる人種間の結婚を禁止する政令などにも見られる。こうした措置は、現地女性を他者のため（非白人の夫のため、あるいは白人男性のため）の労働者の役割に限定し、入植者男性は再生産［生殖］のためには白人女性に頼らなければならないと指示している。白人女性はまだ市民性の下に位置し（イギリス人女性ですら、市民の身分を得るのは一八八二年以降である）[20]、彼女らの再生産の役割は人種の境界を維持すること、つまり、非白人の男性が「親族」の地位にアクセスするのを妨げることであった。ただし、このドイツの政令は、ドイツ植民地のポーランド人には適用されていないことに注目すべきだろう。第二級市民であるポーランド人には、子どもを養うために働いても、植民地社会で「親族」になる役割は必ずしも与えられないとみなされていた。植民地ではどこでも、武器携帯を白人に限定するなど、様々な制限が「自由人」を区別するのに使われていた。

人種政策

一世紀前に大西洋地域の支配階級によって作り上げられ、一九世紀半ばには征服の原則に格上げされたニグロと白人の境界は、アフリカやアジアでの植民地拡大においても、アメリカ諸国の政府においても、もはや資源、労働、住民の管理にとって十分ではなくなっていた。人種は、暴力の機能に加え、もはや単に労働者と所有者を区別する目的ではなく、植民地戦略に付随するあらゆる状況を合理化する目的をもっていた。そのため、人種の科学は植民地統治のための科学となった。つまり、植民地生産のための土地と住民の管理を担うのである。フランスの新植民地マダガスカルで、一八九六年から一九〇五年に総督だったジョゼフ・ガリエニ陸軍中尉が実験した[21]、彼の言うところの「人種政策」はとりわけ、現地に本国の法律を適用してフランス帝国に新市民を同化することを避けるため、現地の政治や支配された住民をそのまま引継ぐことにある。しかし、そのためには、植民地化する側が、ヨーロッパの国民国家を手本とする論理に従って、民族・人種集団とそれぞれに対応する領域を特定しなければならない。ところが、その分類を提案する植民地行政府のために働く専門家である「民族学者」の支援をもってしても、その識別は多くの場合困難だった。よって、実際には、生産と土地占有の必要に応じた実用主義的な解釈に頼ることになった。イギリス人によってよく練り上げられた実践に従いつつ、人種や民族別に人口調査された住民は、植民地統治に都合のいいように区切った土地に恣意的に振り分けられたのだ。

「人種政策」は白人の周りに象徴的な要塞を築きながら、土地と労働の両方の管理を同時に提案する。中央アメリカの小さな植民地ベリーズでは、人口調査の結果、次のような人種カテゴリーに分類された。〝アングロ〟〔イギリス人〕、〝アフリカ人〟、〝インディアン〟、〝スペイン人〟、〝カリブ族〟、〝シリア人〟〔実際は多くはレバノン人移民〕、〝中国人〟、〝苦力（クーリー）〟だ。[22] フランス領西アフリカ（AOF）でも、総督ウィリアム・メルロ＝ポンティにより、一九〇九年から「人種政策」が一般化された。[23] その政策はイギリス植民地の「間接統治」の原則に追随するものだ。このような植民地管理の最も悲劇的な結果を招いた事例の一つは、ベルギー領コンゴである。ベルギー人統治者たちは同地のドイツの政策を継承し、ツチ族（昔の貴族階級）をニグロとはまったく無関係なセム民族に近い民族として分類し、バントゥー系人種に連なるフツ族と対比して、「自然な指導者」であるべきだとした。植民地帝国による二つの民族集団の対立あるいは競争は、一九九四年のルワンダ大虐殺につながる推進力の端緒となった。「アビシニア人」〔エチオピア人〕と「バントゥー族」という民族名による区別は、植民地化する側が服従させたい労働形態に応じて個人を分類することにあった。人種を正当化するものは、振る舞いや文化あるいは容貌の多少とも気まぐれな解釈ではなく、植民地体制における個人とその労働の地位だった。こうして、「アビシニア人」は主人の人種――とはいえ、ヨーロッパの植民地計画に奉仕するのだが――に結びつけられ、バントゥー族は奴隷という構図、つまり植民地の必要に応じて移動し利用されうる労働者の地位に追いやられたのだ。

一九一〇年、南アフリカはイギリスの支配下に入り、ボーア人（アフリカーナ）の植民地、イギリス人の植民地、さらに「カフラリア（バントゥー系民族の居住地。この語のアラビア語の語源は奴隷供給地を想起させる)」「カフィル(アラビア語で不信心者を意味する)の土地」を統合した。こうして、バントゥー系民族である「現地民」は土地の権利を奪われ、ウィットウォーターズランドの金やダイヤモンドの鉱山で労働を強いられた。労働は人種カテゴリーに応じて組織された。ボーア人やイギリス人といった白人は監督の職務を任され、非熟練職は「カラード」に割り当てられた。ここでも、生産増により中国人の年季奉公人が必要になる。貧しいボーア人たちは次第に鉱山地帯に流れ、プロレタリアートを形成した。それでも、彼らは同じ労働でも、黒人に少ない賃金を強制する規律「カラーバー」［人種割り当て］の恩恵を受けることができ、白人専用の熟練職を保ち続けた。

一八九〇年時点で、奴隷制が「文明化の義務」に切り替わってから四〇年以上経っている。ところが、まるで歴史の流れが逆流したかのように、人々は「アフリカのニグロ」のことを、「野蛮な食人習慣から数世代しか経っていない」という。白人がいるだけで、植民地支配された人々やアメリカの黒人に、労働の倫理的義務を植えつけることができるという楽観的な考え方は、労働を力で強制せざるをえないという絶え間ない必要から、大いに疑問視された。そのうえ、「白人の存在」は、いくつかの支配地域では多くの「白人」個人――家族、農民、商人――の定住として具現化するのだが、彼らは自分たちの生活の糧のために闘いながら、植民地事業の暴力を時には苦労して引き継いでいく。植民地化への奉仕でありながらも自分自身のために、彼らは自分たちのなかから植民地的暴力の原動力を汲み出さなければならない。しかし、彼らはヨーロッパの十字軍イデオロギーの弱みでもある。植民地支配された住民との近さ、彼ら自身の植民地のトラウマ体験は、いつ何時「白人の虚構」の矛盾を暴露させるかもしれないのだ。なぜなら、人種の「自然さ」は、現実の日常的な人間関係に抗しにくいからだ。したがって、彼らに対してと同時に、いつか彼らにとって代わるかもしれない本国の人たち、つまり「白い」民族に対して、植民地主義者が着手したイデオロギー征服の矛先が向けられるようになる。そして、白人を通して、人種の虚構は集団的無意識に長く根を下ろすのである。

白人優位の物語を強化する

一九世紀末の植民地世界は、「白人の虚構」とその自然な優位性が最も攻撃されると同時に最も必要とされ、そのイデオロギーの勢いがおそらく最も明白だった空間だろう。ヨーロッパの植民地計画の困難さを理解するには、一八九九年に出版されたジョセフ・コンラッドの小説『ロード・ジム』の同名の主人公を引き合いに出すだけでいい。高等な人種を特徴づけるとされる、征服者としての男らしさの価値に触発されて熱狂するこの主人公は、征服事業の小農園主あるいは偽のヒーローである現実の白人男性だ。だが、すぐに自分のありふれた凡庸さに直面し、自分が横奪の手先にすぎないという苦い自覚に陥る。後にアルベール・メンミ［チュニジア人作家］は『植民者のポートレート』[24]で以上のように分析している。やがて、ヨーロッパ植民地の労働者である「白人貧困層」は、精神的に支えられなければならない弱い人間であることが明らかになる。

円滑に植民地事業を運営したい本国政府にとってみれば、家長であり自分のための労働者である男性が、彼の使命と支配的な社会的地位に安心し、落ち着けるようにしなければならない。それは、植民地特有のものである混乱に満ちた経験のなかで、生産者である親族の特権の享受——男らしさの確立を通して――を取り戻させることである。そのためには、「同じ人種の女性の視線」に支えられなければならない。[25]この言葉をもって、イギリス帝国は、白人入植者と現地女性の婚姻を避け、現地の内縁の妻との自堕落な生活を断念し、白人女性との結婚を優遇するように、という通達をエジプトで出したのである。[26]

いずれにしろ、白人女性の役割は、親族の再生産に関して与えられた責任という点でしか、現地女性と区別されなかった。ギュスターヴ・ル・ボンが中心となって、一八八五年までパリ人類学会で実施された研究においては、人種ヒエラルキーの証明の土台になった頭蓋の測定は、各人種内における男性と女性の頭蓋に認められた違いに基づいていた。つまり、ル・ボンの計算では、黄色人種や黒色人種に対する白人の優位性は、白人男性の頭蓋が妻のそれより体積が大きいという事実――他の人種の男性と女性の個人の間では差異が認められない――によって示された。[27]別の言い方をすれば、白人の優位性とは白人〝男性〟の優位性なのである。

白人女性の役割は重要で、結婚によって血統を白人男性に保障する役割とともに、視線によって白人男性の男らしさを取り戻させることにある。この役割を除けば、白人女性の運命は、植民地にいる非白人女性とそう変わらないものになる。たとえば、イギリスの植民地エジプトで実施された女性解放奴隷に関する政策は、本国の独身女性に対するものと同じだった。〈イギリスおよび海外反奴隷制協会（ＢＦＡＳＳ）〉は、徹底した解放政策をとる前に、エジプトのハーレムの女性奴隷を予防策なしに解放すれば、彼女らは「ハーレムの保護から〝東洋の都市〟の誘惑に陥り、最も卑しむべき悲惨な状態、あるいは最悪の場合は悪徳に陥るだろう」と考え、〝解放された女性の家〟（*Home freed women*）

という施設を設置しようとした。この施設は、「改心した売春婦、貧窮者、未婚の母、反抗的な若い女性」を収容する施設をモデルにしたものだ。[28] こうした施設はイギリスでもエジプトでも、女性たちに「必然的に同じ職業——召使い——を学ばせつつ、道徳的に改めさせる」[29] という目的をもっていた。このことは、女性の飼い慣らし、つまり女性を白人男性の〝家〟（ドムス）に同化した召使いにすることを目指す植民地政策が、どれほど売春婦——男性が部分的、一時的にしかコントロールできないセクシュアリティ——の体現する脅威に対抗することを目指すものだったかを如実に示している。まさに、白人男性の「自然な欲求」がほとばしる世界である植民地世界では、白人男性の地位はとりわけ、厳密には〝家〟（ドムス）に同化されないあらゆるセクシュアリティによって脅かされる。その脅威とはまず女性のセクシュアリティであり、もっと悪いのは女性の自立の可能性だ。同時期に、本国でもまさにこの道徳秩序への懸念が頂点に達していた。その一方で、ヒステリー、ニンフォマニア［色情狂］、同性愛が精神医学の調査や警察の弾圧・捜査手法の主な分野になった。

なぜなら、白人男性による支配の争点は、もはやプランテーション地域の支配階級やその代理人だけでなく、膨大な植民地事業の入植者、代表者、役人、兵士を供給するべきヨーロッパやアメリカの社会全体に関係するからだ。しかも植民地体験の増加は、植民地を支配する側のヨーロッパ・アメリカ社会内でその体験の伝播を生じさせ、それと同時に「白人の虚構」の必要性も喚起する。ヨーロッパでは、政府が大衆教育を通して促進する人種説に広く熱心な支持が集まるようになった。フランス第三共和政下の教科書（一八七七年以降に出版された有名な『二人の子どもによるフランス一周（Le Tour de la France par deux enfants）』は、第一次大戦前までに七〇〇万部以上売れた）による教育は、その一例だ。アメリカ合衆国でも、進化論を人間社会のダイナミズムに結びつけるハーバート・スペンサー［イギリスの哲学者・社会学者］の著作が、一八八〇年代から一八九〇年代に爆発的に売れた。こうして、生物の種の進化を司る「生命のための闘い」は、「人種の闘い」ともみなされた。そこでは最も強い者が最も弱い者を支配し、弱い者は自然淘汰されるのである。

人種主義のイデオロギーはアメリカでも発達し、ネオプランテーションという時代背景のもと、とりわけ移民政策の影響に直面した国々の政治形成に示唆を与えた。むしろ、その政治形成に付き添ったといった方がいい。白人の入植は実際、国家を論じる多くの思想家にとって、奴隷制と植民地の過去に染まりすぎた国民を再生するための僥倖となったのだ。こうして、アメリカ諸国のナショナリストのイデオロギーは、ヨーロッパ移民によって「白くなった」国を賛美するために、インディアンやアフリカの名残りを最大限に排除することを目指した。コロンビアでは、一八九一年にラファエル・ヌニェス大統領が、国民の「再生」を理論化した。その再生とは、独立のためにクレオールがスペイン人に抗して闘い、先祖であるスペイン人の「恩を忘れた」ことにより弱体化した白人の権威を復活させることによって、可能になるという。[30] 白人の権威は、白人（キリスト教徒）と他の人種（偶像崇拝者のインディアン）の混血によって改善された国民に対して行使されなくてはならないのである。当然ながら、この国民は不平等である。無知で愚かな大衆は、「国家の利益」のために、白人かつカトリック教徒かつ西洋の支配階級に導かれなくてはならない。この考え方からすれば、フランス革命とその「ユートピア」や最初の憲法で提案された普通選挙は間違いだったのだ。「下等な人種」は、「束の間のもや」のように消失する運命にあるのだという。[32]

納税額による制限選挙制度の確立を正当化するこうした論理は、チリやポルフィリオ・ディアスが大統領を務めたメキシコなど、他の国の指導者の口にもそのまま上った。ブラジルでも同様に、初期のナショナリストが唱えた「白人化」政策は、黒人を消滅させることを目指していた。国勢調査の責任者によれば、ブラジルは白くなるのだから、一九〇〇年以降は黒人の人口調査を行う必要はなくなるだろうとみなされた。隣のアルゼンチンの手法では、実際に黒人住民がまったく見えなくなって、混血も最終的に「白くなった」と想像することもできた。こうした言説はもちろん、アメリカ諸国の経済的・社会的現実を反映するものではない。黒人は〝ファゼンダ〟［大農園］やプランテーションで働き続け、鉄道や港湾地区の労働者でもあり、コーヒー豆や綿花のための開拓の前線で開墾し、都市部の家内労働雇用のほとんどを占めていた。しかし、アメリカ諸国で発展しつつあった様々な科学――統計学、人口統計学、医学、新設された法学部のなかの政治学――は、いずれも白人国家、あるいは少なくともできる限り白い国家のユートピアに貢献した。ブラジル北東部のように、黒人や混血が非常に多い地方では、支配階級はアフリカの要素を「排除する」[33]ためにますます強力な混血促進策を提案し、南東部のヨーロッパ移民が最も多かった地方では、医学者たちはアメリカ合衆国のように人種隔離政策を推奨した。[34]

各国で課題は異なるが、国家イデオロギーと人種政策のカテゴリーが同時に発展した一連のネオプランテーションにおいては、大西洋の両側でイデオロギーの重要な一致が見られる。アメリカ諸国では、新設された大学の医学部や法学部で教育を受け、国の経済計画（工業化や輸出向け農業への外国投資）を政治面で担う新たな知識人の支配階級が、白人による支配ならびに「国内」の植民地化の過程に基づいた不平等な人種の序列を作り上げるために、国家のイメージを拠り所とした。この国内の植民地化は、ヨーロッパ諸国による植民地化と同じイデオロギーの原動力に依拠している。黒人やインディアンは、政治的権利を獲得するためにまず読み書きを教わる必要があるが、彼らは「読み書きを教わるべき」人の身分に常にとどめおかれているのだ。ヨーロッパでは、労働者から貴族までを「国民」に含めていても、国家のイメージは、ヨーロッパ人が他の民族を支配することを想定した不平等な人種の序列の上に成り立っている。いずれにしろ、白人の優位性が国家計画の中心にあり、その考え方を国民全体に受け入れさせねばならないのだ。

国家の退廃と純粋さの間にある国家身体

人種と国家（ネーション）の思想を通じて、植民地のイデオロギーを育むメタファーは、常に自然界に由来する。このようなアプローチは、植民地化とヨーロッパ帝国主義の拡大という時代背景において、国家を、生物体と同じ法則に従う「身体」にすることに寄与した。人間科学は一八世紀末の出現以来、医学的実験において重要な部分を占めるようになった。一九世紀の最後の四半世紀には、国家身体が医学によって身体として扱われうるという考え方が、最大の人気を博した。人類の退廃という言葉は、異なる人種や国民を特徴づけるのに使われたが、それらの再生を目指すことにも利用された。そのため、医師たちは政府の政策全般に貢献したわけだ。とりわけ第三共和政のフランスでは、公教育が国家身体の道徳的再生を担った一方で、スポーツの大衆化政策も大いに発展した。これは、ヨーロッパやアメリカ合衆国で実践され、スポーツ連盟の創立、地方レベルの競技会開催、体操・ボート競技・サッカーなどのクラブの設立が同時に進展した。「強い母親は強い国民をつくる」という原則に基づいて、国民の身体能力を向上させるために、スポーツは女性にも開かれた（たとえば、フランスの全国体操連盟は、創立から二〇年後の一九〇〇年に初めて女子部門を設置した）[35]。

国家身体のパフォーマンス向上は、公衆衛生政策、とりわけ都市部における衛生政策の中心となり、過密状態、住宅の不衛生、栄養失調に関係するウイルスや細菌性の疫病と闘い防止することを目指した。最も大きな発展を遂げた産業都市の浄化も、アメリカでは、文字通りの意味でも比喩的な意味でも「白くすること」によって行われた。一九〇四年にリオデジャネイロのペレイラ・パソス市長が取り組んだ、市街地を刷新して「黒さ」を駆逐するための事業は、公衆衛生キャンペーン――より正確にいえば強制的な予防接種（このため、二〇世紀最大とされる都市反乱が起き、「ワクチン反乱」の名で知られる）――とともに、「アフリカ人」を根絶させるための中心街の丘陵地［貧民窟］の破壊によって行われた[36]。

人間科学はこうした視点から、政府の施策の原則を提供しなければならない。それが、フランス第三共和政における人類学会の役割だった[37]。そこには第二世代の学者が集まったが、時には大きく立場を異にし、論争のもとにもなった。たとえば、一八八五年に会員として迎えられたハイチの学者ジョセフ・アンテノール・フィルマンは、『人種の平等についてのエッセイ』のなかで、二〇年前に出版されたゴビノーの著作に答える形で自説を主張した。人口統計学者のルイ・ベルティヨンの二人の息子も、この学会のメンバーだった。長男のジャック・ベルティヨンは人口統計学と統計学の研究を続け、フランスのプロシアに対する復讐を可能にする多産奨励政策をとる必要性の証明に関わった。弟のアルフォンスは、父の後押しでパリ警視庁に職を得て、犯罪容疑者の写真を徹底して収集することにより、表現型に基づいて個人を特定する最初の分類システムを作り出した。このシステムは、警察による犯罪者の識別に利用され、また人類学的測定のおかげで「リスクのある」表現型を探知する目的でも作成された。同時期にブラジルでは、バイーア州の医学者ライムンド・ニナ・ロドリゲスが、犯罪者の行動や精神錯乱の疫学のなかに人種の要素を探ろうとした。黒人の犯罪や精神錯乱の傾向は、黒色人種の退廃に原因があり、生理学的性質をもっていると彼は考えた。また、黒人の犯罪においては人種の影響によるある種の無責任さがあり、それを考慮に入れるために、ブラジルの刑法制度を再考する必要があるとした。

医師が病人の身体にするように、科学が国家の身体を捉えることは、おびただしい数の実験の実施、そして、人種の概念に疑問を投げかけざるをえないような新たな発見につながる。人間の行動の生理学的性質を研究すれば、別の仮説が学者の間で少しずつ頭角を現してくる。それは、社会的仮説である。ギュスターヴ・ル・ボンのたどった道は、一八九〇年代の人間科学によって始まった基本的理論が急変する前兆である。ル・ボンは、植民地の医師としてキャリアをスタートし、パリ人類学会よりも数年早く、骨相学（頭蓋の測定による）の研究から白人の優位性を擁護した。しかし、一八八八年には人種という仮説とその分類の妥当性を否定して、人類学会を脱会した。

肌の色や髪の色のみに基づいた分類は、たとえば黒い犬、白い犬、赤い犬、毛の縮れた犬などと犬を区別するような、毛の色や形によって犬を分けることによる分類よりも価値があるとはいえない。[38]

一八九五年に出版した『群衆心理』――同時期に社会学を提唱したエミール・デュルケムに称賛された――のなかで、ル・ボンは集団的、社会的心理を強調する根拠を、人間の行動の生物学的原因に求めることを拒んだ。その考えは同時代に、無意識が個人の行動を決定するとしたジグムント・フロイトの仮説に連なるものだ。フロイトが神経症の治療法のために医学、とりわけ薬局方を放棄し、無意識のメカニズムを明らかにしたように、ブラジルの黒人精神科医ジュリアノ・モレイラは、ニナ・ロドリゲスの想定した人種の影響に初めて反論した人の一人である。モレイラは、最も先進的な精神病施術――一九〇〇年からリオデジャネイロの自ら指揮する国立精神病院で、病理に応じた各専門科の設置、社会復帰の技術、作業療法、制度的な精神療法により開発されたあらゆるアプローチなど――を採用した。

「白人の秩序」を多少とも直接的に脅かす社会生活の領域――つまり、精神錯乱、アルコール中毒、犯罪、女性や同性愛者のセクシュアリティ、人種分類――を網羅しつつ、学界は「白人の虚構」に対して重大な疑問を呈するようになった。「白人の秩序」の直接の出身者でない立場にあった学者（ユダヤ人、同性愛者、黒人）の役割は、その意味では模範的だった。逆に、人種の序列のために社会的地位の高い学者は、人種イデオロギーの態度を固持し、ある種の〝否認〟の立場に落ち着いた。この学界の分裂は、たとえば一八九九年から一九〇六年の間、フランス世論を二分したドレフュス事件の時期に明確になった。パリ人類学会内でも、伝統的なイデオロギーの対立に応じて意見が分かれた。たとえば、多産を奨励する人口統計学者と犯罪学のベルティヨン兄弟は、当然ながらドレフュスに反対する立場だった。しかも、検察側から証言を要請されたアルフォンス・ベルティヨンは、ドレフュスをかの有名な明細書（主要な犯罪証拠品とされたが、後に偽物と判明）の作成者として認証する専門家鑑定を提出した。明らかに矛盾した論理に基づいており、学界からも猛反発を受けた彼の解釈は、ベルティヨンの同僚にさえ「ばかげている」と評された。

人種論の根拠の欠如を批判する明白な事実や証拠が山積しているにもかかわらず、教育を受けた階級や学者が実際には、ヨーロッパやアメリカの支配集団と一体となったかのように、非合理的な態度をとったことは理解しがたい。一時的に反ユダヤ主義のもとで歩調をそろえた他の多数の人と今や共有されたベルティヨンの否認は、同年にウィリアム・E・B・デュボイスによって完璧に分析された現象によってしか説明できない。デュボイスは、アメリカ合衆国の南北戦争後における黒人知識人の第一世代である。彼は一九〇三年出版の著作『黒人のたましい』のなかで、合衆国の社会を縦断する「カラー・ライン」を描写している。その線の上に、黒人の上に白人が被せた「ベール」が広がっており、その分断する「ベール」が、まるで黒人が社会に個人として存在しないかのように見えなくしているとした。

人種的偏見とその論理的無意味さを批判したのは、デュボイスだけではない。二〇世紀初めのヨーロッパの植民地であれ、本国であれ、あるいはアメリカ諸国であれ、人種主義に疑問を投げかけようと意見を述べた多数の男女の発言者、多数の出版物は、社会関係や文化現象、無意識の存在の役割を明らかにする人間科学の絶え間ない進歩とともにあった。植民地主義の大義に端を発する人類学も、民族誌学の経験が積み重ねられ、創造的な研究が進むにつれて、少しずつ解放されていった。研究者たちの軌跡は、ギュスターヴ・ル・ボンのように、人種問題についてコペルニクス的転回の段階を示した。一九一〇年に、リュシアン・レヴィ＝ブリュールは『未開社会の思惟』を出版したが、それは一〇年後には『未開の心性（La mentalité primitive）』になり、キャリアの最後には文化や人種の序列の原則をすべて放棄するにいたった。一九一一年に、アメリカ合衆国の人類学者フランツ・ボアズは、類似したタイトルの『未開人の心性（The Mind of Primitive Man）』を出版した。彼は長い間、エスキモーの人々のもとに滞在した後、人種の問題と文化の問題を区別することを提案し、その序列の原則に反対し、あらゆる文化は歴史的構築の成果であるとした。同年に、ボアズはロンドンで開催された第一回人種会議で、人種は存在しないという結論の開幕講演を行った。

しかしながら、二〇世紀初頭は、すべての大陸で人種による秩序と植民地主義の強化が目立った時期であることに変わりはない。人種という概念の根拠となる否認は、多くの活動家、知識人、学者によって暴露されようとも、勢いが衰えるにはほど遠かった。反対に、ヨーロッパやアメリカの国民や学界の議論は、ますます分裂していった。アジアやアフリカで植民地化が継続され、進展していくなかで、ドレフュス事件の際にフランスで生じたような世論の分裂は、ヨーロッパ全体で何度もくり返され、結果的に国民の熱狂を煽った。しかし、人種主義論と植民地の利益への大衆的な賛同――支配階級はそれを促した――は、ある国の勢力が他の国の勢力と衝突するという危険なゲームに与することになった。モロッコで、フランス植民地の利害がドイツのそれと衝突し、一九一四年の危機を予兆する第二次モロッコ事件が勃発したのは、一九一一年だった。最初の「大戦」である「全面戦争」、第一次世界大戦はそのうえ、人種を群衆のイデオロギーにするという結果を招くのである。

第12章　妄想、悪魔、民主主義（一九二〇〜一九五〇年）

現地民は、彼らだけに任せると、たいていは自分が消費するのに必要なものだけを生産する。たとえば、アルジェリアでは、ほとんどの輸入品はヨーロッパ人によってもたらされる。現地民が無為に過ごす間、ヨーロッパ人は自分やみんなのために富を創り出す。

レオン・アルシャンボー
『最も偉大なるフランス（La Plus Grande France）』
パリ、アシェット社、一九二八年

政治権力を築くため、国家というぼろぎれを振りかざすヨーロッパやアメリカの支配階級は、自らの成功の犠牲者になる。ともに生まれともに育った自由な同胞として集まった白人たち――その勢力は、自分たちの間の競争によってしか制限されない――は、ついに殺し合いをするに至る。「白人の虚構」は二重の結果をもたらした。一つは、国力の恩恵にあずかろうと考える大衆の大部分を支配階級のもとに団結させたこと。もう一つは、世界中で非白人を支配し、その支配自体が国家間の競争を招いたことだ。

世界大戦が西洋社会にもたらした大きな影響は、今でも歴史家によって分析され続けているが、「全面戦争」という表現はその特徴をよく表しており、その結果もたらされた大変動を説明している。戦争自体が、何百万人という市民や世界経済全体を巻き込むマスのプロセスであるうえに、関係する全地域の市民社会全体に、「ニグロと白人の虚構」を拡大させた。人種が大衆的な概念になり、国民感情に長期的に結びつくようになったのは、戦争を経てからである。人種という概念が可能にする否認の態度は、感覚喪失や［戦場の］塹壕の暴力のトラウマと結びつき、病的で死をもたらす過剰な行為――それは、われわれの社会に今も重くのしかかる人道に対する罪に導いた――の起因となる増幅効果をもたらした。「白人の虚構」の熱狂を撲滅するにはほど遠かった第一次世界大戦が、白人政府の利用した人種主義の勢いを復活させたのだ。そうした政府は、自ら育てた大衆の狂気をたれ流しにする未熟な魔法使いのようなものだ。とりわけ一九二〇年代末の危機は、植民地の白人の妄想と、国内のナショナリズムすなわちファシズムの妄想という二つの妄想を結びつけた。しかも、白人の虚構の基盤である人種は、植民地であれ、本国であれ、プランテーションあるいは工業都市においてであれ、現役の経済制度でもあり続けたのである。実際、人の大量移住、民間人の喪失、そして住民を増やすべき新たな領土獲得により、第一次大戦はあらゆる地域で労働市場の地図を書き換え、そうして生産を再編するために暴力に頼り続けた。

第一次世界大戦後の人口調整

「全面戦争」の特徴は、多くの点で一九一四年から一九一八年の戦争の人口学的、社会学的影響の説明となる。まず、兵士に多数の死亡者と重傷者が出たことが、戦後のヨーロッパの就労人口と出生率に明らかな影響を与えた。多数の女性が労働市場に流れたが、生産の需要を満たすには不十分だった。しかも、中流・上流階級を中心とした女性の就業が進み、サービスや家内労働の新たな需要を生み出した。戦後の平和条約やヴェルサイユ条約は、結果的に植民地および各国の領土の再編を促し、一九三〇年代末まで住民の大移動を引き起こした。こうした変化によって、労働市場と人の移住の流れが変わった。[1] 新たな流れ、新たな目的地を目指す移住、これまでとは違うやり方で構成された労働市場（とりわけ女性の労働）への新たな移動が起きた。

このように、ヴェルサイユ条約後の移住は、ヨーロッパの国民国家の再編だけでなく、工場労働や都市労働の市場の需要にも関わりがあった。植民地帝国や新たな国々では、植民地の労働者の「購入」や、植民地からヨーロッパへの管理された移住、都市への国内移住が組み合わさっていた。たとえば、ヨーロッパからアメリカへの大量移民の流れは、戦争のため突然止まった。イタリア人は、ブエノスアイレスやニューヨークに行くことをやめた。結果的に、一九一六年から一九二〇年に、アメリカ合衆国南部の黒人たちの北部工業都市への移住が盛んになった。[2] ブラジルでも同じ現象が見られ、ヨーロッパからの移民が止まったことで、プランテーションのある田園地帯から、リオデジャネイロやサンパウロへの移住が促進された。全体的に見て、国内外あるいは大陸内外の住民を最も引きつけたのは工業都市である。しかし、プランテーション地域――とりわけ後見人が変わった（敗戦国の植民地は、戦勝国に振り分けられた）ところ――の発展の妨げにはならなかった。したがって、住民と労働の変化に対応するため、人種の概念が再活性化される中心的な場所になったのは、大都市とネオプランテーションの二つだった。

都市――人種と近代化

戦後の大都市における「狂乱の時代（レザネ・フォル）」には、近代化の後押しもあり、プランテーション地域から多数の人々が都市に流れ込んだ。元日雇い労働者、元兵士、避難民らが流入した都市の大衆的な地区における出生率の再上昇は、人口増加の原動力となった。アメリカ諸国の都市や植民地の中心都市に黒人人口が集中し、社会的、文化的、政治的影響を与えた。アメリカ全体で、プランテーションの習慣と様々な都市の伝統を混合したブラスバンドやパレードといった、後に世界に大きな影響を与えるようになる大衆文化を形成した。ルイジアナやシカゴ、ニューヨークのブルースとジャズ、リオのサンバ、ハバナやメキシコシティのソン、パリのアンティル諸島起源のビギンなどだ。〝ルヴュ・ネーグル〟と呼ばれたショーで、ジョセフィン・ベイカーはパリのナイトライフのスターになった。

一九二四年、〈ル・バル・ネーグル〉という名のキャバレーが、パリ一四区のブロメ通りにオープンした。そこは移住してきたアンティル諸島の人々のたまり場だったが、「ニグロ的」なものに魅了されたモンパルナスの文化的アヴァンギャルドたち――ダダイストや将来のシュルレアリスト――も通った。「ネーグル」という言葉は、アフリカやアフロアメリカンの音楽、ダンス、彫刻などを示す流行語になった。リオデジャネイロの周辺部には、バイーア州の黒人家族たちが住み着くようになり、カーニバルを再興した。港の近くの〝ファヴェーラ〟［スラム街］で作曲された最初のサンバは、コパカバーナの白人地区のスタジオで録音された。

しかし、二〇世紀の音楽や造形美術文化のほぼすべての源泉となったこうした熱狂も、都市社会の大鍋に黒人や植民地の現地人をそれほど同化させたわけではない。彼らが自由労働者、都市住民としてやってきて、みなと同じように雇用や住居を探し、近代的な都市が約束する教育・医療サービスへのアクセスを願っても、黒人とその他の住民を分離する社会的距離は、それまで以上に越えがたいものだったようだ。たとえば、シカゴやデトロイトでは、黒人は〝メルティングポット〟の一部にはなれなかった[3]。事実、ニグロとの接近を恐れる白人たちの不安は、黒人地区の周囲に自発的に境界線を引くには十分な理由だった。シカゴのプロモーターや不動産業者の団体などの不動産市場の組織は、周囲の不動産価格の低下を防ぐために〝ブラックベルト〟の範囲を抑えようとした。賃貸住宅の不動産業者の地図上に、赤いラインで区切られた地区では、住民の密集度は他の三倍にもなり、まもなく市のサービスは他の三分の一になった[4]。人種的偏見のため、黒人がこの地区の外で住居を買ったり借りたりすることはほとんど不可能になった。過密化と不衛生、失業率、不安定労働、教育・医療水準の低さ、そしてしばらくすると犯罪率の高さがゲットーの扉を完全に閉じた。

伝染病を食い止め、予防接種をして隔離する。アメリカの大都市のお偉方たちは、国家身体を守るのと同じ取り組み方で都市社会の身体を扱った。できる限り純粋で、健康で、白くなければならないというわけだ。ブラジルでは一九二二年、大都市になりつつあったサンパウロで、前衛派のアーティストたち（全員が白人）が「モダン・アート・ウィーク」を祝い、国民文化のアフリカ的要素に初めて言及し、リオデジャネイロでは独立一〇〇周年を祝う祝賀行事が催された。政府は、この機会に国の文明化された面を見せようと、〝ファヴェーラ〟や〝コルティソ〟（最も貧しい住民を詰め込む、非常に安い集合住宅）の中心地の浄化を含めた大規模な改造工事を始めた。工業化された世界のどこでも、公衆衛生の原則に基づいた都市の近代化政策が一つの専門分野となり、メキシコシティ、シカゴ、サンパウロ、ブエノスアイレスなどの大都市に次々と広まった。その頃には、「優生学」という言葉で表現された「白人化」政策が、都市住民の管理に適用されていた。それは、当時の生物学の新たな発見によると、人種を向上させるために個人を選別し、「文明の代理人」でない分子を排除することである。

一九二〇年代の都市政策と政府が、一般的に社会身体［社会を一つの身体と捉える］の近代化を目指したとしても、現実はまだまだ奴隷に頼らざるをえなかった。都市部では、上り坂にある中流階級、新たな労働者ブルジョワ、中流の下の階級といった、支配階級より数の多い人々が召使いの主な雇用主だった。しかも、就労者のほぼ三分の一を雇用する製造業は、不安定な労働者の予備軍に頼っており、工場主は労働組合の圧力から逃れるために彼らを採用した。行商、靴磨き、仕立て人といった何百という小さなサービス業も、アメリカの黒人に収入をもたらした。サンパウロでは、開発されたばかりの高級分譲地の脇にある都市の隙間――浸水の恐れがある川岸など――に黒人が暮らすことが容認された。近代的生活の条件を満たしてくれる料理人、乳母、召使い、運転手、庭師などが必要だからだ。

したがって、社会の都市化は大きなアンビバレンス（両義性）を引き起こした。都市化は、混血や文化的・社会的混合性を前提とする、民主化と総体的な生活水準の向上に貢献する一方、黒人や先住民、植民地の現地民などの都市住民が［他の住民と］物理的に共存し、経済に参加し、これまでにないほど工業都市の支配社会に文化的に貢献しながらも、彼らを「ベールの向こう」にとどめておくのだ。エキゾチックな魅惑をかき立てようが、正面から排除されようが、彼らは完全な他者化（altérisation）の対象であり続けた。人種が、街に親しまれる地位――召使いという地位――を彼らに与える役割をしたのだ。

一九二〇年代にフランスで起きた、後述する「アンティル人女中事件」は、このアンビバレンスの一例だ[6]。当時、ヨーロッパの使用人は、とくに需要の高い分野だった。実際、使用人の雇用は他の雇用と同様に、戦争による人口減少に影響を受けただけでなく、製造業やサービス業の労働への女性の進出も、主婦の代わりに家事労働をする使用人の需要を高めた。フランスにおける使用人の雇用の危機（総数で二〇％減）は、労働者や農民の若い娘たちが別の展望のために使用人になりたがらなくなった、という事実から説明できる。一九二六年、ブルジョワ階級では「専門性のない使用人、何でもしてくれる女中が見つからない。今では、ほどほどに報酬を支払われても、だれもやりたがらない職業だ」[7]とこぼす声があった。

労働力の女性化は当時、一定数の女性にとってはもう後戻りできない社会的進歩とみなされ、荒廃したヨーロッパでは、その同じ女性たちに課せられた出産の義務は放棄せず、さらに推進すべきと考えられていた。解放された女性でフェミニストの実業家カミーユ・バロフィは、次のように述べた。「母親たちは疲れ切っている。すでにいる子どもを育てるのにこんなに苦労しているのに、どうやってまた赤ん坊を産めと頼めるだろうか。だから、出生率の危機を脱したいなら、フランスの母親たちを助けなければならない」。白人女性は〝家〟から逃げたくても、白人の社会秩序における出産の役割を放棄するつもりはない。その役割が彼女の社会的地位における優位性の根幹だからだ。そのため、白人女性の解放を保障するためには、親族でない「奴隷」の女性が必要なのだ。

弁護士であり、弁護士会に選任された最初の女性の一人であるカミーユ・バロフィは、一九二二年に「植民地の使用人の活動」という協会の創設に乗り出した。この協会は、労働による女性解放を支えることと、国が女性に望む出産努力を助けるという、二重の問題の解決を可能にするものだった。この協会はアンティル諸島の植民地に目を向けた。そこでなら、「フランスで訓練すれば、何にでも少しは知識をもった料理人や小間使いになるような、何でもする女中」を容易に見つけられるだろうと考えたのだ。国の女性解放の要求に応えるために、奴隷解放論にもかかわらず、ニグロの虚構がそのまま魔法のように現れたのだ。しかも、カミーユ・バロフィは「魂がまっさらな、素朴で無邪気で忠実な黒人女性を深く愛している」という。協会の事務局長のレノー陸軍少佐にとっては、「女ニグロは、その意思に反してでも手元におかねばならない、後見すべき子どものようなものだ」。彼は、アンティル人たちは、奴隷制と多くの結合（混血）のおかげでフランス人という人種に近づいており、「アンティル諸島の黒人たちは一八世紀の伝統を守っているから、それを忘れず、しかも学ぶ能力がある」と考えていた。反対にスーダン人たちは、まだ「初期の段階にいて、野蛮からほとんど抜け出していないが、アンティルの黒人たちは、われわれの社会・家庭生活に入ってわれわれの非常に貴重な補佐になれるだろう[8]」と評した。

アンティル諸島の女性たちを白人家庭の使用人として雇用することは、すでに試験済みだった。たとえばカナダでは、一九一〇年から一九一一年にフランス系カナダ人が、グアドループの女性を輸入し、月五ドルで働かせていた。当時、白人の使用人の相場は一二ドルから一五ドルだった。ちなみに、カミーユ・バロフィは自分の協会のプロモーションをした際に、フランスでは「ムラート女性」を奴隷として使っている家庭があることを知った。ムラート女性たちは一生、賃金をもらわずに働き、「愛情という報酬のみを受けていた」。こうした行き過ぎと区別するために、カミーユ・バロフィの協会は、三年間の契約を基本にした斡旋所のようになっていく。しかし、やがて植民地における年季奉公人の斡旋人のようなやり口に堕落していった。つまり、女中たちは、輸送中の船上で契約書に署名するよう強制され、雇い主のところにとどまるよう「強いられ」、職場を離れたいと言ったために殴られたと訴える者もいた。協会が広告キャンペーンを打ったとき、この「事件」を新聞が暴露した。新聞では、マルチニックの女中の到着は「黒い災禍」と表現され、家内労働者組合の怒りを爆発させた。アンティル諸島の女中の賃金は、フランス人女中の六分の一（一ヶ月最低二五〇フランに対して四〇フラン）だったからだ。結局、四一五人足らずのマルチニック人を採用した後、協会は活動を停止した。しかし、この事業はまもなく、同協会以外に模倣されるようになる。プロヴァンス地方では、「インドシナ・ボーイ」を連れてくるための斡旋所が開かれた。

ブラジルやメキシコでは、インディアン居住地や旧プランテーション地域、[9]あるいはフィリピン――世界中の家事雇用の大規模な予備軍を供給する――から「女中」が雇われ続けるなか、マルチニック人女中の事件は、シンプルで今日でも正当な問いを投げかける。平等で民主的な社会において、だれが家事をするべきなのだろうか。

植民地

植民地の労働環境をより人間的なものにするという、第一次大戦後の各政府による一定の政策意思にもかかわらず、その労働はますます厳しさを増した。とりわけゴム生産のためのパラゴムノキ（ラテックス）など、新たな産業のために生産する地域ではそうだった。戦争による中断があったとはいえ、二〇年の間に植民地システムは成熟し、戦時中に人や資源の供給が危機に陥ったまさにそのとき、システムの利点が明らかになった。

しかも、第一に、大西洋経済の時代からあるような植民地生産は、奴隷貿易と強制労働に固有の暴力の経験を積み重ねながら持続し、拡大した。最も伝統的なプランテーション制度は、衰えるどころではなかった。たとえば、フランスが一八四〇年から支配したマダガスカル近くのノシ・ベ島は、一九二〇年から砂糖生産の島として開発され始めた。[10]フランスは、東南アジアでも新たなプランテーション地域を開発し、「雇用仲介人」（ベトナムでは「カイ」と呼ばれた）の供給網に頼った。プランテーションの労働者の募集に特化した移民会社のやり方は、雇用する会社に対して年季労働者の保護者としてふるまう植民地行政府からも告発された。

一九二〇年から三〇年代についていうと、たとえば一九二八年には、ポルトガル領モザンビークと南アフリカのトランスヴァールの鉱山会社との間で、年間一〇万人の労働者を供給する協定が締結された。[11] また、セイロンの〝苦力（クーリー）〟の扱いを見ると、同じ原因が同じ結果を生み出していることがわかる。〝苦力（クーリー）〟の労働環境は奴隷のそれに近い。一九一四年には「何も食べるものがない」とか、女性が強姦され、死体は肥料にするためにパラゴムノキのプランテーションの穴に捨てられた、といった告訴が記録されている。[12] こうした新しいプランテーションでの労働システムでも、工業的規模の非人間化が体系的に行われていた。「私たちの衣服は脱がされて機械で消毒され、男は胸に、女は手首に印を刻印された」。[13] 相も変わらず労働を「解放する」、すなわち労働者をその社会的存在から切り離すという考えから、雇用主は、〝苦力（クーリー）〟をその生活に必要な仕事からも「解放する」。衣服、住居、食糧といった生活手段は、別の「自由な労働者」――概してプランテーションに一緒に来る妻たちの無報酬の労働――に委ねられる。

アフリカでは、ヨーロッパ諸国、とりわけ世界大戦の戦勝国の植民地政策は、単なるプランテーション運営以上の野心的な転換を始めた。それは、一九二一年にフランスのアルベール・サロー植民地相が、自分の政策を「植民地の活用」とした表現に要約されている。フランスは一九一九年、ニジェール川流域の民間の農業事業を支援するために、ニジェール公社を創立した。河川整備と輸送のための大規模工事が、その新たな政策の特徴だ。セネガルでは、輸出を促進する道路などのインフラ工事によって落花生生産が伸長し、南部では、国がサイザル麻を生産する企業を支援した。本国政府は、こうした様々な計画を実現するために自ら強制労働に頼った。フランス領西アフリカ（ＡＯＦ）の総督ジュール・カルドは、一九二二年、暴力を正当化するためにまたしても文明化——現地民には手の届かないものになってしまった——の論理を使っている。

われわれの臣民は先祖返りの怠惰から脱し、貧窮から抜け出す真摯な意思を見せるようになったが、近代文明のペースに達するにはまだほど遠い。なかには、無為な生活のリズムを維持するのに十分なものを貯めたら、何もしなくてもいい権利をもっていると考え続ける者がいる。労働の掟からはだれも逃げられないことをわからせるようにするつもりだ[14]。

こうした工事現場の労働環境は、惨憺たるものだった。コンゴ・オセアン鉄道［コンゴのブラザヴィルと沿岸のポワントノワールを結ぶ］の工事では、とくに多くの人命が奪われ、大きな批判を浴びた。アンドレ・ジッドが一九二六年に書いた『コンゴ紀行』や、ジャーナリストのアルベール・ロンドルが一九二七年に出版した旅行記『黒檀の大地』における批判などだ。こうした大規模な工事は、大量の労働力を再び吸い上げ、そうした地域は奴隷捕獲の新たな宝庫とみなされた。フランスは、現存する奴隷制を批判しようとはしなかったのだから、なおさらだ。

黒人はみな、税金のほかに年間七日から一五日間の使役に就かなければならない。その使役に就くのは捕らえられた人たちだ。白人の法のもとでは、各人は一五日しか義務とされないが、黒人の慣習では、一五日、さらに一五日、さらに一五日……が義務となる。他の人がしないすべての仕事をすることになるのだ！　そうすれば、だれもが満足する。白人の法律は人間的であり、かつアフリカの慣習も尊重されたことになる！　軍のために募集されるのも捕虜だ！　［中略］労働者の予備軍を形成するもの捕虜だ。彼らは二年間働く。ソトゥバ運河を掘ったのは彼らだ。セネガル、スーダン、ギニア、コートジボワール、トーゴ、ダホメ［現ベナン南部］の鉄道をすでに建設し、今建設しているのも彼らだ！　コンゴ！　われわれはコンゴに着く。もうしばらくお待ちを。暑いだろうが、ただ単に暑いのではない！　彼らが受け取るお金は、首長に預ける。道路を開設したり、修復するのも捕虜だ。私を缶詰の箱と旅行鞄とともに運ぶのも捕虜だ。私の古ぼけた豚革の鞄よ、おまえはママドゥの頭の上で、大きな森を横切りながら十分に驚いただろう！　三〇キロのキャッサバ芋（マニオク）を抱え、哀れな妻たちや子どもたちをぞろぞろ連れて、文明化の工事に物資を運ぶために、何日もサバンナを歩き回るのは捕虜たちなのだ[15]！

世論の批判に加え、本国の急進社会党系の政府は、資本家の欲望に対して自らをヒューマニストに見せたいという意向から、結局は、アフリカやアジアの植民地行政府に労働法を適用させるようになった。その労働法は本国のものを真似てはいるが、強制労働（借金を負う／雇用主が自分の好きなように追加労働を要求できる）の特徴を維持したものだ[16]。しかも、フランスは、強制労働を禁止する一九三〇年のジュネーヴ条約（国際労働機関が策定）を採択しなかった。それどころか、同じ年に、不可抗力を口実にした強制労働や慣習的な労働を認める法律を制定した。

しかし、このような論理は、植民地開発において、入植政策、労働力の定着および現地での自然再生産政策などを含む他の論理と組み合わせる必要がある。植民地帝国は、プロレタリアートと奴隷労働者、あるいは疑似奴隷とを区別する方向に向かった。アルベール・サロー植民地相は、自身の植民地「活用」計画のなかで、「人種の保存」の必要性、すなわち適切な衛生施設の設置により「黒人をつくる」必要性について述べている。フランスは、軍医学を発展させ（民間医学を採用するイギリス、ベルギー、オランダとは反対に）、海外に一四のパスツール研究所を設置した。一九一九年に創設された植民地オート＝ヴォルタ〔現ブルキナファソを中心とした地域〕の例は、どのようにして様々な労働身分が不足状態に陥りうるかを示している。植民地行政府の報告書は、「それなくしてはＡＯＦの発展や本土への物資補給を決定的に危うくさせるような大工事や大計画に労働力を確保しておくにしても、人種の改善および人口増加のための支援と啓蒙の活動が不可欠である」[17]と強調している。

就労人口の各領土への振り分けと、植民地帝国同士の競争のために、本国政府は、移住（再分配）政策と現地の住民増加政策を同時に行わなければならなかった。たとえば、ＡＯＦの総督ガブリエル・アングルヴァンは、一九二一年にモシ族の地方〔現ブルキナファソ〕の活用について、次のように状況を分析している。

モシ族は、周辺地域に比べると非常に人口密度が高い。自然資源は少ない。また、住民は多少のお金を稼ぐために、黄金海岸に自分たちの奉仕を提供するよう自然に仕向けられているので、この労働力が外国の植民地よりはフランスの植民地に役立つように、できる限りのことをするのが重要だ。そのため、住民数はあまり有利でなくとも資源がより豊富な地域を開発するため、われわれは当然、モシ族の労働力に頼る権利がある。それが問題だ。[18]

アルベール・ロンドルは、この「問題」を植民地行政府がどう扱ったかを、次のように描いている。

こうして、私たちはモシ族の国、オート・ヴォルタに着いた。ここは、アフリカでも人間の宝庫として知られている。三〇〇万人のニグロがいる。みな、井戸に水を汲みにくるように人を調達しにくる。ティエス＝カイ間とカイ＝ニジェール間の鉄道敷設のときは、モシ族を使った。コートジボワールの鉄道でもモシ族を使った。木の伐採者も、ラグーンからやってきたモシ族を使った。それなのに、スーダン［仏領スーダン。現マリ］とオート・ヴォルタでは、まだ綿花が生産されていないと不思議がられているのだ！　トラック、そして蒸気ローラーだ！　一列に並んだ一〇〇〇人ほどのニグロが、大荷物を頭に載せて工事現場に行く！　コートジボワールのタフィレ鉄道のだ。七〇〇キロの道のりだ。食糧は？　神が望めば、道中で見つかる！　この一行は、工事現場に着くのに一ヶ月かかる。奴隷たちの歩みは何とおとなしいことか！　道端に残る人々がいると、すぐに隙間はふさがれる。列が詰められる。彼らをトラックで運ぶこともできるだろう。二〇日は節約できるし、きっと二〇の命を節約できるだろう。トラックを買ってタイヤをすり減らすか？　ガソリンを使うか？　金庫の金が減る！　ニグロはいつも十分にたっぷりいるのだから[19]！

こうした移動を組織するために、ＡＯＦ総督ウィリアム・メルロ＝ポンティの「人種政策」は、「有力者」［アフリカの伝統的社会の指導者］政策によって継続された。一九一九年に、フランス領スーダン（マリ）に有力者会議が設立された。フランス領スーダンは、メキシコのサイザル麻供給の危機のため、セネガル川流域（人口の少ない地域）に、サイザル麻のプランテーションの労働力を供給する準備をしなくてはならなかったのだ。この有力者政策というのは、「大物たち（ビッグメン）」――結婚そして一夫多妻制によって扶養者たちの労働や土地にアクセスできる人たち――の責任を促したり、ときにはその責任を確立することを目指していた。

だが、ニグロの家族をつくること、自由労働者を再生産し定住させることは、大西洋経済ですでに身をもって知らされたように、解決不能な矛盾だ。なぜなら、住民の定着・増加と奴隷労働は両立しないからだ。奴隷貿易末期の「出産奨励」政策のときのように、黒人を雇用する社会や経済体制のなかで、黒人が奴隷労働者――つまり非親族――のままならば、「黒人をつくる」ことは不可能だ。植民地支配者が現地民に行使する社会的・身体的・象徴的暴力によって、住民増加政策は行き詰まる。したがって、植民地の資源を開発するためには、白人の出生力に頼るしかないと考える者もいた。たとえば、一九二八年に『最も偉大なるフランス』を出版した急進党の国会議員、レオン・アルシャンボーの計画はその一例だ。同書で彼は、「フランス人農民を増やすために、われわれの植民地に住民を定着させる」必要性を説いている。

この一九三〇年代初めの植民地政策の転換は、親族と非親族の間に作られた象徴的境界から生じる暴力を復活させないわけにはいかなかった。人種の妄想の時代である。

一九三〇年代――人種主義者という群衆

一九三〇年代の西洋社会を席捲した計り知れない暴力の発生には、複数の要因がある。それらはこれまでに何度も特定され、分析されてきた。一九一四年から一九一八年の大戦によるトラウマの影響、工場労働の不条理さと様々な分野の加速（輸送、通信、テクノロジー）、そして経済恐慌の激しさなどである。一九世紀末に都市で生まれた「群衆」――成長しつつあった社会学の研究対象――は、いたるところで革命主義とファシズムの誘惑の間で四苦八苦していた。人々の移動や世界的な紛争の勃発は、一九二九年の世界恐慌のために激化した対立をさらに先鋭化させ、国家アイデンティティーを拠り所としながら防衛のメカニズムを刺激した。一九一七年以降、ナショナリズムと社会主義の間にこれまでにない溝が生まれ、新たな戦い――内戦と同時に世界戦争も――の陣営を形成した。その最初のものは、一九三六年にスペインのフランコ派と共和派の間の紛争をめぐって現れた。しかし、この時代の歴史はよく知られているが、同時期の植民地における暴力との関連性、別の言葉でいえば、「ニグロ体験」、および近代社会における白人の支配の経緯との関連性を問うてみる必要があるだろう。なぜ、ヨーロッパの危機は人種の虚構に凝縮されたのだろうか。その現象の頂点は言うまでもなく、ナチ政権によるヨーロッパのユダヤ人やロマ人の撲滅である。

一九三〇年代に入る時期の二つの人種危機

人種の危機は、ニグロと白人の境界が最も脅かされた一九三〇年代の社会で発生した。それは黒人と白人下層階級との同盟が避けられなくなりそうなポスト奴隷制の民主的社会である。ヨーロッパ人入植者、白人プロレタリアート、奴隷労働が歴史的に組み合わさった旧イギリス植民地――南アフリカとアメリカ合衆国――で、同時に二つの危機的状況が発生した。

一九一〇年にイギリス連邦に属する独立国になった南アフリカは、ボーア人、植民地支配者のイギリス人、そしてバントゥー族（「カフィル」）からなる社会を形成するのに苦労していた。オランダ出身の貧しい白人入植者であるボーア人は、ウィットウォーターズランドの鉱山で雇用されるプロレタリアートを形成していた。一九二二年の生産危機――鉱山主はこれに解雇と賃金削減で対応しようとした――は、前代未聞の労働者の反乱であるラント暴乱を発生させた。この反乱は、植民地支配者である鉱山主に抵抗しながらも、白人労働者の人種的優遇制を守るものだった。ボーア人の民族感情の高まりと、共産主義者たちすら支援を躊躇する反乱のなかにあって、この社会運動は選挙における「国民党」の勝利を導き、ジェームズ・ヘルツォークを一九三九年まで政権に就かせることになった。この国民党はアフリカーナー［ボーア人］の利益を擁護し、アパルトヘイトの原則を定めた。つまり、土地、雇用、政治的権利における白人優遇の確立、そしてバントゥー族の居住地の隔離である。このアパルトヘイト政策には、当初は、進展しつつあった避けられない都市化・工業化という異文化受容からバントゥー族を守るという口実[20]が使われたが、後には南アフリカの国民から黒人を排除する政策という明確な意図があった。この方針は、一九四八年のアパルトヘイト体制のもとで法制化された。

同時期のアメリカ合衆国でも、「白人の虚構」に飛びついたのは白人の下層階級だった。とりわけ一九二九年の恐慌などの資本主義の暴力や、労働市場における移民との競争に対抗するためだ。外国人排斥感情が、共産主義が強い部門も含めて、ヨーロッパ全土で労働組合運動に広まる一方で、アメリカ合衆国では、奴隷制廃止に反対して南部州で六〇年前に設立されたクー・クラックス・クラン（KKK）が、一九二〇年代半ばには五〇〇万人の会員を集める大衆運動となった。この白人至上主義の組織は、南部州ばかりでなく、労働市場での競争が外国人排斥感情やニグロとつながりをもつことへの強迫観念を呼び起こすところでは、どこでも会員を確保できた。ニグロとつながりをもつことは、自分の地位が低下する脅威以上に、国民としての人間性から象徴的に排除される可能性を意味するからだ。国家と国民の保護というのが、ウィリアム・ジョセフ・シモンズに率いられたKKKの大衆化の出発点だった。彼は、パリ講和会議で民族自決を擁護した南部派、ウッドロー・ウィルソン大統領の支持者だった。一九二〇年代以降、シモンズはKKKを、自己決定、自由起業、個人主義、所有権の完全な尊重といった、白人男性の価値観にコミットした愛国主義大衆政党にすることに成功した。さらにKKKの活動家たちは、外国人（カトリック教徒であるアイルランド人、ポーランド人、イタリア人、メキシコ人ならびにアジア人）から国の資源を守ることを主張するほか、親族性に関する家長・所有者の独占を脅かすものすべてを徹底的に攻撃した。攻撃の対象は共産主義、サンディカリズム（労働組合主義）、ユダヤ主義、さらには父親の権威に対するあらゆる形の政治的抵抗（フェミニズム、無神論）あるいは、父権の悪化（アルコール中毒、組織犯罪）、また家長によるセクシュアリティの支配を脅かすもの（売春、風紀の乱れ、同性愛）だ。白人至上主義の擁護者はここでも、植民地と資本家の利益を大衆の社会運動につなげるという離れ業を成し遂げたのだ。その際、「ニグロの虚構」は同時に身体的暴力、労働者への暴力、政治的暴力を行使するための共通のはけ口として使われた。

否認と熱狂の間で

一九二〇年代のこうした時代背景のもと、後にブラジルにおける人種関係についての初めての試論となる『大邸宅と奴隷小屋』を書いた社会学者ジルベルト・フレイレは、アメリカ合衆国に渡って、旅行したり、大学教育を受けたりしていた。当時は彼自身も、偏執的とすらいえる人種隔離主義の熱心な擁護者だったが、黒人に対する冷酷な残忍さを自負する南部白人に衝撃を受けた。一九二六年、ブラジルの新聞への寄稿記事でフレイレは、黒人国会議員の公開処刑を眉一つ動かさずに眺めたと自慢する[21]、南部社会の「ムラート化」に強硬に反対する活動家ベンジャミン・ティルマン［アメリカ合衆国上院議員］から受けた強い印象に言及した。この処刑の光景は何を意味するのか。そして、フレイレが再現したようなティルマンの自慢は？　それは単なる外国人嫌悪ではありえないし、愛国主義の熱狂ですらない。そこには再演される「ニグロ体験」があり、その暴力は弱まりも和らぎもしない。その熱狂はフレイレをひどく不安にさせたため、彼は自身の態度を自問して認識をあらため、「ベール」を取り払おうとした。こうして、彼は『大邸宅と奴隷小屋』を書いた。

この内省の結果、フレイレは、ブラジル人のある種の潜在意識にはアフリカ的要素が重要ではないかと考え、それを受け入れる必要があると思うようになった。同じく一九二六年、バイーア州の若い精神科医アルトゥール・ラモスが似たような考察をした。彼は「原始主義（プリミティヴィズム）と狂気」についての医学理論を展開した。その理論は、リュシアン・レヴィ＝ブリュールが当時、心理現象を説明するために「未開の心性（mentalité primitive）」について公表した論文に着想を得たものだ。その論文は「各被験者、あるいは被験者を超えて彼自身の文化のなかに押し込められた、原始的な部分の病的な表現」という心理現象を説明している。ちょうど「ニグロ」芸術を前にしたパリのシュルレアリストのように、ラモスは狂気、芸術、夢、原始主義を比較対照した。こうして、原始的アフリカに呼び覚まされる無意識の「押し込められた」部分と、「文明を開化する人」である自己との衝突が、神経症あるいは一般的には精神病理の根源ではないかと考えたのだ。この衝突に対し、ラモスは無意識における「ベール」の機能、および被験者のなかに隠された「アフリカ的部分」を明らかにする臨床診断法を提示するのである。

一九二〇年代末になると、方向転換があった。リオデジャネイロで二〇年間にわたって国立精神病院を運営するジュリアノ・モレイラは、彼自身が黒人であると同時に優生学の信奉者で、当時エリス島［ニューヨークにある島］で実施されていたような移民選別政策を優生学によって決定しなければならないとしていたが、人種主義的仮説を完全に自分の考えとすることはできないとした。常に精神医学分野の知識の最先端と前衛に自分の立ち位置を維持し、世界の最新の研究を絶えず参照しつつ精神医学と医学を三〇年間実践した結果、モレイラは一九二九年にハンブルクの医学部の講演で、人種という仮説は通用しないことを証明しようとした。彼は、異なる人種集団に属する個人が示す精神的な多様性は、何よりも異なる訓練や教育水準の結果であると主張し、「劣るとされる集団の個人は、もし彼らが大都市で生まれて教育されたとしたら、内陸奥地の北半球出身の個人よりはよりよい精神的素質を示すだろう」[22]と結論づけた。

同時期に、ジルベルト・フレイレは、アマゾニア（アマゾン地域）やブラジル内陸部の住民を研究したエドガー・ロケット・ピントらの人類学者の研究成果を読んだり、ブラジル人アイデンティティーの黒人的要素に関する文書に没頭したりし始めた。同様にアルトゥール・ラモスも、二〇世紀初めにアフロ・ブラジリアンの宗教的実践を最初に研究したニナ・ロドリゲスが残した民族誌学の資料に取り組もうと決めた。フレイレの『大邸宅と奴隷小屋』が出版されたのと同じ一九三三年、ラモスは『ブラジルの黒人[23]（O negro do Brasil）』を出版した。この本は、いわゆる原始的な「先祖の」無意識（グスタフ・ユングが唱えた「集合的無意識」の一つ）と「間心理／相互心理（interpsychique）」とも呼ばれる群衆の無意識とのある種の混合ともいうべき、ブラジル民間伝承の無意識の概念を明確にしたものだ。つまり、簡潔にいえば文化的進化論の概念を導入したのだが、それは不平等の問題を依然として解決しないまでも、科学的な人種主義によって確立された生理学的要因を決定的に排除するものだった。

だからといって、フレイレやラモス、ましてやユングにとっても、ニグロと白人、白人と非白人の間の溝が一気に消滅したわけではない。彼らは、依然として自分たちの社会に取り込まれた人々であり、人種主義のハビトゥス［無自覚な性向］から脱却するにはほど遠かった。人種の不平等は、文化の不平等にとって代わられた。たとえば、ユングは「アーリア民族の無意識には、ユダヤ人の無意識よりも高度な潜在力がある」とし、それを一九三四年のバーゼルの心理学会で説明した。

私がアフリカに滞在した最初の頃は、現住民への粗暴な扱い方に驚いた。鞭が日常的に使われていた。最初は不必要だと思われたが、必要だと納得せざるをえなかった。それからは、常にサイの皮膚でできた自分の鞭を手元におくようになった。[24]

同様に、イギリス人作家オルダス・ハクスリーの兄で、第二次大戦後にユネスコ（国際連合教育科学文化機関）の創立に大きな役割を果たした科学者のジュリアン・ハクスリーは、すでに一九三〇年代に生物学的概念としての人種の仮説の解体に熱心に取り組むようになり、人種をより文化的、あるいは少なくとも「民族的」アプローチのほうに滑り込ませるように働きかけた。それでも、ハクスリーは以下のように記述している。

身体的特徴（つまり黄色人種、黒色人種、白色人種、褐色人種）に現れる遺伝的相違の存在は、一見した限りでは知能や気質にも相違があることを推測させる。たとえば、真正のニグロの平均的知能が、白色人種や黄色人種に比べてやや劣っていることはほぼ確実だと、私は考える。[25]

黒人や現地民、植民地支配された人々による文学、政治、芸術が「ベール」を非難し、ばかげているとする声がますます強くなっても、「ベール」はもちこたえた。この「ベール」は白人の視線から黒人を隠すものであり、共通の人間性を隠そうとする。くり返し黒人に暴力を振るうことは、絶えず回復すべき、黒人の完全なる外在性の証であり、同時にこの「ベール」が作り出す深淵の影響なのである。この特殊な暴力は絶えず動いており、群衆を取り込もうとしていた。

アメリカ合衆国南部では、白人貧困層（ジェームズ・ボールドウィンが言うところの、自分を白人と信じる人）は、自分の日常生活や一般的な社会関係において絶えず「ニグロ体験」に連れ戻された。ところが、ヨーロッパの白人貧困層は、植民地空間でのみ、デュボイスの言う「ベール」に匹敵するものを被せられる現地民との対比において姿を現した。一九三〇年代の植民地の状況は厳しくなり、一九世紀の最初の三〇年間の奴隷制末期を思い起こさせるようなありさまだった。「白人の虚構」の逆説が明白になればなるほど、それを正当化するためによりひどい暴力が必要になったからだ。心理的にも政治的にも否認が必要であり、統治者はそれを無邪気なやり方で表した。一九二四年から一九二六年に植民地相だったエドゥアール・ダラディエは、回想録のなかで次のように述べている。

しかしながら、島に残った自由黒人は、少しずつ労働ならびにその結果である繁栄への意欲を獲得し、その結果、今日のマルチニックは、世界で最も豊かで最も人口密度の高い地域の一つにまでなった。フランスがこの島の解放者としての役割を演じることについて後悔することは何もない。実際、ニグロ人種の特質は善良さ、感謝の念、愛着である。セネガル狙撃兵にもそれは認められたが、マルチニック人にはよりよく認められる。マルチニックは、母国と一体となって心震わせるフランスになったのだ。[26]

同時期、ベトナムのトンキンやザウティエンのミシュラン社のプランテーションでは、きわめて劣悪な労働環境に反発した〝苦力（クーリー）〟が撃ち殺されていた。フランスの現地行政府は、同社の責任者たちの残虐な行為について本国政府にこう警告しなければならなかった。「ザウティエンの〝苦力（クーリー）〟たちはいつも捕虜やぼろ布のように扱われ、助手たちは彼らを殴らないときは侮辱や罵詈雑言を浴びせているようだ[27]」。

一九三二年以降になると、フランス植民地の状況が悪化した。世界恐慌による景気後退の解決策として、本国が国内産業のために植民地の市場に頼ろうとするようになったためである。ニジェール公社が「開発中心地」政策を吹き込み、何十万人というモシ族が植民地の村々に「移転」された。こうした政策の問題点は、奴隷労働（労働力をすぐに利用するための労働者の移動）とプロレタリアートの定住の間のあいまいさである。プロレタリアートの定住によって、安定した労働力の備蓄が形成され、労働者は子どもを育てるために強制労働を部分的に自ら引き受ける。ところが、このようなプロレタリアートの定住は実際には実現できない。その理由の一つは、一九三七年にモシ族の村々の労働者が植民地の起業家に捕らえられて他の地域のプランテーションに連行され、その地に何ヶ月も「留め置かれた」ためだ。もう一つは、植民地の村々における政策が困難に陥ったためだ。一〇年も経つと、妻たちは夫についてこないことが明らかになったのだ[28]。

半奴隷の労働者の生活の糧を確保するため、植民地経済には何よりも、現地女性たちが必要である。したがって、彼女たちは、労働の確保および労働の対象化（objectivation）とは別の側面をなす。彼女たちは、食事作りや家事労働といった、大西洋地域の奴隷制ではプランテーション経済全体に組み込まれていた奉仕を（無報酬で）任される。労働が強制、あるいは厳しく監督される植民地の工事現場に妻たちを呼び寄せることは、同時代にトンキンで行われていた解決策でもあった。つまり、一日一〇時間も働く労働者には、料理する時間もエネルギーもない。栄養は悪く、それは工事現場の効率に影響する。[29] 拡大解釈すれば、妻の存在は生産性の要因とみなされる。「一九三〇年代以降、植民地行政府は植民地の工事のための過剰な人集めによる、フランス領西アフリカ（ＡＯＦ）の住民減少にも懸念を示し始めた。プランテーションにおける定住化計画の策定は、その一環として理解されなければならない。同計画は、労働者の愛情面、社会的・経済的均衡のために家族の重要性を公式に認めるものである[30]」。

現地民男性を新奴隷とし、現地民女性を労働力の再生産者とみなしてモノ化［物象化］することは、一九三九年の義務労働の公共サービス機関（ＭＯＩ：現地民労働局）の設置をもって、一つの帰結を見た。このＭＯＩは、戦争のために国民が総動員された後、本土の工場生産の流れ作業に労働力を供給するものだ。ＭＯＩの政策によると、現地民家族はフランスに「息子を一人与え」なくてはならない。つまり、工場あるいはプランテーション地域に労働者を一人送るということだ。第二次大戦の終わりまで、労働力の問題は非常に深刻だったので、フランスはサイザル麻の生産のために徴集兵を派遣したり、一九四〇年には子どもの強制労働を導入したり、労働力の宝庫とされていたオート・ヴォルタのモシ族の村から調達したりした。[31]

フランス本土からやってきても、そのほとんどはできる限り早く帰っていく実業家、職工長、入植者たち、そして行政府や警察の関係者、すなわち物理的、心理的に人種の序列を生きるすべての人々には、「白人の虚構」、すなわち「ニグロ体験」と植民地の暴力の否認が必要だった。政府が穏やかなやり方で「白人の秩序」を強制する一方で、植民地の起業家たちは世論に働きかけ、大衆的な土台を固めようとした。一九三一年にパリで開催された植民地博覧会は、パリ郊外のヴァンセンヌの森に人間動物園を設けるなどして、八〇〇〇万人の入場者を集めた。[32] 三三〇〇万枚の入場券が売られ（五月から一〇月の間で入場者一人当たり平均四回から五回の入場）、一九〇〇年のパリ万博以来の最大のイベントとなった。植民地博覧会の成功は、とりわけ第三共和政における学校の教科書のおかげで、「白い虚構」を受容したばかりの「植民地についての大衆の認識」が形成された証拠である。[33] とくにパリの群衆は、幻惑と否認と異常感覚にとらわれて、ニグロ的なものに熱狂した。シモーヌ・ド・ボーヴォワールはル・バル・ネーグルの経験を語りながら、一九三〇年代末まで続いた興奮状態を証言している。「日曜日の夜には、私たちは懐疑主義の苦い優雅さを放り出して、ブロメ通りの黒人の輝かしい獣性に熱狂したものだ[34]」。その頃、「ベール」の向こう側にいるエメ・セゼール［マルチニックの詩人・評論家・政治家］はパリにいた。ひょっとしたら、ブロメ通りで踊っていたかもしれない。彼は文学の勉強をしていたが、何年か後に『帰郷ノート』を出版した。そのなかでニグロという言葉が人類のあらゆる物語のカギになると記したことが「ニグロ」という言葉の決定的な定義となった。

アヴァンギャルドの妄想や植民地博に行った群衆と鏡の反転像のように、植民地の支配者たちは黒人や現地民へのごく具体的な執着を膨らませた。フレデリック・クーパー［米歴史家］は次のように要約している。「男性労働者とその募集、生産中心地への集中は、植民地当局にとっては最優先事項、ほとんど強迫観念といえた。強制労働を利用したとか、現地社会を崩壊したと非難されることとなく、何人の労働者を確保してどの程度の強制権を行使できるかを把握することが何より肝心だった」[35]。同時に、植民地当局は、とりわけ世界恐慌以来、植民地都市の周辺に集まる、部族への帰属意識が薄れた暇なアフリカ人プロレタリアートの増加をますます恐れるようになり[36]、自由黒人男性――全員が植民地の労働に流れるわけではない――を性的な脅威とみなした。彼らのイメージは、依然として過剰に性的なものなのだ。

プランテーションと強制労働の空間では、白人貧困層は植民地支配者の絶対権力という妄想を引きずり、それを自分のものとするよう促されたが、本国の人たちがこれを直接に経験することはなかった。しかし、ヨーロッパでは「白人の虚構」が容易に復活する。というのは、危機的状況にあって、「自由人」のアイデンティティーと血統の友愛は、支配し濫用し絶滅さえさせるべき現実世界の別のカテゴリーの人々――奴隷、非親族、再生産のための機械［女性］、逸脱者――の反転像としてしか、また彼らを犠牲にすることでしか構築されないからだ。国民、つまり指導者に操作され常軌を逸した群衆は、支配の妄想と同時に拡大主義の欲動をかきたてる組織、いわば生物学の対象［有機体］となる。第一次大戦の「敗者たち」は国家という概念のなかに引きこもり始め、そこから妄想の筋立てまでも作り上げた。つまり、血のつながった兄弟を結びつける純粋国家は、最初の蛮族侵入［ゲルマン民族などの侵入］の際の原初的群れとして再認識されるのだ。征服と帝国の形成は国家のDNAのなかにあり、暴力がその主な政治的原動力である。一九二〇年以降、ウクライナやロシアでポグロム［ユダヤ人大虐殺］が起き、その一方でイタリア、そしてポルトガル、スペインでファシストの民兵組織が発達した。当時、人口が増加していた三つの強権的な帝国（日本、イタリア、ポルトガル）は、入植による植民地化政策を再開し、ヒトラーの「生存圏」のための計画に加わった。日本人は、蝦夷地と琉球を併合した後、時代を下って台湾（一八九五年）、朝鮮（一九一〇年）を併合して帝国を築き、一九三一年には満州を植民地化した。日本は朝鮮人を満州に強制移住させ、そこに貧しい日本人の農民らも入植した。ムッソリーニ体制もリビア、エチオピアへの入植政策をとり、何十万人というイタリア人がアフリカに送られ、ポルトガルの独裁者アントニオ・サラザールも、数万人の希望移民をモザンビークやアンゴラといった新たな植民地に送り込んだ。

一九三〇年代末には状況はまったく混沌としていた。人種主義的暴力はポピュリズムに利用されて激化し、植民地体験はますます強烈になる一方で、ヒューマニズム、民主主義、共産主義を守ろうとする動きもあったが、「ベール」は常に対等な人とそうでない人を分け隔て、民主主義の変容を後押しし、擁護すらした。というのも、確かに科学が解放を可能にしても、多くの科学者の白さがすぐに復権してしまうからだ。とはいえ、科学の取り組みは不完全ではあっても、全体として人種を「生物学から切り離し」、不平等を説明するのに家族的、経済的、社会学的、文化的背景を強調し、さらにそうした背景そのものの分析に取り組む――別の言い方をすれば近現代の様々な人文科学を実践することに取り組むようになった。一八六〇年代以降、科学者たちは、狂気や犯罪の生理学的事実と同様に、人種仮説の生理学的事実を探ることに取り組んだ――それをよりよく治療し、社会身体を手当てするために――が、彼らは二つの大戦の間に逆方向の仮説に向かった。それは歴史的、文化的な社会関係というものはつくられたものだという仮説だ。こうして、治療の可能性は異なる性格をもつことになった。治療は政治的なものでしかありえないのだ。最終的には、ある黒人科学者――彼もまた医師――が、この知識の革命を貫徹した。パリで学業を修めたアンティル諸島の精神科医で、第二次大戦後にフランス領アルジェリアで働いたフランツ・ファノンだ。彼は、ある種の精神疾患における遺伝的・生物学的原因を明らかにする論文から出発し、パリで黒い肌が強いる社会関係を明らかにし（『黒い皮膚・白い仮面』[37]）、ついに植民地での経験から――アルジェリアのブリダの病院で働いていた――、治療法は現地民の全面的な解放であるという考えに至り、脱植民地化戦争に身を投じた（『地に呪われたる者』[38]）。

ファノンより前のヨーロッパは、悪魔から解放されるにはまだほど遠かった。一九三〇年代末になると、ヨーロッパは恐ろしい集団的行為「［ユダヤ人問題の］最終的解決」を導くことになる白人の妄想のなかを漂流した。一九四五年の連合国側によるナチスの信じ難く驚愕すべき強制収容所の発見は、人種の虚構に対する重要な解決にもつながった。その虚構が、そのような大惨事を招いたイデオロギーの核であったからだ。その後、世界秩序が人種や暴力の法則の否定しか拠り所にできなくなったことを明言するのは、ユネスコの役割となった。勝者と敗者の両方を含む国際連合は、一九四八年の世界人権宣言によって再建された民主主義の原則に反する、植民地の終結を目指さざるをえなくなった。一九四七年、フェリックス・ウフエ＝ボワニ［フランス領だったコートジボワールから国会議員になり、独立後は同国の初代大統領］は、フランス領西アフリカ（ＡＯＦ）における強制労働を禁止する法案を提出し、フランスの国会で可決させた。それより前の一九四六年から、フランス領アンティル諸島はフランス海外県となり、本土と同じ市民権と民法上の権利が行使されるようになっていた。

一九五〇年、ユネスコは「人種問題についての専門家声明」を公表した。この声明は、アメリカ合衆国のエドワード・フランクリン・フレイジャー、ブラジル人ルイス・コスタ・ピント、フランス人クロード・レヴィ＝ストロースといった世界的に有名な人類学者と社会学者八人が、国際舞台で「人種は存在しない」と宣言、署名したものだ。彼らは「白人の虚構」をそういうもの、つまり虚構であることを明らかにしたのだ。ここで、本書は終わるはずだった。

結論　人種の策略

ここで、本書は始まりと同じように終わってもよかった。だが、人種はまだ終わっていない。科学が人種論の愚劣さを宣言しても、近代革命によって始動された平等原則を再生するために人種の政治的効果を非難しても、まだ十分ではなかったのだ。ユネスコの人種についての声明から一〇年後、アメリカ合衆国の公民権運動は、まだほとんど政界に影響を与えてもいなかった。パリでは、一九六一年一〇月に警察が群衆に向けて発砲した［アルジェリア戦争末期、アルジェリア民族解放戦線を支持するアルジェリア系住民のデモに発砲した事件］。南アフリカでアパルトヘイト体制が解体されるには、一九九四年まで待たねばならない。欧米の主要な民主主義国では、警察による人種主義的犯罪が毎日起きている。[1] 人種主義的性質をもつ虐殺はまだ発生している。たとえば、二〇一五年にチャールストンの教会の黒人の集まりに、白人至上主義の過激派が発砲した事件のように。フランスでは、公衆の場における侮辱発言が違法であるにもかかわらず、いまだに日常的に起きている。

人種という言葉が意味する現実を心のなかで組み立てるのは難しい。そのために、書名［原書タイトルは『ニグロと白人の世界』］には表れていないが、人種が本書のテーマであることは確かであるから、本書で試みた歴史的調査の結論をここで述べるべきだろう。まず第一に、人種は人種主義者だけのものではないことを明らかにするべきだろう。確かに、暴力的人種主義は消滅しておらず、いくつかの政治的、感情的な勝利をくり返し獲得すらしている。人種主義的ポピュリズムの逆流はまさに現実なのだが、それは最大の問題ではないかもしれない。

なぜなら、社会秩序への批判を人種主義的暴力で表す、社会制度からはみ出た個人やグループ（白人至上主義者、スキンヘッドなど）が口にする攻撃的な意思表明とは別に、人種は、国家間の関係と同様、われわれの民主主義社会における社会関係を広範に構成し続けているからだ。それはごく平凡な経験でもわかる。たとえば、博物館や大学といった大きな公共の建物に入ると、われわれが昔から記憶してきた人種の地位にしたがって各人がその立場にいることに驚かない。われわれは表現型や地理的出身地と、警備員、家事的労働者、事務職、責任ある職務に就く人としてわれわれが知覚する個人をおそらく無意識に関連づけることを知っている。公立学校の教室では、生徒たちが自分の「出自」や、それに応じて大人たちが提案する世話――それが学業や職業の経歴について予期された結果を生むのだが――に応じて、自分がとる態度についても前もって知っている[2]。さらに、ある国々は国内で他国の廃棄物や他国の消費様式の気候面の影響を処理しなければならないとか、たまたま「南にある」国々での児童労働や強制的売春は先進国で消費される欲望を満たすとか、テレビのニュースでは、その日の死者すべてが同じ価値をもっているわけではないという暗黙の了解がある。フランスでは、二〇一〇年代においても、旧植民地の響きのある名字をもつ人が仕事や住居を見つけられる確率は、白人の響きをもつ名字の人に比べると三分の一であることをわれわれは知っているし、知らないということはありえない。われわれの意思に反して、あるいは意識していなくても、われわれの態度の大部分は、明らかに人種によって形作られている。それは、人種主義を研究する社会学者が行うように、私たちが人種の色眼鏡[3]（grille raciale）に従う無数の日常的状況を細かく分析する時間をとれば、十分にわかるだろう。私たちに内在化されたこの人種の色眼鏡は、その犠牲者にとっては一般的にまったく明確であり、反対に自分で望んだわけではなくても受益者になっている人たちはそのことを知らずに、「肌の色は見ていない」としばしば言う。

この人種の色眼鏡の重要性は、人種がベールの向こう側にいる人たちだけの問題ではないことを私たちに思い出させるはずだ。それが本書の第一の目的である。確かに、人種主義反対運動の主な代弁者となるのは、そういう人たち、つまり非白人である。フェミニズム運動で性差別主義を批判するのが女性だけであるように、人種主義を批判するのは非白人だけだったし、現在もそうである。しかし、活動家たちは、人種の歴史は人種化された人だけの歴史ではなく、人類の平穏な歴史の流れの外で起きた犯罪の告発と改悛でもなく、落伍者が賠償を求めることでもないことを正確に知っている。そうでもあるが、それだけでもない。それ以上のものだ。人種は貧乏人、黒人、移民やムスリムといった他者、犠牲者の歴史ではない。単なる肌の色の歴史でも、白人対黒人の歴史――そうすると今度は反白人の人種主義というばかげた考えを正当化してしまう――でもないし、そうではありえない。人種は世界的な社会秩序、われわれの世界の社会秩序なのである。

この秩序は、近代の大西洋地域においてニグロを使うプランテーション体制のもとで少しずつ作り上げられていき、世界中で富の生産、社会関係、労働関係、ジェンダー関係を構築するに至った。人種の虚構は資本主義の発展と深く関係しているが、今日では時代遅れである。資本主義はもはやそれを必要とせず、民主主義と平等の原則に基づいた一般的な政治秩序は、人種という虚構の消滅を求めている。社会の躍動と支配の複雑さ、文化的な階級論理と個人の発現が重層的に絡み合う現実からして、人種は社会の相互作用とグローバル化した世界のアイデンティティーのなかの残滓にすぎないと信じさせるのには十分だろう。しかしながら、装置としての人種、態度としての人種は常に働いている。ほとんどは無意識のうちに行われ、固定されたアイデンティティーを構築するためではなく、社会的相互作用において機能するのである。ちょっとした仕草によって、人種の虚構が隠すと同時に正当化する人間性の断絶や距離感を心のなかで呼び出し続ける。もし、人種が過去の産物であるなら、なぜいまだにこれほど残っているのだろうか。だれが必要としているのだろうか。労働制度や社会において、また何らかの役割があるのだろうか。もしそうでないなら、どうやって排除すればいいのだろうか。ここからは、これまで見てきた歴史から明らかになったことを一つずつ挙げて、議論を進めてみよう。

まず、最初に引き出せる教訓は、人種は奴隷制なしには理解できないということだ。人種は奴隷制の延長・変異型であり、主な経済的機能と人類学的性質を奴隷制から汲み取っている。

本書の第一部では、労働を社会的機能から「解放する」という奴隷制の経済的機能が、帝国の形成においてとくに重要なことを明らかにした。奴隷制（そして後には人種）は、実際に労働の対象化をもたらすのである。奴隷を買うことは、その人間ではなく労働を買うことだ。そのうえ、人間とその労働を切り離すことは、社会的人間を消滅・破壊し、その労働を商品に変える。対象化された労働は、そこから取引の対象となる。きわめて社会的なサービス、つまり生産というよりも再生産に関する労働――生殖、授乳、出産といった機能などの人に対するサービス――も含めてだ。そして、それらはサービス業化される。資本主義の誕生と奴隷制が互いを必要とする関係にあったかどうかついては、ここでは決着をつけない――その議論の場は本書にはないだろうから――が、いずれにせよ奴隷労働は、資本主義および大西洋経済の歴史的条件である。「ニグロの時代」において、経済の近代化を特徴づける労働の対象化は、生産のあらゆる要因の対象化を伴なった。それらの要因には、所有の原則によって、社会的地位やあらゆる神聖な象徴性から「解放された」空間の支配や資源の開発も含まれる。

資本主義は、労働と人間を完全に切り離す（労働時間に対して労働者は賃金を支払われる）のであるから、奴隷制が終われば奴隷の身分を必要とせず、人種という変異型、つまり肌の色すらも必要としないのである。生産関係（ここでは資本と労働の力関係）においてしか、社会関係は存在しないからだ。しかし、一九世紀全般にわたる奴隷制廃止と植民地拡大の流れにおいて明確に示されたことは、資本主義は、労働を強制移動する目的のため、奴隷制と後の人種によって許可された暴力のシステムに大いに頼ることができたということだ。くり返しになるが、この暴力は経済的な必要性ではなかった。やや異なる人口・地理状況における別のシステムも動員されたし、今でも動員されている。それらを考え合わせると、暴力の行使は、植民地化とネオプランテーションの立役者や実業家たちの選択であったのだ。暴力という解決策は、最も簡単で最も有利な場合は、いつでもそれが使われた。

以上のような経済的解釈は、現在の社会が発展した過程において、奴隷制ならびに人種という制度が中心的な位置を占めることを理解するためには重要だが、社会関係において人種が根強く残っていることの説明としては十分ではない。人種が経済的な支配関係に伴走し続け、しばしばその支配関係の足跡をたどったとしても、その機能はほとんど失っているのである。したがって、もっと掘り下げる必要がある。

「ニグロの虚構」

以上のことから、また、これが本書の第二の教訓だろうが、人種というものは経済理論でも、資本主義的プラグマティズムでも、完全には合理化できない心理的事実であることを付け加えよう。大西洋地域のプランテーションにおける「ニグロ体験」は解消されていないのだ。本書の第二部では、極端な経験の冷酷無比なメカニズム、およびそれが必然的に残したトラウマを追跡した。大西洋地域における資本主義の目をみはるような発展のために、プランテーションと奴隷制社会の暴力はこれまでにない規模に達し、奴隷制の規範が社会を構築する唯一の規範になったために、暴力は完全に独占的な地位を占めた。「ニグロ体験」は、指数関数的な成長サイクルにわれわれを導いた。そこでは、暴力に否認が続き、その否認がより大きな暴力を引き起こす。ネオプランテーションの進展に伴うこの暴力の誇示こそが、暴力を振るう人の目には、その必要性のこの上ない証拠に映るのだ。暴力は管理・運営面の有益性に加え、心理的にも必要なものとなる。新生児を溺死させ、母親を鞭で打ち、平然と罪人が死ぬのを眺めるのは、ニグロをニグロのままにすること、ニグロを再びニグロにすることである。昨今、地中海でおぼれ死んだ移民が、自分たちの子どもや叔父や友人ではなく、確かにニグロであると確かめるために。

現代のわれわれの経済の社会的暴力は、人種なしでもやっていけるだろう。だが、われわれが人種を動員するのはおそらく、われわれの集団的想像力において、人種が作動させるものから自分たちを守り、平等原則が承認しない現実全体――一日一二時間も工場で働く子ども、大都市中心街の夜の闇、路上の肉体、さらには社会的不平等といったよりありふれた状況――を耐えられるものにするためだろう。ところが心理的には、否認はそれ自体が苦しみを伴い、高くつく。こうした現実の原因を露わにし、否認を蘇らせることには耐えられない。だから、今日なお白人の社会では、ニグロはその地位にいなくてはならないのだ。彼らは下位の経済的・社会的役目に就き、同等の人として受け入れられることを要求せず、永久に文明化の途上にいなければならない。ニグロは「友だち」だから助けるが、決して〝市民権（キウィタス）〟を獲得することはなく、国への服従を誓わなければならない。国を愛し、特権的な地位を手に入れたときは国に感謝しなければならないし、手を挙げるときは武器をもって脅しているのではないことを証明しなくてはならない。

いろいろな意味で、ニグロはそれ自体、抑圧しなければならない脅威なのだ。定義上その地位にとどめられる奴隷とは違って、ニグロには縁続きになる恐れがある。白人の特権を脅かすだけでなく、特権を確固たるものにする虚構をも脅かす。アンティル諸島の植民地のムラートのように、ニグロは存在するだけで、自分を白人だと思っている人の兄弟、叔父、息子であることを暴露する恐れがある。ニグロは「大いなる置き換え（グラン・ランプラスモン）」［フランス人・ヨーロッパ人がアフリカの黒人・マグレブ人によって入れ替えられるというフランス極右の陰謀論〕の脅威である。彼らの「文化」そのものも脅威だ。「白さ」にアクセスする規範を変化させうるし、その無意味さを暴露することもできるのだ。

最後の点は、おそらく最も重要で、捉えることが最も難しい。それは西洋社会の深い無意識に宿っているからだ。つまり、人種はわれわれの人類学的構造に触れるのである。ニグロが白人と縁続きになることで脅かされるものは、白人の世界における親族性の定義そのものである。つまり、だれが親族で、だれがそうでないか、だれが生産のために働き、だれが再生産のために奉仕するか、だれが他者のために働き、だれが自分のために働くかを決定するものだ。ところで、他のあらゆる社会と同様に西洋でも、親族性を定義することは、権力構造だけでなく、自分たちの発展という課題に対する経済的回答をも決めることである。人類学が教えてくれるように、親族性や集団の再生産、生活に不可欠なサイクルを社会が組織するやり方には、無数の形態がある。一世紀以上も前から、世界中で集められた民族誌学の多様さは、既成の様式はまったく存在しないことを証明している。象徴的かつ社会的親族は無限の組み合わせ（生物学上の親のカップル、生物学上の母親とその兄弟、祖父母、あるいは、ある年齢層の人全員などが社会における子どもの「親」になりうる）を包含できるが、それらはすべて生存のための物質的条件――環境、自然資源、気候など――に応じて、集団の生活の糧という問題を解決しようとしている。こうした様式は非常に長い時間をかけて練り上げられたもので、歴史の時間のスケールでは察知しがたい方向をとる（なぜ、西アフリカのある集団は母系制で、隣接する他の集団は父系制なのかなど）。しかし、西洋社会の場合は、それを歴史的に評価することができる。本書が、親族性の形成についての非常に正確な時期、つまり一九世紀にさしかかる時期との関連で人種を捉えつつ試みていることである。この時期は、市民革命の平等理念とあらゆる秩序（経済、人口）の大変動によって揺るがされたヨーロッパの親族制度が急速に固定化され、神聖化され、一つの虚構にしまい込まれた時期である。その虚構は今日でもなお、それを疑問視するような攻撃、ひっかき傷、かすり傷がほんの少しでもあると反応する。本書では「白人の虚構」と呼んだが、この虚構から逃れるためにはそのメカニズムを正確に再現する必要がある。

「白人の虚構」

「白人の虚構」が特殊な連鎖のなかで構築されたことは、すでに本書でたどった。その連鎖とは、大西洋経済から産業自由主義への移行、そしてフランスとアメリカ合衆国での民主主義のもとでの平等という、革命宣言への反応である。一八世紀末当時の大西洋経済は、アンティル諸島の生産の責任者である、幾人かのヒステリックで残虐な農園主だけの事業ではなく、支配階級全体に普及した近代経済の構想だった。その構想は、一方では労働を対象化し、他方では資本と不動産所有を対象化することにあった。それ以前の社会秩序から解放されて、万人が、独立した富と権力の源泉にアクセスできるようになった。土地を開発したり、権力機構に地位を得たりするのを可能にするのは、もはや領主や大修道院長の地位ではなくなったのだ。その政治的かつ概念的な革命を動かした重農主義者や自由主義者にとっては、社会規範を規定するのは所有関係のみである。その逆も同様に、論理的な必然性により調和的であるはずの自然が命ずるように、社会を秩序づけるのは所有権だけで十分だった。「所有者」というのものが社会的人間の唯一の性質であり、ルメルシエ・ド・ラ・リヴィエールが一八〇一年に埋葬の際に希望したシンプルな墓碑銘も「所有者」だった[4]。ところで、所有とはある財産、ある空間、ある〝家(ドムス)〟への対象化された権力である。労働が奴隷制によって解放されたのとまったく同じように、権力と富も所有という概念によって「解放され」、万人に手の届くものになった。しかし、自由と平等の革命宣言、つまり所有に対する万人の権利を前に、支配階級は自分を特権化するものにしがみついた。所有が絶対的であるのだから、それへのアクセスを大西洋の両側で制限することに取り組んだのだ。

　この民主主義的な開放に反応して、所有者という特権階級にアクセスする方法の再定義が追及された。自由と所有が政治的権利を行使するための条件でもあったから、所有者は自由かつ親族かつ市民の階級でもあった。婚姻による人の権利ならびに財産所有の権利、さらに一般的な所有と相続のルールを調整するナポレオン民法典は、そのような規定を示している。したがって、ナポレオン法典は政治的権利とそれを継承する条件を規定する法律でもあるのだ。ところで、この所有者の国家を人類学的見地から――つまり、親族性のシステムを通して――分析すると、婚姻の制度は奴隷制と同様に、親族であってその属性を相続させることができる人を名字（最低でも）や財産の遺贈により指定し、これによって「自分のために働く」所有者と、生産や〝家(ドムス)〟の再生産のため、つまり「他者のために働く」従属者を区別している。

　この区別は、具体的にどのようにして作られたのだろうか。革命後の社会において、人はどのように親族になれたのだろうか。こうした問いに答えることは一般的に、社会の人類学的構造を定義することになる。アメリカ合衆国の独立革命と同様に、フランス革命の提唱するところでは、あらゆる男性は親族になることができ、あらゆる男性は自然に親族であった。大西洋地域の経験の重要性はここにある。なぜなら、ニグロが自分たちの親族や同等の人間になりうることに恐怖を覚えた支配階級は、白人であることを振りかざしたからだ。つまり、それは生物学的親子関係、「自然な」再生産［生殖］という方法によってしか獲得できない属性である。一八〇五年に植民地に適用されたナポレオン法典は、この点で明確である。白人に生まれなければ白人ではありえない、所有権と相続は、一方で白人の親子関係内で、他方で非白人の親子関係内でしか行われない。この二者の間には「自然」であり、超えられない、閉じられた境界としての「人種」がある。つまり、一九世紀初めの革命的平等についての再交渉は、親族性へのアクセスにおいて強力な虚構を取り入れることにあったのである。その虚構とは、〝家（ドムス）〟におけるある人たちと他の人たち――親族と非親族、生産者と再生産者、白人と非白人――の役割を規定する自然の虚構だ。

白人男性である所有者のみが、名字によって伝達できる法的、社会的、象徴的親族の資格をもつのであるから、親子関係の管理は重要になる。家長が親であることは、結婚によってあらかじめ決められている。つまり、父性の生物学的事実がどうであれ、夫は妻の子どもの法的な父親である。同時に、男性と女性のカテゴリーは生産者と再生産者という生物学的役割に還元される。子の白さを唯一保障できる白人女性は、妊娠・出産という生物学的役割を割り当てられ、その結果、妊娠・出産に直接関わりのないあらゆる形のセクシュアリティは抑圧された。親子関係の管理の名において、〝家（ドムス）〟の外に女性を位置づけるすべてのもの（売春、乱れた風紀、同性愛）は概ね抑圧された。さらにより一般的には、同時期の身分に関する法律で規定された、ジェンダーのカテゴリーからはみ出して社会的に存在しようとする試みも抑圧された。また並行して、その他のカテゴリーは「自然に基づいて」他者のための労働に割り当てられた。そのカテゴリーは、植民地における男女の黒人である。奴隷制の廃止に直面し、黒人の野蛮さ、獣性、未熟さがそれを証明しているという理由で、強制労働は黒人の〝自然な〟運命であるという考え方を生み出したのだ。

要するに、白人男性の権力を自然なものとみなすこと自体が、国家(ネーション)という虚構に依拠しているのだ。その虚構から、ヨーロッパの諸民族の性質を引き出し、インド＝ヨーロッパ語族と蛮族のルーツに照らして、それぞれの国民を区別しようとするのだ。この意識的あるいは無意識の照合が、白人所有者の権力を正当化している。この権力の正当化は、アクセスできない領域［無意識の領域も含む］において、そしてより具体的には、父親殺しによって法が成立する以前の抑圧された時代、原始群族が活躍する古い精神領域において見られる［フロイトの原父殺し論。父親が絶対権力をもつ原始群族の社会が、父親殺害により法と文明の社会になるとされる］。一九一三年にフロイトは、息子たちの法が父の専制を文化に変容させる前の時代、文明以前の野蛮な太古の時代を以上のように表現した[5]。確かに、一六四九年のイギリス王チャールズ一世の処刑、あるいは一七九三年のルイ一六世の処刑は、この象徴的論点を想起させるとみなせるだろう。しかし、「白人の虚構」は、国民の間に自由と平等を確立する革命法を拒否し、あらゆる権威や法律の外にある絶対的権力という深い幻想を育む。それが兄弟の永遠の対抗意識において常に強い側になろうとする自然の掟でないとすればだが……。

一九世紀初め、革命による平等の代わりに、「白人の虚構」を築き上げた親族システムの再定義は、フランスの民法に反映されたが、大西洋の両側の国々すべての法体系にも反映された。そして、奴隷制廃止への長い移行期間のあいだに、生産制度の多様化と同時に、植民地経済と産業経済に奉仕するための下位の親族性形式が作り上げられた。しかし、しばしば法的な面で脆弱であり、奴隷制で可能だったような確固とした〝身分〟を作らなかったために、人種によって序列化された下位の親族性は、法的な面であれ、象徴的な面であれ、白人の親族性と非白人の親族性との境界に生じる多孔性を回避することができなかった。人種の境界を作ること、つまり「白人の秩序」を思い出させるために常に暴力を振るうことによって、その多孔性の隙間を埋めようとしたが、一方では平等の勢いが隙間を開こうとした。現代史の流れのなかで少しずつ、法律や様々な憲法が女性、黒人、外国人、同性愛者を市民的平等に導く解放のプロセスを記録していった。民主主義のプロセスが抗しえない勢力を広げ、世界を揺るがし続けたのだ。しかしながら、たとえば、フランスで二〇一三年に可決された、同性婚を認める法律に対する大きな反対運動で見られたように、親族性の規範を変更しようとするあらゆる試みは、「ニグロ体験」によって構築された不安を激しく呼び覚ます。ニグロ体験の原動力——人種、ジェンダー、国家（ネーション）——は、その親族性が厳密に生物学的なものであり、家族はその自然な反映であるという幻想を育み続けている。この「白人の秩序」において、親族性の「自然さ」はある人々にとっては到達できないままである。名字、肌の色、宗教の印、セクシュアリティによって親族性へのアクセスが閉じられることがある。あるいは、生物学的親子関係が保証され法的に認められていても、象徴的な親族性から乱暴に排除されることもありうるのだ。他の人々、たとえば社会的な立場が弱く、そのために象徴的な親族の立場に疑いをはさまれる——たとえば貧しさや失業のため——人たちにとって、白さは最悪のことから自衛するために、必死にしがみつく身分の幻想となりうる。

人種を終わらせるために

人類学的な意味で、集団や人類への帰属を定義する親族という身分へのアクセスを制限することは、人種主義の核心そのものである。どんな社会においても決して自然なものではなく、社会的な構築の結果である親族身分へのアクセスは、今日では政治の管轄だ。

「人種化された」人々——人種社会の構築に服従させられた人々——の経験はまさに、〝親であること〟を絶え間なく否認されることにある。それは、『黒人のたましい』の衝撃的な章で、W・E・デュボイスが、長男の誕生とその突然の死について語ることで表現している経験でもある。デュボイスは、息子がベールの向こう側に残り、社会における非出生に対抗する必要がなかったと述べている。[6] それはまさに、フランスに三世代から四世代にわたって住んでいる家族の子ども——フランス人である——が、学校や公共の場で小さな侮辱や不器用な態度によって経験していることだ。それは、イスラム教の可視性についてのヒステリックな議論が露呈するところのものである。そこでは、フランス共和国のライシテ［非宗教性］原則がしばしば、排除するために作られた新たな虚構の形象になっている。

白人は、別の種類の社会的経験の産物である。白人は、厳密にいうと肌が白い人ではなく、彼らの立場から「白人の虚構」、つまり自分たちの支配的地位の自然さに同意するに至った人たちである。

彼らの経験は逆に、親であることを決して自問せず、白人の子どもたちを自動的に自分たちの地位の継承者とみなし、その子たちの才能の開花のためにあらゆる努力を惜しまない――その子たちは社会の未来であり、その将来がオフィスのトイレ掃除であるとはあまり想像したがらない――ことにある。

資本主義経済が生み出す無数の支配のプロセスの傍らで、あるいはともに、あるいはそれ以上に、人種は、真の平等を導入するであろう共通の親族性を人類学的な意味で解体する。その真の平等においては、われわれの子どもはみんなの子どもであり、すなわち、われわれはあらゆるよりよい生活条件を子どもたちに与えようとする。親はわれわれみんなの親であり、世界のなかでわれわれの進む道を保障する人たちに、われわれが表す尊敬を受け取る。というのも、われわれはその人たちの「文化、出自、宗教」が何であれ、それを継承しているからだ。この共通の親族性は、子を作ることそのものから自由になり、切り離されるようになるだろうし、否応なく、日に日にそうなるのだ。平等な社会では、子を作る自由、作らない自由は――今日われわれが有する技術をもってすれば、なおさら――どんな大人に対しても平等に、われわれの象徴的な親の身分に影響を与えてはならず、どんな子どもに対しても平等に、将来の親の身分に影響を与えてはならず、どんな高齢者に対しても平等に、年老いた親の身分にも影響を与えてはならないだろう。

別の言い方をすれば、人種をなくすことは、親子関係にせよ、社会生活にせよ、あるいは政治共同体に関するにせよ、自然という虚構を放棄しながら平等原則を少しでも前進させることである。われわれはそのため、とりわけ生物学的親子関係の役割を最小にするような、親族性のシステムの進化を受け入れなければならない。いずれにせよ、あらゆる社会と同様に、われわれの生活の糧の状況がわれわれの人類学的構造を決めるのであれば、その構造を更新するのは急務である。子作りに関する自由には、世代の義務を関連づけなくてはならない。気候変動や他の世界的な混乱は、生活の糧を得る手段、地球の資源を子孫に残し、われわれに対して同じ義務を負っていた人たちの世話をしなければならないことを思い出させてくれる。われわれの世代としての役割を規定するのはまさにこの点であり、この点こそがわれわれを親族にする。だから、人種を終わらせることは世界的な政治提案になりうるだろう。社会制度としての生物学的親子関係の神話——その神話は家族や国民（ネーション）といった他のものと同様にほとんど自然でない領域を作り出す——を終わらせ、むしろ親族の友愛（兄弟愛／姉妹愛）のなかにわれわれを組み入れるサイクルの要求——前世代に対して責任をもち、次世代が生物学的再生産においてどんな役割を果たすことを望むか、果たしうるかにかかわらず、次世代の未来に向き合う——に服することだ。こうした考えが、われわれ人間と環境との関係についての新たなルールを示唆してくれたり、われわれの民主主義の望ましい展望であり続ける自由と平等への政治的抱負を支えてくれたりするかもしれない。われわれが〝自然〟と呼んでいたものから、われわれの世界を引き離し、世界にその生命力を取り戻そう。

謝辞

社会経験の厚み、知的な共犯関係、終わりのない議論、愛の情熱……そうしたもののなかで私たちは文章を書きます。したがって、文章は常に多くのものの結実であり、学術環境や情愛の交錯の結果です。私の周囲の貴重な人たち——友人、近親者、同僚、学生——の一人一人が、本書の当事者であって感謝されていると感じてくれますように。

本書の作成に直接に関わった人もいます。ファニー・グリッサン、そしてオード・ラボーのもとで、私は二〇一五年に大枠を作りました。その最初の読者となったサンドラ・アンラールとオセアン・ミシェルの変わらぬ支えから、私は大きな励ましをもらいました。シルヴァン・スショーの厳しい再読のおかげで、自分の言葉をより明確にすることができました。ジュリアン・ヴァンサンの数々の提案にも感謝いたします。最終稿はカロリーヌ・ピションの確かな仕事の恩恵を受けました。最後に、執筆に寄り添い支えてくれたフィリップ・ピニャール、セヴリーヌ・ニケル、ポーラン・イスマールにも謝意を表します。

解説

本書はなぜ書かれたのか

中村隆之

本書は、Aurélia Michel, *Un monde en nègre et blanc: Enquête historique sur l'ordre racial*, Seuil, 2020 の全訳である。原題の忠実な訳は「ニグロと白人の世界」だが、読者の便宜をはかるため、編集部の方針で「黒人と白人の世界史」と改めることにした。

原著は、二〇二〇年一月、フランスの出版社スイユが始めた有名な文庫シリーズ「ポワン叢書」（現在はポワン社）から発売された。フランスでも、単行本から文庫という流れが一般的であるから、文庫版の書き下ろしとして出版されるのは、比較的珍しい。しかも、本書は著者の単著デビュー作に当たる。著者はラテンアメリカの専門家として訓練を受け、二〇〇四年に「資本制国民国家内の地域社会モデル――テワンテペク地峡の村落研究」で博士号を取得、メキシコ研究の分野で国際的に活躍してきた。

そのような学問的背景をもつ著者が、本書の主題となる人種問題に取り組むようになったきっかけは、本書序文にあるように、二〇〇九年以降、パリ・ディドロ大学（二〇一九年よりパリ・シテ大学に統合）で、中南米を含んだ「ブラック・アメリカ」についての講義を受け持ったことにある。フランスの実社会を知る方には周知のことだが、パリは移民社会フランスの縮図のような大都市であり、外見の異なる人々が日常的に行き交っている。大学のキャンパス内でもその光景は変わらない。

そうであればこそ、一人のフランス人の教師がブラック・アメリカをめぐる講義をパリの大学で受け持つことは、専門知を教授するという一般的な講義とは、また別の意味合いを帯びてくる。いや、帯びざるを得ない。なぜなら、著者の授業には、十中八九、それなりの人数のアフリカやカリブ海出身学生が受講していると予想されるからだ。移民社会フランスとは、この国が植民地帝国を築いた過去の裏返しだ。フランスは現在でも、カリブ海に領土（海外県）を有しており、また過去には、西アフリカを中心にアフリカ大陸の約三分の一を支配下に収めていた。こうした経緯から、フランス社会はアフリカやカリブ海出身者が一定の割合を占めているのだ。

そうした現実を踏まえれば、この授業が単に知識の伝授をおこなうだけでは済まされないことは容易に想像される。植民地主義、大西洋奴隷貿易、奴隷制といった話題は避けて通れないばかりか、そうした話題は、受講生に対して、フランス植民地主義がもたらした加害と被害というセンシティヴな関係をおのずと喚起するだろう。だからこそ、著者は自らをフランス人の歴史家ではなく、「白人の歴史家」として自己認識するようになる。この認識は本書において決定的だ。

ところで、この場合の「白人」とは厳密には何を指すのか。著者は自分を生物学的な意味で白人だと思っている、ということだろうか。いや、そうではない。この意味での人種概念は、本書の序文冒頭にあるとおり、ユネスコが早々に否定したものだ。ユダヤ人の大虐殺をもたらしたのは、ナチスの人種理論であり、白人至上主義だった。そのため、生物学的意味での人種概念をユネスコは斥けたのだった。

しかし、「科学的には無効であっても、政治的、社会的現実として人種は存在する」。問題はむしろこちらにある。この意味で存在する人種とは、端的に、フランス社会を今なお規定する植民地の遺産の帰結だ。「白人」が「黒人」を支配したり奴隷化したりしてきた、植民地時代の連綿たる過去があるからこそ、フランスは現在のような多文化的な移民社会になったのだ。フランスの「白人」は、植民地支配者側の国民の特権として、フランス社会が受け入れてきた「黒人」よりもいつでも有利な社会的立場を保持してきた。こうして、戦後の経済成長を背景に、オイルショックで経済が停滞するまでのあいだ、フランス政府は旧植民地や海外領土から、多くの移民を積極的に受け入れるようになる。ところが、その反動として、白人マジョリティの権益擁護と移民排斥を標榜する極右政党「国民戦線（現・国民連合）」が一九七二年から台頭するようになった。

このように、政治的、社会的現実としての人種は、人種間の優劣を前提とする人種主義（レイシズム）として、フランス社会に根強く存在し、社会の分断をよりいっそう深めてきている。つまり、ブラック・ライヴズ・マター運動によって注目を浴びたアメリカ合衆国社会のみならず、フランス社会においても同様に人種問題は喫緊の課題であり続けており、現にフランスでは、二一世紀以降、この極右政党の党首が大統領に選ばれてもおかしくはない人気と支持を得てきている。本書は、人種主義がフランス社会、ひいてはヨーロッパ諸国にもたらす分断状況を受けて、書かれるべくして書かれたのだ。

本書は何を明らかにしているのか

では本書は何を明らかにするのか。端的には、それは人種概念がヨーロッパ人によってどのように生み出され、正当化されていったのかを歴史的に解明することだ。たどるべき史実は、大西洋奴隷貿易から奴隷制を経て第二次世界大戦が終結するまでの数百年におよぶ。この数百年とは、すなわち、欧米諸国が産業革命を経て世界の覇権を争って領土拡張を遂げながら、最終的には世界戦争にいたるまでの、いわば西洋が圧倒的優位を誇った時代だ。この白人優位時代において、その最大の犠牲となった人々は誰かと問えば、「黒人」とされる人々だという答えがおのずと返ってくる。黒人は、アメリカ、カリブ海地域では奴隷とされ、アフリカ大陸でも支配・搾取されてきたが、その発端は、著者の見るところ、大西洋奴隷貿易・奴隷制にある。

著者は、アメリカ諸地域での数世紀におよぶ奴隷制こそが「ニグロと白人の世界」を作り出したと考える。すなわち、ヨーロッパ人がアフリカ人を奴隷化するシステムを構築することにより、「ニグロ」と「白人」という肌の色と外形で捉えられる、のちに人種化される関係が生じたのである。しかも、その暴力はいまだに過ぎ去っていない。「西洋全体に共通する歴史に根差した暴力や暗黙の了解の威力を測るには、あることを試してみるだけでいい。教室でも、校庭でも、テレビでも何でもいいから、公的な場で「ニグロ（nègre）」という言葉を発してみるのだ。反応は素早く、すさまじいものだろう」（本書、一二頁）と著者は言う。なぜか。なぜならニグロは、一六世紀以来、黒人奴隷を意味する語として機能してきたからだ。その語を口にするということは、相手の人間性を即座に否定するに等しい。「お前は人間ではない」と言うようなものなのだ。

著者が確認するのは、次のことだ。すなわち、「ニグロ」という語の定着以後、奴隷とはほぼ黒人のことを指すようになった。部分を全体で表す修辞を換喩と呼ぶが、「ニグロ」という語は、黒人全員が奴隷であるわけではないにもかかわらず、黒人を奴隷と等号にしてしまう修辞的用法として発明された、ということだ。では、特定の集団と奴隷制を結びつける用法を西洋が発明する以前、そもそも奴隷制とはどういうものだったのか。

奴隷制とは何か

この問いはきわめて重要だ。なぜなら、フランスで奴隷制・奴隷貿易が問題となる場合には、避けがたい争点が存在してきたからである。本書序文でも触れているように、二〇〇一年、南米のフランス海外県ギュイヤンヌ（仏領ギアナ）選出の議員クリスティアーヌ・トビラが、奴隷制・奴隷貿易は「人類に対する犯罪（人道に対する罪）」だとする法案を提出し、可決に至って以来、この通称トビラ法のもとで、奴隷制・奴隷貿易にまつわる歴史教育がおこなわれるようになった。これに対し、たとえば奴隷制史の専門家オリヴィエ・ペトレ＝グルヌイヨは大西洋奴隷貿易を「人類に対する犯罪」として特権化することに苦言を呈し、論争を呼び起こしたことがあった（二〇〇五年）。この歴史家の観点からすれば、ヨーロッパ人による奴隷制は他の奴隷制と比較することはできるが、ジェノサイドではない以上、「人類に対する犯罪」という同一のカテゴリーのもとで、「ショアー（ナチスのユダヤ人大虐殺）」と比較することはできない。

本解説の筆者の見るところ、本書の第一部が比較奴隷制の話から始まるのは、右記の文脈もまた念頭においてのことだ。つまり、奴隷制は結婚と同じぐらい古い制度であり、ヨーロッパ人によるニグロ奴隷制以前にも無数に存在してきたことを、著者は正当にも確認している。だが、そのうえで著者は、人類学者クロード・メイヤスーの著書『奴隷制の人類学』（未訳）に依拠しながら、ペトレ＝グルヌイヨの議論よりもいっそう根源的な問題を指摘する。すなわち、奴隷制のメカニズムとは「親族性」を基準に、奴隷を親族ではないもの（反親族性）として取り扱うのだと。このため「雇われる家で生まれ、主人の子どもたちといっしょに育った奴隷でも、同族として、あるいは「国民」の一員として、「いっしょに生まれていっしょに育った」人とは決してみなされない」（本書、三八頁）。メイヤスーは西アフリカの奴隷制の考察から奴隷制一般に当てはまるものとして、人間性の剥奪（脱人格化）、社会構成員としての再生産の否定（非性化）、文明性ないし市民性の否定（脱文明化）を挙げている。本書の理論的骨子はメイヤスーのこの理論に負っている。著者ミシェルはメイヤスーの親族／奴隷理論に基づき、古代奴隷制からアラブ世界の奴隷売買を経て、コロンブスの「新大陸発見」以降に定着する大西洋奴隷貿易までの歴史的展開を第一部でたどっていく。

「ニグロ」の発明

本書の主要な論点のひとつは、「ヨーロッパ人は、アフリカ人を奴隷にしたために人種主義者になった」（二二頁）というものだ。エドワード・サイードが『オリエンタリズム』（今沢紀子訳、平凡社ライブラリー、一九九三年）のなかで西洋は東洋という他者イメージをつうじて形成されたと述べたように、白人もまた「ニグロ」という他者像をつうじて自己の世界を築いていったのだ。

この主張はまた、本書の重要な参照文献のひとつであると考えられる、歴史家エリック・ウィリアムズの『資本主義と奴隷制』（中山毅訳、ちくま学芸文庫、二〇二〇年）の名句を思い起こさせる。「奴隷制は、人種差別から生まれたのではない。正確にいえば、人種差別が奴隷制に由来するものだった」（同書、二一頁）という名句だ。ウィリアムズは、イギリスの産業革命が、奴隷の無償労働に支えられた資本の本源的蓄積過程があって初めて可能になったとするテーゼを打ち出した最初の歴史家だが、本書第二部の基本的主張はこのウィリアムズ説を踏襲し、歴史的に展開したものだと捉えられる。そのさいに重要となるのは第一部で確認したメイヤスーの親族／奴隷理論である。これを踏まえて、著者ミシェルは「労働力の集中はアフリカにおけるニグロの生産によって可能になった。奴隷すなわちニグロは、政治的主体でも社会的主体でもなかった。彼らは自然に再生産されることはなく、市場で調達されて資本の一部となった」（九八頁）と述べている。

このように「白人」と「ニグロ」という人種的関係は奴隷制を通じて作り出されたのであり、そのように構築された白人世界にとって、「ニグロ」とはまさしく、資本主義の動力源として必要とされた、脱人格化、非性化、脱文明化に特徴づけられた存在となった。そのように発明された「ニグロ」という虚構のもとで、アフリカの人々は、どのように調達され、どのように奴隷貿易の対象となり、またどのようにプランテーションで生活を送ったのか。本書第二部は、奴隷貿易の開始から最盛期を迎える「ニグロの時代」を、豊富な史料に基づきながら、具体的に記していく、読み応えのある部分だ。もちろん「ニグロ」とされた人々が白人のなすがままになっていたわけではない。そのことを雄弁に示すのはハイチ革命だ。

ニグロの虚構は確固とした虚構ではない。それを振りかざす人を吹き飛ばすこともできるのだ。奴隷たちの驚くべき革命がその証拠である。（本書、一七五頁）

人種主義による「ドミ・ネーション」

本書第三部は、一九世紀から二〇世紀中盤まで、すなわち奴隷制廃止から第二次世界大戦終結後のユネスコの人種に関する声明までの約一五〇年間を対象にしている。私たちの知るとおり、ヨーロッパ各国は、イギリスを筆頭に一九世紀中に奴隷貿易と奴隷制を廃止する一方で、アフリカ大陸を中心に大規模な植民地支配に着手していく。

奴隷制廃止とは、文字通りには、黒人を奴隷の身分から解放して自由人にすることを指す。しかし、自由になった黒人は、白人と平等に扱われることは決してなかった。むしろ、白人は、「ニグロ」

よりも当然ながら優越した存在であるという崩されてはならない前提を、今度は「人種」概念でもって科学的に正当化していったのである（著者によれば、「人種」が現在の意味をもつようになったのは、一八世紀末以降である）。言い換えれば、「ニグロ」が奴隷である時代は、白人はニグロを劣った人種だとする人種主義的イデオロギーに訴える必要はなかった。しかし奴隷でなくなれば、ニグロは白人世界に自由人として参入することになる。白人はそれを絶対に容認しないということだ。著者は、この奴隷制廃止のプロセスのうちに奴隷制から人種制度への移行を見ている。

とくに第八章「ドミ・ネーション」は、第三部を読み進めるにあたって、肝要な章だ。黒人がアメリカ合衆国とフランスを震源地とする民主主義革命によって誕生した「市民」の概念からいかに排除されたのか、その原理を論じているからである。

この章で詳述されるように、奴隷制廃止のプロセスには、複雑な力学（自由黒人の存在、奴隷制廃止論者の活動、現地での奴隷反乱、自由労働の経済的効用）が働いている。「制度」としては廃止されるが、「奴隷制の経済的原理」それ自体は保持される。その経済的原理において機能するのもまた親族／奴隷理論だ。興味深いことに、著者はメイヤスーの人類学的考察を民主主義革命後の欧米の国民／国家（ネーション）概念にも応用してこう述べる。「彼らは国家とその同族・兄弟の共同体の表象を根拠に、自分たちのみに親族／国民の資格を集中させた。国家の兄弟たちは、他の兄弟集団とのライバル関係において、とりわけ生産と社会の再生産に従事する非兄弟の支配において自らを規定したというわけだ」（二二六頁）。「兄弟」とは具体的に「白人男性」を指す。白人男性こそが正当なる市民なのである。これを根拠づけたのが、所有と相続のルールを近代的に定めた最初の民法典ナポレオン法典

（一八〇四年）だったと喝破したうえで、著者はこう述べている。

アメリカ合衆国の独立革命と同様に、フランス革命の提唱するところでは、あらゆる男性は親族になることができ、あらゆる男性は自然に親族であった。大西洋地域の経験の重要性はここにある。なぜなら、ニグロが自分たちの親族や同等の人間になりうることに恐怖を覚えた支配階級は、白人であることを振りかざしたからだ。つまり、それは生物学的親子関係、「自然な」再生産［生殖］という方法によってしか獲得できない属性である。一八〇五年に植民地に適用されたナポレオン法典は、この点で明確である。白人に生まれなければ白人ではありえない、所有権と相続は、一方で白人の親子関係内で、他方で非白人の親子関係内でしか行われない。この二者の間には「自然」であり、超えられない、閉じられた境界としての「人種」がある。（本書、三二三頁）

このように「白人」の虚構とは「自然」の虚構でもある。白人男性が国民であり所有と相続の主体であり、またその親子関係は自然なものとして構築されるのだ。こうして、白人親族集団の自然性から排除されるニグロは、原理的には、非国民、非所有者の立場におかれ、二級市民として奴隷制廃止後の人種化された欧米社会に包摂されるのだ。

第八章のタイトル「ドミ・ネーション」は文字どおりには「支配」の意味だが、著者はこの語のうちにラテン語の「ドムス（家）」を読み込んでいる。このドムスの家長に当たるのが市民すなわち白人男性であり、彼は家の所有者だ。本書では、「ドミ・ネーション」とは法的に定められた所有者である国民／国家（ネーション）による支配を意味する語として用いられている。

親族の究極的拡張に向けて

こうして、奴隷制廃止に代わる新たな「ドミ・ネーション」の論理のもとに、科学的人種主義を根拠としながら白人支配が確立されていく帝国主義の時代のグローバル・ヒストリーを豊富なエピソードとともに跡づけながら、本書第三部は、ちょうど円を描くように、序文冒頭のユネスコによる人種問題をめぐる声明によって終わる。

本書を最後まで読みとおすとき、なぜユネスコの科学的人種主義の否定だけでは「白人」の虚構も「ニグロ」の虚構も乗り越えることができなかったのかが理解されるだろう。奴隷制が「ニグロ」と「白人」の関係を生み出し、その人種的関係性が、奴隷制廃止以後、白人社会の利益に基づく覇権的世界を構築するために正当化されていったわけだが、そのさいに「白人」という集団的規定をもたらしたのは、実はその根底においては、国籍でも、言語でもなかった。それは、男性原理に基づく親族性（あるいはドムス）の論理だったのだ。事実、この論理においては「ニグロ」だけではなく、著者がそうであるところの白人女性もまた、従属する地位におかれてきたことが第三部で明かされる。この親族／奴隷理論は、アメリカ合衆国、フランスでの先駆的な民主主義革命以後、なぜ人種差別と性差別が温存されてきたのかにも明快な説明を与えてくれる。

人種主義を可能とする人種の概念には親族性に基づく「兄弟／非兄弟」の分別が働いている、という著者のこの主張は、大変明快であり、根源的だ。著者が最後に提示する、人種主義を克服するための展望の一部を引いておこう。

人種をなくすことは、親子関係にせよ、社会生活にせよ、あるいは政治共同体に関するにせよ、自然という虚構を放棄しながら平等原則を少しでも前進させることである。われわれはそのため、とりわけ生物学的親子関係の役割を最小にするような、親族性のシステムの進化を受け入れなければならない。（本書、三二七頁）

著者が求めていることは、生物学的親子関係に縛られることなく、親族概念を拡張し続けることであり、人為的に作られた「自然」の虚構を明らかにし、世代間を超えて、私たちが、誰であれ親族であると感じられるような感覚をもつことだ。この提案は、人種差別の超克にとどまらない。ジェンダー、セクシャリティ、障害など、あらゆる線引きに伴われる差別を解消するだけのラディカルな可能性を秘めている。

もちろん、著者の提案を実現することは、どの社会であれ、決して簡単なことではない。しかし、本書は、親族性という隠された根本問題を認識することから始めてみることが、政治的、社会的現実としての人種観念を解体する決定的一歩であることを教えてくれる。本書の指摘にあるように、人種体制と無縁でない歴史をたどってきたこの日本社会において、私たちもまた、往々にして、生物学的親子関係から「日本人」を発想しがちだ。だとすれば、それは私たちが「日本人」なるものを人種化して捉えていることの証左ではないだろうか。本書が人種主義研究という観点から促すのは、この社会の多数派をなす「日本人」という作られた「自然」の虚構を自覚し、男性や健常者をおのずと優位とする日本社会の親族性の構造そのものを問い直すことだ、と言える。

このように、オレリア・ミシェルが提示する親族性の究極的拡張という展望（ドムスから発想すれば、あらゆる他者を迎え入れるホスピタリティの展望）は、私たちが、この地球上に生活するヒトという動物として、謙虚かつラディカルに目指すべき高次の政治的・詩学的目標をなしている。それだけでない。この考えは、ヒトがどこまで非ヒトを親族として捉えることができるのか、という未来に向けたもうひとつの問いをも含みこんでいる。このことは、私たちの環境を構成する、動物、植物、機械といった異なる種との共存関係を考えるにあたって、実に示唆的ではないだろうか。本書は、「親族性のシステムの進化」という視座から、人種と人種主義をめぐる問題を、気候変動と環境破壊といった今日的課題に連動させて捉えるという新たな地平を切り開く、画期的な書でもあるのだ。

and British Africa, Cambridge, Cambridge University Press, 1996.

36 Marie Rodet et Romain Tiquet, « Genre, travail et migrations forcées sur les plantations de sisal du Sénégal et du Soudan français (1919-1946) », *in* Éric Guerassimoff et Issiaka Mandé (dir.), *Le Travail colonial. Engagés et autres mains-d'œuvre migrantes dans les empires (1850-1950), op. cit.*, p. 356, citant une archive de l'inspection du travail, Gouverneur Tap, mission de février 1937 au Soudan français.

37 Frantz Fanon, *Peau noire, masques blancs*, Paris, Seuil, 1952.（『黒い皮膚・白い仮面』海老坂武、加藤晴久訳、みすず書房、2020年）

38 *Id.*, *Les Damnés de la terre*, Paris, Maspero, 1961.（『地に呪われたる者』鈴木道彦、浦野衣子共訳、みすず書房、2015年）

結論　人種の策略

1 Sophie Body-Gendrot et Catherine Wihtol de Wenden, *Police et Discriminations raciales. Le tabou français*, Paris, Éditions de l'Atelier, 2003 et Frank Edwards, Hedwig Lee et Michael Esposito, « Risk of Being Killed by Police Use of Force in the United States by Age, Race-Ethnicity, and Sex », *Proceedings of the National Academy of Sciences*, août 2019, vol. 116, n° 34, p. 16793-16798.

2 Fabrice Dhume, « L'école face à la discrimination ethnoraciale. Les logiques d'une inaction publique », *Migrations Société*, 131, n° 5, 2010, p. 171-184 ; Cris Beauchemin, Christelle Hamel et Patrick Simon (dir.), *Trajectoires et origines. Enquête sur la diversité des populations en France*, Paris, Ined éditions, 2015.

3 Colette Guillaumin, *L'Idéologie raciste, op. cit.* ; Véronique de Rudder-Paurd *et al.*, *L'Inégalité raciste. L'universalité républicaine à l'épreuve*, Paris, PUF, 2000.

4 Florence Gauthier, « Le Mercier de la Rivière et les colonies d'Amérique », *Revue française d'histoire des idées politiques*, art. cité.

5 Sigmund Freud, *Totem et Tabou*, Paris, France, Seuil, « Points Essais », 2010 (première édition allemande en 1913).（『フロイト全集12　1912-1913年　トーテムとタブー』須藤訓任 責任編集、岩波書店、2009年）

6 « Sur la mort du premier-né », *in* William Edward Burghardt Du Bois, *Les Âmes du peuple noir*, Paris, La Découverte, 2007, p. 197-204.（『黒人のたましい』木島始ほか訳、岩波文庫、1992年）

20　1920年代、人類学者ヴェルナー・マックス・アイゼレン（Werner Max Eiselen）はバントゥー族の文化を保護するために分離を訴えた。

21　Maria Lúcia G. Pallares-Burke, « Genèse d'une pensée. Gilberto Freyre (1918-1933) », *in* Silvia Capanema *et al.* (dir.),. *Du transfert culturel au métissage. Concepts, acteurs, pratiques, Rennes, Presses universitaires de Rennes*, 2015, p. 115-126

22　Thomas E. Skidmore, *Preto no branco : raça e nacionalidade no pensamento brasileiro,* São Paulo, Paz e Terra, 1976, p. 208.

23　Guilherme Gutman, « Raça e psicanálise no Brasil. O ponto de origem : Arthur Ramos », *Revista Latinoamericana de Psicopatologia Fundamental*, 10, n° 4, décembre 2007, p. 711-728.

24　Maurice Olender, *Race sans histoire, op. cit.*, p. 75.

25　Cité par Chloé Maurel, « La question des races », *Gradhiva. Revue d'anthropologie et d'histoire des arts*, n° 5, mai 2007, p. 114-131.

26　Jules Lucrèce, *Histoire de la Martinique : à l'usage des cours supérieur et complémentaire des écoles primaires : ouvrage illustré de 32 gravures*, Paris, PUF, 1933, p. 144. より引用。

27　Pierre Brocheux, « Les migrations des travailleurs vietnamiens dans l'espace impérial français du Pacifique (Indochine, Nouvelle-Calédonie, Nouvelles Hébrides) aux XIXe et XXe siècles », *in* Éric Guerassimoff et Issiaka Mandé (dir.), *Le Travail colonial. Engagés et autres mains-d'œuvre migrantes dans les empires (1850-1950), op. cit.*, p. 283-300.

28　Issiaka Mandé, « La déraison de la république impériale française en Afrique de l'Ouest », *in* Éric Guerassimoff et Issiaka Mandé (dir.), *Le Travail colonial. Engagés et autres mains-d'œuvre migrantes dans les empires (1850-1950), op. cit.*

29　Pierre Brocheux, « Les migrations des travailleurs vietnamiens… », art. cité.

30　Marie Rodet et Romain Tiquet, « Genre, travail et migrations forcées sur les plantations de sisal du Sénégal et du Soudan français (1919-1946) », *in* Éric Guerassimoff et Issiaka Mandé (dir.), *Le Travail colonial. Engagés et autres mains-d'œuvre migrantes dans les empires (1850-1950), op. cit.*, p. 353-381.

31　Issiaka Mandé, « La déraison de la république impériale française en Afrique de l'Ouest » *in* Éric Guerassimoff et Issiaka Mandé (dir.), *Le Travail colonial. Engagés et autres mains-d'œuvre migrantes dans les empires (1850-1950), op. cit.*

32　Pascal Blanchard *et al.* (dir.), *Zoos humains et exhibitions coloniales. 150 ans d'inventions de l'Autre*, Paris, La Découverte, 2011.

33　Sandrine Lemaire (dir.), *Culture coloniale (1871-1931)*, Paris, Autrement, 2003, p. 5-39.

34　Simone de Beauvoir, *La Force de l'âge*, Paris, Gallimard, 1960.（『女ざかり――ある女の回想』朝吹登水子、二宮フサ訳、紀伊國屋書店、1963年）

35　Frederick Cooper, *Decolonization and African Society. The Labor Question in French*

3 デトロイトについては以下を参照。Olivier Zunz, *Naissance de l'Amérique industrielle. Detroit (1880-1920)*, Paris, Aubier, 1983.

4 *Ibid.*

5 ブラジルの黒人を形容するためにニナ・ロドリゲスが使った表現。

6 この段落はすべて以下の資料に基づく。Monique Milia Marie-Luce, « Une tentative avortée d'immigration de travail. "L'Affaire des bonnes antillaises" (1922-1924) », *in* Éric Guerassimoff et Issiaka Mandé (dir.), *Le Travail colonial. Engagés et autres mains-d'œuvre migrantes dans les empires (1850-1950), op. cit.*, p. 141-168.

7 *Ibid.*, p. 146

8 *Ibid.*

9 Dominique Vidal, *Les Bonnes de Rio. Emploi domestique et société démocratique au Brésil*, Villeneuve d'Ascq, Presses universitaires du Septentrion, 2007.

10 Faranirina Rajaonah et Samuel F. Sanchez, « La Condition des travailleurs dans la société de plantation de Nosy Be (Madagascar) du milieu du XIXe siècle à l'indépendance », *in* Éric Guerassimoff et Issiaka Mandé (dir.), *Le Travail colonial. Engagés et autres mains-d'œuvre migrantes dans les empires (1850-1950), op. cit.*, p. 245-282.

11 Shubi L. Ishemo, « Forced Labour and Migration in Portugal's African Colonies », *in* Robin Cohen (dir.), *The Cambridge Survey of World Migration*, Cambridge, Cambridge University Press, 1995, p. 162-165.

12 Éric Meyer, « Les *coolies* indiens de Ceylan face à la loi des planteurs au début du XXe siècle », *in* Éric Guerassimoff et Issiaka Mandé (dir.), *Le Travail colonial. Engagés et autres mains-d'œuvre migrantes dans les empires (1850-1950), op. cit.*, p. 341.

13 *Ibid.*

14 Marie Rodet et Romain Tiquet, « Genre, travail et migrations forcées sur les plantations de sisal du Sénégal et du Soudan français (1919-1946) », *in* Éric Guerassimoff et Issiaka Mandé (dir.), *Le Travail colonial. Engagés et autres mains-d'œuvre migrantes dans les empires (1850-1950), op. cit.*, p. 358.

15 Albert Londres, *Terre d'ébène. La traite des Noirs*, Paris, Albin Michel, 1929.

16 Marianne Boucheret, « Le pouvoir colonial et la question de la main-d'œuvre en Indochine dans les années 1920 », *Cahiers d'histoire. Revue d'histoire critique*, octobre 2001, n° 85, p. 29-55.

17 Issiaka Mandé, « La déraison de la république impériale française en Afrique de l'Ouest. Le travail forcé et les villages de colonisation Mossi en Côte-d'Ivoire », *in* Éric Guerassimoff et Issiaka Mandé (dir.), *Le Travail colonial. Engagés et autres mains-d'œuvre migrantes dans les empires (1850-1950), op. cit.*, p. 121.

18 *Ibid.*, p. 122

19 Albert Londres, *Terre d'ébène, op. cit.*

n° 67, p. 183-205.

23 Gouvernorat de l'A.-O.F., circulaire 186, 1909.

24 Albert Memmi, *Portrait du colonisé*, précédé de : *Portrait du colonisateur*, Paris, Payot 1973.（『植民地――その心理的風土』渡辺淳訳、三一書房、1959年）

25 Georges Hardy, « L'homme reste homme tant qu'il est sous le regard d'une femme de sa race », cité dans Clotilde Chivas-Baron, *La Femme française aux colonies*, Paris, Larose, 1929.

26 Armelle Enders, « "Castes", "races", "classes" », *in* Pierre Singaravélou (dir.), *Les Empires coloniaux (XIXe - XXe siècle), op. cit.*.

27 Maurice Olender, *Race sans histoire, op. cit.* より引用。

28 Martine Spensky, « Les institutions pour mères célibataires en Angleterre, productrices de légitimité », *Sciences politiques*, n° 2-3, mai 1993, p. 195-223.

29 *Ibid.*

30 George Reid Andrews, *Afro-Latinoamérica (1800-2000)*, Oxford, Oxford University Press, 2007, p. 119.

31 Alfredo Gomez-Muller, « La réception du "partage du monde" en Amérique latine. Le point de vue racialiste de Rafael Núñez », *in* Christine de Gemeaux et Amaury Lorin (dir.), *L'Europe coloniale et le grand tournant de la Conférence de Berlin, op. cit.*, p. 313-348.

32 *Ibid.*

33 Lilia Moritz Schwarcz, « Espetáculo da miscigenação », *Estudos Avançados*, 8, n° 20, avril 1994, p. 137-152.

34 ブラジルに優生学を導入したレナート・ケールはその一例である。

35 Natalia Bazoge, « La gymnastique d'entretien au XXe siècle. D'une valorisation de la masculinité hégémonique à l'expression d'un féminisme en action », *Clio. Femmes, Genre, Histoire*, n° 23, avril 2006, p. 197-208.

36 Mauricio de Almeida Abreu, *Evolução urbana do Rio de Janeiro*, Rio de Janeiro, IPLANRIO J. Zahar Editor, 1987.

37 Carole Raynaud Paligot, *La République raciale, op. cit.*

38 Gustave Le Bon, *L'Homme et les sociétés. Leurs origines et leur histoire*, première partie : *L'Homme. Développement physique et intellectuel*, Paris, J. Rothschild Éditeur, 1881 ; réimpression de l'édition de 1881. Paris, Éditions Jean-Michel Place, 1987.

第12章

1 1914から1922年に、ヨーロッパで約1800万人（半分は民間人）が死亡し、400万から500万人が避難した。

2 Loïc Wacquant, « De la "terre promise" au ghetto », *Actes de la recherche en sciences sociales*, 99, n° 1, 1993, p. 43-51.

9 Armelle Enders, « “Castes”, “races”, “classes” », *in* Pierre Singaravélou (dir.), *Les Empires coloniaux (XIXe - XXe siècle), op. cit.*

10 *Ibid.*, p. 113

11 Paul Vigné d'Octon, *La Gloire du sabre*, Paris, Flammarion, 1900, p. 40-41, cité par Jean Suret-Canale, *Afrique Noire, Occidentale et Centrale*, Paris, Éditions sociales, 1968, p. 299-300 ; Muriel Mathieu, *La Mission Afrique Centrale*, Paris, L'Harmattan, 1995, p. 103-104.

12 Adam Hochschild, *Les Fantômes du roi Léopold II. Un holocauste oublié*, trad. par Marie-Claude Elsen et Frank Straschitz, Paris, Belfond, 1998.

13 Éric Meyer, « Les coolies indiens de Ceylan face à la loi des planteurs au début du XXe siècle », *in* Éric Guerassimoff et Issiaka Mandé (dir.), *Le Travail colonial. Engagés et autres mains-d'œuvre migrantes dans les empires (1850-1950), op. cit.*

14 *Ibid.*

15 Noëlle Demyk, « Café et pouvoir en Amérique centrale », *Études rurales*, 180, n° 2, 1er janvier 2008, p. 137-154.

16 Yann Moulier Boutang, *De l'esclavage au salariat, op. cit.*

17 あまり成功しなかった。cf. Robert Conrad, « The Planter Class and the Debate over Chinese Immigration to Brazil (1850-1893) », art. cité.

18 « Caucasien mais pas blanc. La race et les Portugais à Hawaii », IRESMO-Recherche et formation sur les mouvements sociaux, 13 avril 2017.

19 1892年にホーマー・プレッシーは、ルイジアナ州で施行されたばかりの交通機関での黒人分離を定めた車両分離法に異議を唱えた。部分的には黒人の血も入っているが、見かけは白人であるプレッシーは、このルイジアナ州法を無効にするため、この差別への抗議を最高裁に持ち込む目的で、白人に限定された車両にわざと乗り、鉄道会社に自分を排除させるように仕向けた。しかし、州最高裁は、鉄道会社は白人と同様に黒人にも列車へのアクセスを保障しているという論旨（「分離すれど平等」）をもって同法の合憲性を認め、ルイジアナ州ニューオーリンズ裁判所のファーガソン裁判官による判決を支持した。

20 マルチーヌ・スパンスキー（Martine Spensky）は、当時のウィリアム・グラッドストン英首相が冗談のようにして「妻と私は一人の同じ人間、つまり私だ」と言ったことを取り上げている。*in* « Discours antiesclavagiste et colonisation au Royaume-Uni à la veille de la conférence de Berlin (1883-1884) », *in* Christine de Gemeaux et Amaury Lorin (dir.), *L'Europe coloniale et le grand tournant de la Conférence de Berlin, op. cit.*, p. 109.

21 Gilles Boëtsch et Éric Savarese, « Photographies anthropologiques et politiques des races », *Journal des anthropologues*, 80-81, 2000, p. 247-258.

22 Élisabeth Cunin et Odile Hoffmann, « Description ou prescription ? Les catégories ethnico-raciales comme outils de construction de la nation. Les recensements au Belize (XIXe - XXe siècles) », *Cahiers des Amériques latines*, 2011/2,

l'Afrique », *in* Christine de Gemeaux et Amaury Lorin (dir.), *L'Europe coloniale et le grand tournant de la Conférence de Berlin, op. cit.*

30 Ernst Hasse, *Deutsche Grenzpolitik* (Politique d'extension des frontières allemandes), Munich, 1906.

31 Martine Spensky, « Discours antiesclavagiste et colonisation au Royaume-Uni à la veille de la conférence de Berlin (1883-1884) », *in* Christine de Gemeaux et Amaury Lorin (dir.), *L'Europe coloniale et le grand tournant de la Conférence de Berlin, op. cit.*, p. 92.

32 Valérie Piette, « L'opportunité de la Conférence de Berlin (1884-1885) pour le roi Léopold II de Belgique », *in* Christine de Gemeaux et Amaury Lorin (dir.), *L'Europe coloniale et le grand tournant de la Conférence de Berlin, op. cit.*

33 *Ibid.*, p.21

34 « Évêques belges et le Congo », *in Le Soir*, 25 octobre 1908, p. 2, cité in *ibid.*

第11章

1 Klara Boyer, *Entre les deux rives du canal du Mozambique. Histoire et mémoires des Makoa de l'ouest de Madagascar (XIX*[e] *et XX*[e] *siècles), thèse de doctorat*, Université Paris Diderot, 2017.

2 Lucille Chiovenda, « Portrait d'un "engagiste" : Francis Vetch et les coolies du Fujian au début du XXe siècle », *in* Éric Guerassimoff et Issiaka Mandé (dir.), *Le Travail colonial. Engagés et autres mains-d'œuvre migrantes dans les empires (1850-1950), op. cit.*, p. 231-244, en particulier p. 233.

3 Éric Meyer, « Les *coolies* indiens de Ceylan face à la loi des planteurs au début du XXe siècle », *in* Éric Guerassimoff et Issiaka Mandé (dir.), *Le Travail colonial. Engagés et autres mains-d'œuvre migrantes dans les empires (1850-1950), op. cit.*, p. 323-352, en particulier, p. 323.

4 Élisée Reclus, *Nouvelle Géographie universelle. La terre et les hommes*, t. VII : *L'Asie orientale*, Paris, Librairie Hachette et Cie, 1882.

5 1905年から1941年に23万人のジャワ人が移住させられた。

6 Matilde González-Izás, *Formación del estado y disputas territoriales en el corazón del triángulo norte de Centroamérica : siglos XIX y XX*, Guatemala Ciudad, FLACSO, 2015.

7 Piedad Peniche Rivero, *La Historia secreta de la hacienda henequera de Yucatán*, Mérida, Archivo General de la Nación, 2010 ; Herbert J. Nickel, *El penoaje en las haciendas mexicanas*, Mexico, Universidad Iberoamericana, 1997. この文献についてはローラ・マチュカ（Laura Machuca）に感謝する。

8 Pierre Singaravélou, « Des empires en mouvement ? Impacts et limites des migrations coloniales », *in* Pierre Singaravélou (dir.), *Les Empires coloniaux (XIX*[e] *- XX*[e] *siècle), op. cit.*, p. 125-168, en particulier p. 161.

（Le Moniteur）』誌に掲載された。

16 Martine Spensky, « Discours antiesclavagiste et colonisation au Royaume-Uni à la veille de la conférence de Berlin (1883-1884) », *in* Christine de Gemeaux et Amaury Lorin (dir.), *L'Europe coloniale et le grand tournant de la Conférence de Berlin, op. cit.*, p. 83-118.

17 *Ibid.*, p. 97.

18 モーリス・オランデール（Maurice Olender）によると、アーリア民族とセム民族という表現は、アドルフ・ピクテ（Adolphe Pictet）の言語学的古生物学の著作の中で、1859年に操作上の概念として現れた。Maurice Olender, *Race sans histoire, op. cit.* を見よ。

19 Joseph Alexander von Herfelt, *Bosnisches*, Vienne, 1879, p. 21 et 171, cité par Daniel Baric, « Du Congrès à la Conférence de Berlin (1878-1885). Des Balkans à l'Afrique », *in* Christine de Gemeaux et Amaury Lorin (dir.), *L'Europe coloniale et le grand tournant de la Conférence de Berlin, op. cit.*, p. 29-53.

20 Christine de Gemeaux, « Bismarck et les enjeux allemands de la Conférence de Berlin (1878-1885) », *in* Christine de Gemeaux et Amaury Lorin (dir.), *L'Europe coloniale et le grand tournant de la Conférence de Berlin, op. cit.*, p. 55-82.

21 Ernest Renan, *Réforme intellectuelle et morale*, Paris, Calmann-Lévy, 1871.

22 Carole Reynaud Paligot, *La République raciale. Paradigme racial et idéologie républicaine (1860-1930)*, Paris, PUF, 2006.

23 Armelle Enders, « "Castes", "races", "classes" », *in* Pierre Singaravélou (dir.), *Les Empires coloniaux (XIXe - XXe siècle)*, Paris, Seuil, « Points Histoire », 2013, p. 77-124, p. 101,［本文の引用符の箇所は原著者による］

24 Xavier Daumain, « La doctrine coloniale africaine de Paul Leroy-Beaulieu (1870-1916). Essai d'analyse thématique », *in* Hubert Bonin *et al.* (dir), *L'Esprit économique impérial (1830-1970). Groupes de pression et réseaux du patronat colonial en France et dans l'empire*, Saint-Denis, SFHOM, 2008, p. 103. を参照。

25 *Ibid.*

26 Gilles Manceron, *1885 : le tournant colonial de la République, Jules Ferry contre G. Clemenceau et autres affrontements parlementaires sur la conquête coloniale*, Paris, La Découverte, 2007, p. 8. より引用。

27 Leopold II, discours d'ouverture de la Conférence géographique, cité par Émile Banning, *L'Afrique et la conférence géographique de Bruxelles*, 1877, cité par Valérie Piette, « L'opportunité de la Conférence de Berlin (1884-1885) pour le roi Léopold II de Belgique », *in* Christine de Gemeaux et Amaury Lorin (dir.), *L'Europe coloniale et le grand tournant de la Conférence de Berlin, op. cit.*, p. 179-202, en particulier p. 186.

28 *Ibid.*

29 Daniel Baric, « Du Congrès à la Conférence de Berlin (1878-1885). Des Balkans à

は当時、フランスの奴隷貿易の中心地だった。

19　Emmanuel Bertrand-Bocandé, « Carabane et Sedhiou », *Revue coloniale*, 1856, p. 398-421.

第10章

1　Hendrik Lodewijk Wesseling, *Le Partage de l'Afrique (1880-1914)*, trad. par Patrick Grilli, Paris, Denoël, 1996.

2　Gérard Siary, « La réception de l'idée de race en Asie orientale », p. 165-176, Arnaud Nanta, « La société d'anthropologie de Tokyo et la question aïnoue : classifications raciales, préhistoire et identité nationale dans les années 1880-1910 », p. 177-188. ［本注は、邦訳にあたって原著者より追加された］

3　1848年6月、グアドループにおけるガティーヌ政府委員の宣言。Nelly Schmidt, *Abolitionnistes de l'esclavage et réformateurs des colonies (1820-1851). Analyse et documents*, Paris, Karthala, 2001. を参照。

4　*Journal officiel de la Martinique et Courrier de la Martinique* du 24 mai 1848.

5　Circulaire du 31 mars 1848, Saint-Pierre, signée par Thomas Husson, directeur provisoire de l'Intérieur pour la République française.

6　Virginie Chaillou-Atrous, « Engagés indiens et engagés africains à La Réunion au XIXe siècle. Une histoire commune ? », *in* Éric Guerassimoff et Issiaka Mandé (dir.), *Le Travail colonial. Engagés et autres mains-d'œuvre migrantes dans les empires (1850-1950)*, Paris, Riveneuve éditions, 2016, p. 220.

7　「クーリー」はタミル語で「賃金」を意味する。

8　Robert Conrad, « The Planter Class and the Debate over Chinese Immigration to Brazil, 1850-1873 », *International Migration Review*, vol. 9, n° 1, 1975, p. 41-55.

9　Paul Schor, « Statistiques de la population et politique des catégories aux États-Unis au xixe siècle. Théories raciales et questions de population dans le recensement américain », *Annales de démographie historique*, n° 105, 2003/1, p. 5-22.

10　*Ensayos sobre las revoluciones politicas*, cité par Alfredo Gomez-Muller, « La réception du "partage du monde" en Amérique latine. Le point de vue racialiste de Rafael Núñez », *in* Christine de Gemeaux et Amaury Lorin (dir.), *L'Europe coloniale et le grand tournant de la Conférence de Berlin, op. cit.*, p. 323.

11　1870年のクレミュー政令（décret Crémieux）が、アルジェリアのユダヤ人の市民権を認めるこの措置を補完した。

12　Charles Féraud, « L'Insurrection en Algérie », *L'Illustration*, 9 septembre 1871, vol. LVIII, n° 1489, 1871, 2nd semestre, p. 170.

13　*Ibid.*

14　Roselène Dousset-Leenhardt, *Terre natale, Terre d'exil*, Paris, Maisonneuve & Larose, 1976, p. 238. より引用。

15　1852年10月9日のボルドーにおける演説は、同年10月11日付『ル・モニトゥール史との関係において考慮される人種の生理学的特徴」というタイトルの「手紙」をティエリーに送った。これは、歴史家によって最初の科学的な人種の論述とみなされている。Carole Reynaud Paligot « Construction et circulation de la notion de "race" au cours du XIXe siècle », *in* Nicolas Bancel, Thomas David et Dominic Thomas (dir.), *L'Invention de la race, op. cit.*, p. 103-116. を見よ。

6 Caroline Oudin-Bastide et Philippe Steiner, *Calcul et Morale, op. cit.*, p. 211 ; Nelly Schmidt, « Organisation du travail et statuts des travailleurs dans les colonies françaises des Caraïbes, des projets de réforme à la réalité (1830-1870) », *in* Danielle Bégot (dir.), *La Plantation coloniale esclavagiste (XVIIe - XIXe siècles). Actes du 127e Congrès national des sociétés historiques et scientifiques*, Nancy, 2002, Paris, Éditions du CTHS, 2008, p. 265-286.

7 Thomas Bernon, « La science des races. La Société ethnologique de Paris et le tournant colonial (1839-1848) », *La Révolution française. Cahiers de l'Institut d'histoire de la Révolution française*, n° 15, décembre 2018, en ligne.

8 Commission chargée d'examiner la proposition relative aux esclaves des colonies, *Rapport fait au nom de la commission chargée d'examiner la proposition de M. de Tracy, relative aux esclaves des colonies : [séance du 23 juillet 1839] / par M. A. de Tocqueville*, 1839.

9 1839年にキューバにアフリカ人奴隷を違法に輸送していたスペイン船"アミスタッド"号。50人ほどの奴隷が蜂起し、船長を殺した。生き残った奴隷所有者はアメリカ合衆国海岸に船首を向けることに成功したが、米海軍がこの船を拿捕し、遭難から救われた財産としてスペインの所有物とみなされるか、あるいはキューバの購入者に属するか、奴隷の処遇に裁定を下すために法廷に持ち込んだ。最高裁判所はこの件を1841年に審理し、奴隷の監禁を違法とし、解放を命じた。Marcus Rediker, *Les Révoltés de l'Amistad. Une odyssée atlantique (1839-1842)*, trad. par Aurélien Blanchard, Paris, Seuil, 2015.

10 Paul Schor, *Compter et Classer, op. cit.*

11 Lettre de Gustave d'Eichthal à Léopold Javal, 14 juin 1839, cité par Thomas Bernon, « La science des races », art. cité.

12 *Lettres sur l'Amérique du Nord par Michel Chevalier*, Hauman, Cattoir, 1837.

13 Thomas Bernon, « La science des races », art. cité.

14 *Ibid.*

15 *Ibid.*

16 *Ibid.*

17 Rudolf Widmer, « Les plantations de Santiago du Cap-Vert aux XVIIIe - XIXe siècles. Le problème de la main-d'œuvre et des débouchés », *in* Danielle Bégot (dir.), *La Plantation coloniale esclavagiste*, p. 245-264.

18 フランスは、17世紀末にセネガルにいくつかの商館を設けた。2018年5月9日にマクロン仏大統領が「ヨーロッパ広場」としてお披露目した広場のあるゴレ島

19 Maurice Olender, *Race sans histoire*, Paris, Seuil, « Points Essais », 2009.

20 Martine Spensky, « Discours antiesclavagiste et colonisation au Royaume-Uni à la veille de la conférence de Berlin (1883-1884) », *in* Christine de Gemeaux et Amaury Lorin (dir.), *L'Europe coloniale et le grand tournant de la Conférence de Berlin (1884-1885)*, Paris, Le Manuscrit, 2013, p. 83-118.

21 François-René de Chateaubriand, dans une réédition en 1816 de *L'Itinéraire de Paris à Jérusalem* (1811), cité par Francis Arzalier, « Les mutations de l'idéologie coloniale en France avant 1848 », *in* Marcel Dorigny (dir.), *Les Abolitions de l'esclavage*, *op. cit.*, p. 299-308.

22 Francis Arzalier, « Les mutations de l'idéologie coloniale », *in* Marcel Dorigny (dir.), *Les Abolitions de l'esclavage, op. cit.*

23 Lucien de Montagnac, *Lettres d'un soldat. Neuf ans de campagne en Afrique*, Paris, Plon, 1885 ; réédité par Christian Destremeau, 1998, lettre du 31 mars 1842.

24 Alexandre Foignet, *Quelques réflexions sur les colonies*, Paris, 1831, cité par Francis Arzalier, « Les mutations de l'idéologie coloniale en France avant 1848 », *in* Marcel Dorigny (dir.), *Les Abolitions de l'esclavage, op. cit.*

25 逆説的だが、フランスの民法典は男性と女性の遺産相続者に厳格な平等を導入し、相続の慣習的制度を変えた――ただし、地方ごとの慣習によってしばしば相殺されていた。Fabrice Boudjaaba, « Femmes, patrimoine et marché foncier dans la région de Vernon (1760-1830). Le patrilignage normand face au code civil », *Histoire & Sociétés Rurales*, 2007/2, vol. 28, p. 33-66.

第９章

1 CAOM, « Sévices infligés aux esclaves » cité par Nelly Schmidt, in *L'Engrenage de la liberté. Caraïbes (XIXe siècle)*, Aix-en-Provence, Presses de l'Université de Provence, 1995, cité par Denis Oruno Lara, *De l'oubli à l'histoire, op. cit.*

2 Louis Sala-Molins, *Le Code noir ou le calvaire de Canaan*, Paris, PUF, 1998, p. 17.

3 Victor Schoelcher, *Des colonies françaises. Abolition immédiate de l'esclavage*, Paris, Pagnerre, 1842.

4 Jules Lechevalier, *Note sur la fondation d'une nouvelle colonie dans la Guyane française ; ou, Premier aperçu d'un nouveau mode de population et de culture pour l'exploitation des régions tropicales, suivi de plusieurs pièces et documents, etc.*, Paris, Firmin Didot frères, 1844., cité par Caroline Oudin-Bastide et Philippe Steiner, *Calcul et Morale, op. cit.*

5 ジャマイカの大農園主の息子、フレデリック・ウィリアム・エドワール（Frederick Williams Edwards）は、医学を身につけるためフランスに来ると、1824年に「生命への身体的要因の影響」と題する概論を記した。フランス人の歴史における「フランク人」と「ゴール人」の構成について最初に自問した歴史学者アメデ・ティエリーらと対話するなかで、エドワールは1829年に「歴

6 *Soirées bermudiennes*, 1802, cité par Caroline Oudin-Bastide et Philippe Steiner, *Calcul et Morale, op. cit.*, p. 87.

7 Élise Marienstras, « Les Lumières et l'esclavage en Amérique du Nord au XVIIIe siècle », art. cité.

8 Silyane Larcher, *L'Autre Citoyen. L'idéal républicain et les Antilles après l'esclavage*, Paris, Armand Colin, 2014.

9 植民地に民法典を発布する1805年11月7日付アレテ。Arrêté du 16 Brumaire an XIV (7 novembre 1805)

10 *Ibid.*

11 エジプト遠征の際の父とナポレオン・ボナパルトの間の激しい口論を、息子のアレクサンドル・デュマは次のように語っている。

「それなら、デュマ、おまえは心の中で、一方をフランス、他方を私、と2つに分けているのだ。私が自分の利益とフランスの利益、私の財産とフランスの財産を分離すると信じているのだ」とナポレオンは言った。

「私は、フランスの利益は、いかに偉大な人であろうと、一人の人間の利益より優先されるべきだと信じます。国家の財産は個人の財産に従属すべきではないと思います。」(*Mes mémoires*, Alexandre Dumas, 1847)

12 Paul Schor, *Compter et Classer, op. cit.*, 2009.

13 Élise Marienstras, « Les Lumières et l'esclavage en Amérique du Nord au XVIIIe siècle », art. cité, p. 129.

14 Réjane Sénac, *Les Non-Frères au pays de l'égalité*, Paris, Presses de Sciences Po, 2017.

15 イギリス主要都市の8万人の志願者から5000人の入植者が選ばれた。

16 この賠償金は1826年に1億5000万フラン金貨と決められたが、交渉の結果、1838年に9000万フランに減額された。ハイチは賠償金とその利子を20世紀半ばまで払い続けた。

17 「このように革命前のフランスは、これらの港にサン＝ドマングだけで1億2000万フランを含む1億6500万フランの植民地製品を輸入していた。この輸入品のうち、1億800万フランは"北の国々"に輸出された。うち半分はコーヒーだが、この輸出のおかげで鉄、銅、木材、タール、そして貴金属をフランスに供給することができたのだ。植民地はフランスの製造業者にとっては非常に有利な市場でもあった。彼らはフランス全土から集まる8000万フランの製品を植民地に売っていた。」Francis Démier, « Esclavage, économie coloniale et choix de développement français durant la première industrialisation (1802-1840) », *in* Marcel Dorigny (dir.), *Les Abolitions de l'esclavage de F. L. Sonthonax à V. Schoelcher, op. cit.*, p. 274.

18 Francis Démier, « Esclavage, économie coloniale et choix de développement français durant la première industrialisation (1802-1840) », *in* Marcel Dorigny (dir.), *Les Abolitions de l'esclavage, op. cit.*

いては、南部州とその他の州の長い議論の結果、5分の3の数が住民数に加算された。Paul Schor, *Compter et Classer. Histoire des recensements américains*, Paris, Éditions de l'EHESS, 2009.

20 Vertus Saint-Louis, « Le surgissement du terme "africain" pendant la révolution de Saint-Domingue », *Ethnologies*, 28, n° 1, 2006, p. 147, citant Jean-Paul Alaux, *Ulysse aux Antilles*, Paris, Éd. du Galion d'or, 1935.

21 1790年、デュビュック・ド・マランティーユ（Dubuc de Marentille）は、黒人は自分たちを水夫や兵隊より優れているとみなし、彼らのことを白人と呼ぶことを拒否すると言った。Caroline Oudin-Bastide et Philippe Steiner, *Calcul et Morale, op. cit.*, p. 186からの引用。

結論　ニグロと暴力

1 Alcide d'Orbigny (éd.), *Voyage pittoresque dans les deux Amériques. Résumé général de tous les voyages*, Pointe-à-Pitre, MANIOC/SCD de l'Université des Antilles et de la Guyane, 2009.

2 Caroline Oudin-Bastide, *Travail, capitalisme et société esclavagiste, op. cit.*, introduction.

3 Vertus Saint-Louis, « Le surgissement du terme "africain" pendant la révolution de Saint-Domingue », art. cité.

4 Constitution de Saint Domingue, 1801, art. 17.

第８章

1 「将軍はハバナから400匹の犬を取り寄せた。それが、逃げるニグロを捕えるため、森や小山でニグロを追い詰めるための唯一の手段だった。最初は非人間的と思われたそのやり方は、不運にも極悪人［ニグロ］の手に落ちたすべての人々に極悪人が遭わせた拷問によって正当化された。」Lettre du général Touvenot, SHD, B/7/23, mars 1803.

2 1783年カラカス生まれのシモン・ボリバルは、1813年から亡くなる1830年までスペイン領アメリカの独立戦争を指導した「解放者」である。

3 Simón Bolivar, *Carta de Jamaica*, Kingston, 1815.

4 *Rapport et projet d'articles constitutionnels relatifs aux colonies, présentés à la Convention nationale, au nom de la commission des onze, par Boissy d'Anglas, dans la séance du 17 Thermidor, l'an III*, Paris, Impr. nationale, 1795, cité par Florence Gauthier, « La Révolution française et le problème colonial : le cas Robespierre », *Annales historiques de la Révolution française*, 288, n° 1, 1992, p. 169-192.

5 Pierre-Victor Maoulet, *Mémoire sur l'esclavage des nègres dans lequel on discute des motifs proposés pour leur affranchissement, ceux qui s'y opposent, et les moyens praticables pour améliorer leur sort*, Neufchâtel, 1788, cité par Caroline Oudin-Bastide et Philippe Steiner, *Calcul et Morale, op. cit.*, p. 86.

Solitude, op. cit., p. 79.

3 Florence Gauthier, « Le Mercier de la Rivière et les colonies d'Amérique, Abstract », *Revue française d'histoire des idées politiques*, n° 20, 2004, p. 37-59.

4 *Ibid.*

5 Caroline Oudin-Bastide et Philippe Steiner, *Calcul et Morale. Coûts de l'esclavage et valeur de l'émancipation (XVIII*e *- XIX*e *siècle)*, Paris, Albin Michel, 2015.

6 Florence Gauthier, « Le Mercier de la Rivière et les colonies d'Amérique, Abstract », art. cité.

7 Adam Smith, *Recherches sur la nature et les causes de la richesse des nations*, livre 1, chap. 8, 1re édition, 1776.（『国富論――国民の富の性質と原因に関する研究』高哲男訳、講談社学術文庫、2020年）

8 Arlette Gautier, *Les Sœurs de Solitude, op. cit.*, p. 86, citant Gabriel Debien, « Plantations et esclaves à Saint-Domingue : la sucrerie Foäche (1770-1803) », *Notes d'histoire coloniale*, n° 67.

9 Arlette Gautier, *Les Sœurs de Solitude, op. cit.*, p. 93.

10 *Ibid.*, p. 102

11 *Ibid.*, p. 103

12 Jean-Antoine-Nicolas de Caritat Condorcet, *Réflexions sur l'esclavage des nègres*, Paris, Flammarion/Le Monde, 2009 [1781] ; Emma Rothschild, « A Horrible Tragedy in the French Atlantic », *Past & Present*, 192, n° 1, 1er août 2006, p. 67-108.

13 Arlette Gautier, *Les Sœurs de Solitude, op. cit.*

14 Élise Marienstras, « Les Lumières et l'esclavage en Amérique du Nord au XVIIIe siècle », art. cité.

15 *Ibid.*

16 Jean Delumeau et Alain Roman, *Saint-Malo au temps des négriers*, Paris, Karthala, 2002.

17 ポール・ル・メルシエ・ド・ラ・リヴィエールが1788年12月6日にジョルジュ・デスメに宛てた手紙。「元海軍会計官でサン＝ドマングの農園主になったポール・ジャン＝フランソワ・ル・メルシエ・ド・ラ・リヴィエールの苦悩、1787から1791年」としてフィリップ・オドレールが出版した。*in* Philippe Hrodèj (dir.), *L'Esclave et les plantations, de l'établissement de la servitude à son abolition, hommage à Pierre Pluchon*, Rennes, Presses universitaires de Rennes, 2008.

18 奴隷制擁護論者は、旧約聖書にあるノアの3番目の息子ハムへの呪いを根拠とする。ワインに酔った父ノアをからかったハムは、自らの子孫がハムの兄弟セムとヤフェトの子孫に奴隷として仕える呪いをかけられた。この逸話について18世紀の解釈は、ハムを黒人の先祖とする。Benjamin Braude, « Cham et Noé », *Annales. Histoire, Sciences Sociales*, 57e année, n° 1 (1er février 2002), p. 93-125.

19 アメリカ合衆国憲法における州の代表権問題も重要である。第1条によると、合衆国議会の議員数は各州の自由な住民数に比例して規定されており、奴隷につ

17 Arlette Gautier, *Les Sœurs de Solitude. La condition féminine dans l'esclavage aux Antilles du XVIIe au XIXe siècle*, Paris, Éditions Caribéennes, 1985.

18 André João Antonil, *Cultura e opulência do Brasil, op. cit.*, p. 111.

19 *Ibid.*, p. 112

20 *Ibid.*, p. 115

21 *Ibid.*, p. 112

22 Oruno Denis Lara, *De l'oubli à l'histoire, op. cit.*, p. 117.

23 Caroline Oudin-Bastide, *L'Effroi et la Terreur. Esclavage, poison et sorcellerie aux Antilles*, Paris, La Découverte, 2013.

24 「質問をする」とは、「拷問を使って尋問すること」を意味する。

25 Lucien Peytraud, *L'Esclavage aux Antilles françaises avant 1789. D'après des documents inédits des archives coloniales*, Paris, Hachette, 1897, disponible en ligne : http://gallica.bnf.fr/ark:/12148/bpt6k5470713x., cité par Oruno Denis Lara, *De l'oubli à l'histoire, op. cit.*

26 Oruno Denis Lara, *De l'oubli à l'histoire, op. cit.*, p. 117.

27 Nuno Marques Pereira et Afrânio Coutinho, *Compêndio narrativo do peregrino da América, éd.* par Francisco Adolfo de Varnhagen, 2 vol., Rio de Janeiro, Academia Brasileira de Letras, 1988.

28 Caroline Oudin-Bastide, *Travail, capitalisme et société esclavagiste. Guadeloupe, Martinique (XVIIe-XIXe siècle)*, Paris, La Découverte, 2005.

29 Herbert S. Klein, *African Slavery in Latin America and the Caribbean, op. cit.*

30 Oruno Denis Lara, *De l'oubli à l'histoire, op. cit.*, p. 118.

31 Simone Delesalle et Lucette Valensi, « Le mot "nègre" dans les dictionnaires français d'Ancien Régime ; histoire et lexicographie », art. cité.

32 *Ibid.*

33 Caroline Oudin-Bastide, *L'Effroi et la Terreur, op. cit.*

34 Arlette Gautier, *Les Sœurs de Solitude, op. cit.*

35 『百科全書』の同じ項目に、次のような記述がある。「ニグロの一般的な性質：ギニア湾地方のニグロのなかでたまたま正直者に会うこともあるかもしれないが、大多数は常に淫蕩だ。ほとんどは放蕩、復讐、盗み、虚言の癖がある。また非常に頑固なので、決して過失を認めないし、罰を与えてやっても、死の恐怖にすらほとんど動揺しない。」

第7章

1 Élise Marienstras, « Les Lumières et l'esclavage en Amérique du Nord au XVIIIe siècle », *in* Marcel Dorigny (dir.), *Les Abolitions de l'esclavage de F. L. Sonthonax à V. Schoelcher : 1793, 1794, 1848*, Saint-Denis, Éditions de l'Unesco, 1995, p. 111-132.

2 AN, col. F3 90, fol. 108, 11 avril 1764, cité dans Arlette Gautier, *Les Sœurs de*

第6章

1 Vincent Bakpetu Thompson, *The Making of the African Diaspora in the Americas (1441-1900)*, Harlow, Royaume-Uni/New York, Longman, 1987.

2 1673から1734年にジャマイカの人口は17,272人から93,790人（92%は奴隷）と、442%増加した。同時期にフランスの人口は13%、イギリスは9%増加したのみ。

3 「クレオール」という形容詞は、植物、動物、人間といったアメリカ生まれのあらゆる生物――それがアフリカ、アジア、ヨーロッパ出自であれ――に適用された。

4 Herbert S. Klein, *African Slavery in Latin America and the Caribbean*, New York, Oxford University Press, 1986.

5 Olaudah Equiano, *Ma véridique histoire. Africain, esclave en Amérique, homme libre*, traduit, présenté et annoté par Régine Mfoumou-Arthur, Paris, Mercure de France, 2008.（『英国十八世紀文学叢書5　アフリカ人、イクイアーノの生涯の興味深い物語』久野陽一訳、研究社、2012年）

6 Olivier Pétré-Grenouilleau, *Les Traites négrières, op. cit.*

7 Paul Erdmann Isert, *Voyages en Guinée et dans les îles Caraïbes en Amérique*, Paris, Karthala, 1989, p. 205.

8 Simone Delesalle et Lucette Valensi, « Le mot "nègre" dans les dictionnaires français d'Ancien Régime ; histoire et lexicographie », *Langue française*, 15, n° 1, 1972, p. 79-104.

9 Paul Erdmann Isert, *Voyages en Guinée et dans les îles Caraïbes en Amérique, op. cit.*, p. 209.

10 Olaudah Equiano, *Ma véridique histoire, op. cit.*, p. 33-34.

11 こうした数字は、1999年からデイヴィッド・エルティス（David Eltis）が構築したもので、« Trans-Atlantic Slave Trade » : http://www.slavevoyages.org/で閲覧できる。

12 Jean-Baptiste Labat, *Nouveau voyage aux isles de l'Amérique, contenant l'histoire naturelle de ces pays, l'origine, les mœurs, la religion et le gouvernement des habitans anciens et modernes, les guerres et les événemens singuliers qui y sont arrivez… le commerce et les manufactures qui y sont établies…*, t. 3, Paris, G. Cavelier, 1722), http://gallica.bnf.fr/ark:/12148/bpt6k74103p.

13 アフリカの奴隷のこと。

14 André João Antonil, *Cultura e opulência do Brasil : por suas drogas e minas com varias noticias curiosas do mdo de fazer o assucar, plantar e beneficiar o tabaco, tirar ouro das minas, descubrir as da prata*, Lisbonne, na Officina real deslandesiana, 1711 ; Paris, IHEAL, 1968, p. 110.

15 *Ibid.*, p. 112

16 *Ibid.*, p. 113

8 Francisco de Anuncibay, « Informe sobre la población indígena de la gobernación de popayán y sobre la necesidad de importar negros para la explotación de sus minas, por el licenciado francisco de anuncibay : año 1592 », *Anuario Colombiano de Historia Social y de la Cultural*, n° 1, 1963, p. 197-208.

結論　奇妙な帝国

1 当時、イベリア半島に住んでいたユダヤ人は、再征服（レコンキスタ）の際にキリスト教に改宗するよう強制されたが、キリスト教徒と区別するために「コンベルソ」と呼ばれた。改宗を拒否した者は排斥され、多くはオランダ（アントウェルペン、アムステルダム）に移住した。

第５章

1 家畜から野生になった動物を意味するスペイン語の形容詞「cimarrón」から。

2 Maurice Burac, *La Barbade. Les mutations récentes d'une île sucrière*, Bordeaux, Presses universitaires de Bordeaux, 1993.

3 Olivier Pétré-Grenouilleau, *Les Traites négrières, op. cit.*, p. 82.

4 Frédéric Mauro, *Le Brésil du XVe à la fin du XVIII*[e] *siècle*, Paris, Société d'édition d'enseignement supérieur, 1977 ; Celso Furtado, *La Formation économique du Brésil. De l'époque coloniale aux temps modernes*, Paris, Publisud, 1998.

5 Maurice Burac, *La Barbade, op. cit.*

6 Abdoulaye Ly, *La Compagnie du Sénégal*, Paris, Présence Africaine, 1958, p. 155-156.

7 Oruno Denis Lara, *De l'oubli à l'histoire. Espace et identité Caraïbes (Guadeloupe, Guyane, Haïti, Martinique)*, Paris, Maisonneuve et Larose, 1998, p. 117.

8 封土の収入は、生産に対して領主が受け取る税ならびに、領主が封土に対して行使する権利のある各種の負担金（裁判、課税など）である。封土は法的意味では所有地ではなかった。

9 自身の身体の所有を出発点とする個人の自由についてのロックの考察は、大西洋の奴隷貿易の発展という背景と切り離しては考えられないだろう。Eleni Varikas, « L'institution embarrassante. Silences de l'esclavage dans la genèse de la liberté moderne », *Raisons politiques*, 2003, n° 11, n° 3, p. 81-96.

10 Luiz Felipe de Alencastro, « Le versant brésilien de l'Atlantique Sud (1550-1850) », *Annales. Histoire, Sciences Sociales*, 61e année, no 2, 2006, p. 339-382.

11 トリニダード・トバゴの首相になった歴史家、エリック・ウィリアムズが1944年に出版した著書『資本主義と奴隷制』が最初の一石を投じた。彼は同書で、資本の本源的蓄積におけるイギリスの植民地主義経済の役割を明らかにしている。同書は、ヨーロッパの内的ダイナミズム、人口面の推進力、ヨーロッパ市場などについて、彼の理論を否定したり、含みをもたせたりする多くの議論を呼んだ。

7 Joseph Ki-Zerbo, *Histoire de l'Afrique noire, d'hier à demain*, Paris, Hachette, 1978, p. 106 et 112.

8 8世紀に教皇ハドリアヌス1世が禁止を宣言した。

9 Roger Botte, « Les réseaux transsahariens de la traite de l'or et des esclaves au haut Moyen Âge (VIIIe - XIe siècle) », art. cité.

10 スワヒリ海岸はフランス語で「Zendjs」と呼ばれるが、この言葉はペルシャ語のZanji-bar（黒い海岸）に由来する。

11 Jacques Annequin, « L'esclavage en Grèce ancienne. Sur l'émergence d'un "fait social total" », *Droits*, n° 50, 2015, p. 3-14.

第３章

1 Cf. notice « Christianisme » par Claude Prudhomme dans le *Dictionnaire des esclavages, op. cit.*

2 Jack Goody, *La Famille en Europe*, Paris, Seuil, 2001. 結婚が秘跡となったのは13世紀以降である。

3 Sanjay Subrahmanyam, *Vasco de Gama. Légende et tribulations du vice-roi des Indes*, Paris, Alma, 2012 et Seuil, « Points Histoire », 2014.

4 Gomes Eanes de Zurara, *Chronique de Guinée (1453)*, traduction et notes de Léon Bourdon, Paris, Chandeigne, 2011.（『大航海時代叢書 第2 西アフリカ航海の記録』「ギネー発見征服誌」長南実訳、岩波書店、1967年）

5 Didier Lahon, « Esclavage et confréries noires au Portugal durant l'Ancien Régime (1441-1830) », thèse de doctorat, École des hautes études en sciences sociales, 2001.

第４章

1 このカピチュレーションとは、王が発見者に授与する委託を意味する。

2 Christophe Colomb, *La Découverte de l'Amérique*, t. 1 : *Journal de bords et autres écrits (1492-1493)*, Paris, La Découverte, 2006.（『コロンブス航海誌』林屋永吉訳、岩波書店、1977年など）

3 Bernard Lavallé in *L'Amérique espagnole. De Colomb à Bolivar*, Paris, Belin, 2004, p. 30.

4 インディアス枢機会議に宛てられた聖職者ガルシア・デ・ロアイサの手紙から。Thomas Gómez, *L'Invention de l'Amérique. Rêve et réalités de la Conquête*, Paris, Aubier, 1992, p. 202-203より引用。

5 もし、ポルトガルが教皇教書「インテル・カエテラ」に基づいた協定を再交渉して、スペインとの境界を数百キロメートル西に移動させなかったら、ブラジルはスペイン領になっていただろう。

6 ポルトガル語のexplorarは探検、開拓の両方を意味する。

7 アウディエンシアは、スペイン王がインディアスに置いた地方政府機関。

を見よ。

6　とりわけ、Olivier Pétré-Grenouilleau, *Qu'est-ce que l'esclavage ? Une histoire globale*, Paris, Gallimard, 2014.

7　Claude Meillassoux, *Anthropologie de l'esclavage. Le ventre de fer et d'argent*, Paris, PUF, 1986.

8　Yann Moulier Boutang, *De l'esclavage au salariat. Économie historique du salariat bridé*, Paris, PUF, 1998.

9　メイヤスーの著作は他の人類学者たちと対立して議論となった。ミエ（Miers）とイゴール・コピトフ（Kopytoff）は、東アフリカの奴隷は家族のなかで他の人と同様に従属する者、つまり家族の一カテゴリーとみなす。メイヤスーの主な主張は、家長権（Patria romaine）に従属する個人の集まりという社会単位としての家族と、人類学的構成としての親族性を区別することにある。言い換えれば、家族のなかで従属する立場は、奴隷制が依拠するところの根本的かつ象徴的な（共同体からの）排除を妨げないとする。

10　Émile Benveniste, *Le Vocabulaire des institutions indo-européennes*, vol. 1 : Économie, parenté, société, Paris, Éditions de Minuit, 1969, p. 324.（『インド＝ヨーロッパ諸制度語彙集 1 経済・親族・社会』蔵持不三也ほか訳、言叢社、1999年）

11　Claude Meillassoux, *Anthropologie de l'esclavage, op. cit.*, p. 114.

12　ところで、自らの再生産のために働く親族や同族の社交性に基づく国内社会の均衡は、必然的に奴隷制によって攪乱される。国内社会は奴隷制を決して常習的に実践しない。集団における非親族の存在は弱体化の要因になるからだ。そのことから、西アフリカ社会において奴隷のカテゴリーは昔から存在していても、国内の論理によって、自発的には発展しなかった。それよりも、地域外の他の社会との相互作用によって発展したのである。他の社会とは、国内社会でなく、氏族戦士、商業都市、帝国といった拡大のダイナミズムに参加した社会である。

第２章

1　François Renault et Serge Daget, *Les Traites négrières en Afrique*, Paris, Karthala, 1985.

2　Salah Trabelsi, « L'esclavage dans l'Orient musulman au Ier/VIIe et IVe/Xe siècles. Quelques brèves mises au point », *Esclavages*, 2010, p. 77-92.

3　Youval Rotman, Les Esclaves et l'esclavage. *De la Méditeranée antique à la Méditeranée médiévale (VIe - XIe siècle)*, Paris, Belles Lettres, 2004.

4　*Ibid.*

5　ガーナ帝国は、紀元前3世紀からワガドゥグー／ワガドゥーという名前で存在したといわれる。「ガーナ」は王を意味する。

6　Roger Botte, « Les réseaux transsahariens de la traite de l'or et des esclaves au haut Moyen Âge (VIIIe - XIe siècle) », *L'Année du Maghreb*, n° VII, 2011, p. 27-59.

原注

序文

1 『ルーツ』は、アメリカのABC局が1977年に放映した歴史的なテレビドラマのミニシリーズ。アレックス・ヘイリーの同名の小説が原作。このシリーズは、18世紀末にガンビアからアメリカに連れていかれた奴隷のクンタ・キンテとその子孫の南北戦争までの人生を描いている。クエンティン・タランティーノ監督の『ジャンゴ 繋がれざる者』は、19世紀のアメリカ南部の逃亡奴隷、ジャンゴの物語。『それでも夜は明ける』は、1853年に出版されたサロモン・ノーサップの自伝を元にしたスティーブ・マックイーン監督の映画。

2 Montesquieu, *De l'Esprit des lois*, livre XV, chap. v, 1748.（『法の精神』野田良之ほか訳、岩波文庫、1989年、第15編第5章）

イントロダクション

1 Colette Guillaumin, *L'Idéologie raciste. Genèse et langage actuel*, Paris, Mouton, 1972.

2 Maurice Tournier, « "Race", un mot qui a perdu la raison », Mots, 32, n ° 1, 1992, p. 105-107.

3 Élie Haddad, « De la terre au sang. L'héritage de la noblesse (xvie-xviiie siècle) », *in* François Dubet (dir.), *Léguer, hériter*, Paris, La Découverte, 2017.

4 Nicolas Bancel, Thomas David et Dominic Thomas, *L'Invention de la race. Représentations scientifiques et populaires de la race, de Linné aux spectacles ethniques*, Paris, La Découverte, 2014.

5 Bruce Baum, *The Rise and Fall of the Caucasian Race : A Political History of Racial Identity*, New York, New York University Press, 2006.

6 *Dictionnaire universel françois et latin, dit Dictionnaire de Trévoux*, 1721のサイトでも閲覧可能。Gallicaの « Nègre » と « Nigritie » の項目を見よ。

第１章

1 Alain Testart, *La Servitude volontaire*, vol. 1 : *Les Morts d'accompagnement*, Paris, Éd. Errance, 2004.

2 Olivier Pétré-Grenouilleau (dir.), *Dictionnaire des esclavages*, Paris, Larousse, 2010.

3 この数字の計算方法には議論があり、いくつかの推定数がある。国際労働機関（ILO）は2016年で2500万人とし、オーストラリアのNGO「Global Slavery Index」は同じ年で4600万人とする。

4 Olivier Pétré-Grenouilleau (dir.), *Dictionnaire des esclavages, op. cit.*

5 Alain Testart, « L'esclavage comme institution », *L'Homme*, t. 8, n° 145, 1998, p. 31-69

républicaine (1860-1930), Paris, PUF, 2006, 338 p.
SAADA Emmanuelle, *Les Enfants de la colonie. Les métis de l'empire français entre sujétion et citoyenneté*, Paris, La Découverte, 2007.
—, « Paternité et citoyenneté en situation coloniale. Le débat sur les "reconnaissances frauduleuses" et la construction d'un droit impérial », *Politix. Revue des sciences sociales du politique*, 2004, vol. 17, n° 66, p. 107-136.
SIBEUD Emmanuelle, *Une science impériale pour l'Afrique ? La construction des savoirs africanistes en France (1878-1930)*, Paris, Éditions de l'EHESS, 2002.
SINGARAVELOU Pierre (dir.), *Les Empires coloniaux (XIXe-XXe siècle)*, Paris, Seuil, « Points Histoire », 2013.
STOLER Ann Laura, *La Chair de l'empire. Savoirs intimes et pouvoirs raciaux en régime colonial*, Paris, La Découverte/Institut Émilie du Châtelet, 2013.（『肉体の知識と帝国の権力――人種と植民地支配における親密なるもの』永渕康之ほか訳、以文社、2010年）
THOMPSON Elizabeth, *Colonial Citizens : Republican Rights, Paternal Privilege, and Gender in French Syria and Lebanon*, New York, Columbia University Press, 2000.

第12章

ALMEIDA-TOPOR Hélène d' et COQUERY-VIDROVITCH Catherine (dir.), *L'Afrique et la crise de 1930 (1924-1938). Actes du colloque organisé à l'Université de Paris VII (9-10 avril 1976)*, Paris, Société française d'histoire d'outre-mer, 1976.
ANDREW Christopher Maurice et KANYA-FORSTNER Alexander Sydney, *The Climax of French Imperial Expansion (1914-1924)*, Stanford, Stanford University Press, 1981.
BONIN Hubert, BOUNEAU Christophe et JOLY Hervé (dir), *Les Entreprises et l'outre-mer français pendant la Seconde Guerre mondiale*, Pessac, Maison des sciences de l'homme d'Aquitaine, 2010.
COOPER Frederick, *Le Colonialisme en question. Théorie, connaissance, histoire, traduit par Christian Jeanmougin*, Paris, Payot, 2010.
FAUVELLE-AYMAR François-Xavier, *Histoire de l'Afrique du Sud*, Paris, Seuil, 2006, 468 p., et « Points Histoire », 2013.
GORDON Linda, *The Second Coming of the KKK : the Ku Klux Klan of the 1920s and the American Political Tradition*, New York, Liveright Publishing Corporation, 2017.
GUERASSIMOFF Éric et MANDE Issiaka (dir.), *Le Travail colonial. Engagés et autres mains-d'œuvre migrantes dans les empires (1850-1950)*, Paris, Riveneuve éditions, 2015.
LAKROUM Monique, *Le Travail inégal. Paysans et salariés sénégalais face à la crise des années 1930*, Paris, L'Harmattan, 1982.
ROSSI Benedetta, *From Slavery to Aid : Politics, Labour, and Ecology in the Nigerien Sahel (1800-2000)*, New York, Cambridge University Press, 2015.

第11章

AMSELLE Jean-Loup et MBOKOLO Elikia (dir.), *Au cœur de l'ethnie. Ethnies, tribalisme et État en Afrique*, Paris, La Découverte, 1985.

BARREYRE Nicolas et SCHOR Paul, *De l'émancipation à la ségrégation. Le sud des États-Unis après la guerre de Sécession (1865-1896)*, Paris, CNED/PUF, 2009.

BECKER Charles, MBAYE Saliou et THIOUB Ibrahima (dir.), *A.-O.F. Réalités et héritages. Sociétés ouest-africaines et ordre colonial (1895-1960)*, Dakar, Direction des archives du Sénégal, 1997, vol. 2.

BROCHEUX Pierre et HEMERY Daniel, *Indochine : la colonisation ambiguë (1858-1954)*, Paris, La Découverte, 1995.

CAPANEMA Silvia, « Race, révolte, république. Les marins brésiliens dans le contexte post-abolitionniste », *Le Mouvement Social*, 2015/3, n° 252, p. 159-176.

COOPER Frederick, *From Slaves to Squatters : Plantation Labor and Agriculture in Zanzibar and Coastal Kenya (1890-1925)*, New Haven, Yale University Press, 1980.

COQUERY-VIDROVITCH Catherine, « Nationalité et citoyenneté en Afrique-Occidentale française. Originaires et citoyens dans le Sénégal colonial », *The Journal of African History*, 2001, vol. 42, n° 2, p. 285-305.

DORNEL Laurent, « Les usages du racialisme. Le cas de la main-d'œuvre coloniale en France pendant la Première Guerre mondiale », *Genèses. Sciences sociales et histoire*, 1995, vol. 20, n° 1, p. 48-72.

FAGE John Donnelly, OLIVER Roland Anthony et ROBERTS Andrew (dir.), *The Cambridge History of Africa. 7, From 1905 to 1940*, Cambridge, Cambridge University Press, 1986.

FALL Babacar, *Le Travail forcé en Afrique-Occidentale française (1900-1946)*, Paris, Karthala, 1993.

ISHEMO Shubi L., « Forced Labour and Migration in Portugal's African Colonies », in *The Cambridge Survey of World Migration*, Cambridge, Cambridge University Press, 1995, p. 162-165.

LE COUR GRANDMAISON Olivier, *De l'indigénat. Anatomie d'un « monstre » juridique. Le droit colonial en Algérie et dans l'empire français*, Paris, Zones, 2010.

LOVEMAN Mara, *National Colors : Racial Classification and the State in Latin America*, Oxford, Oxford University Press, 2014.

MATTOS Hebe, *Les Couleurs du silence. Esclavage et liberté dans le Brésil du XIXe siècle*, Paris CIRESC, Karthala, 2019.

MERLE Isabelle, « De la "légalisation" de la violence en contexte colonial. Le régime de l'indigénat en question », *Politix*, 2004, n° 66, n° 2, p. 137-162.

PELISSIER René, *Naissance de la « Guiné ». Portugais et Africains en Sénégambie (1841-1936)*, Orgeval, Pélissier, 1989.

REYNAUD PALIGOT Carole, *La République raciale. Paradigme racial et idéologie*

XXe siècles, 1 : La Crise du système esclavagiste (1835-1847), Paris, L'Harmattan, 1980.

SCOTT Rebecca Jarvis (dir.), *Societies After Slavery : a Select Annotated Bibliography of printed Sources on Cuba, Brazil, British Colonial Africa, South Africa, and the British West Indies*, Pittsburgh, University of Pittsburgh Press, 2002.

THIBAUD Clément (dir.), *Race et Citoyenneté. Une perspective américaine (fin XVIIIe-XIXe siècle)*, Paris, La Découverte, 2015.

第10章

ANDREWS George Reid, *Afro-Latinoamérica (1800-2000)*, Oxford/Madrid/Francfort-sur-le-Main, Oxford University Press, 2007.

BERNARDINI Jean-Marc, *Le Darwinisme social en France (1859-1918)*. Fascination et rejet d'une idéologie, Paris, CNRS éditions, 1997.

BLANCKAERT Claude (dir.), *Des sciences contre l'homme*, Paris, Autrement, 1993, vol. 2.

BONIN Hubert, HODEIR Catherine et KLEIN Jean-François (dir.), *L'Esprit économique impérial (1830-1970). Groupes de pression et réseaux du patronat colonial en France et dans l'empire*, Paris, Publications de la SFHOM, 2008.

COOPER Frederick et STOLER Ann Laura (dir.), *Tensions of Empire : Colonial Cultures in a Bourgeois World*, Berkeley, University of California Press, 1997.

COSTA Emília Viotti da, *Da senzala à colônia*, São Paulo, Editora UNESP, 2016 (1966).

FLORY Céline, *De l'esclavage à la liberté forcée. Histoire des travailleurs africains engagés dans la Caraïbe française au XIXe siècle*, Paris, Karthala, Société des africanistes, 2015.

FREDJ Claire, « Des *coolies* pour l'Algérie ? L'Afrique du Nord et le travail engagé (1856-1871) », *Revue d'histoire moderne contemporaine*, 2016, n° 63-2, p. 62-83.

HOBSBAWM Eric John, *L'Ère des empires (1875-1914)*, Paris, Fayard, 2007 (1987).（『帝国の時代１・２　1875-1914』野口建彦、野口照子訳、みすず書房、1993-1998年）

KITOUNI Hosni, *Le Désordre colonial. L'Algérie à l'épreuve de la colonisation de peuplement*, Paris, L'Harmattan, 2018.

LOOK LAI Walton et MINTZ Sidney Wilfred, *Indentured Labor, Caribbean Sugar. Chinese and Indian Migrants to the British West Indies (1838-1918)*, Baltimore/Londres, Johns Hopkins University Press, 1993.

LOVEJOY Paul Ellsworth, *Transformations in Slavery : a History of Slavery in Africa*, Cambridge, Cambridge University Press, 2000.

OUALDI M'hamed, « Esclaves et maîtres ? Les Mamelouks au service des beys de Tunis du milieu du XVIIe siècle au début des années 1880 », *Esclavages*, 2010, p. 93-108.

SCHMIDT Nelly, *L'Engrenage de la liberté. Caraïbes (XIXe siècle)*, Aix-en-Provence, Publications de l'Université de Provence, 1995.

STANZIANI Alessandro, *Labor on the Fringes of Empire : Voice, Exit and the Law*, Cham, Palgrave Macmillan, 2018.

GOMEZ Alejandro, MORELLI Federica et THIBAUD Clément, *L'Atlantique révolutionnaire, une perspective ibéro-américaine*, Bécherel, Les Perséides, 2013.

LARCHER Silyane, *L'Autre Citoyen. L'idéal républicain et les Antilles après l'esclavage*, Paris, Armand Colin, 2014.

LE GLAUNEC Jean-Pierre et TROUILLOT Lyonel, *L'Armée indigène. La défaite de Napoléon en Haïti*, Montréal, Lux éditeur, 2014.

REGENT Frédéric, « Préjugé de couleur, esclavage et citoyennetés dans les colonies françaises (1789-1848) », *La Révolution française. Cahiers de l'Institut d'histoire de la Révolution française*, 2015, n° 9, en ligne.

ROSSIGNOL Marie-Jeanne, « Les Noirs libres et la citoyenneté américaine dans le Nord-Ouest des États-Unis (1787-1830) », *Le Mouvement social*, octobre 2015/3, n° 252, p. 113-135.

SEPINWALL Alyssa Goldstein, *L'Abbé Grégoire et la Révolution française. Les origines de l'universalisme moderne*, Bécherel, Les Perséides, 2008.

第9章

BENOT Yves, DESNE Roland et DORIGNY Marcel, *Les Lumières, l'Esclavage, la Colonisation*, Paris, La Découverte, 2012.

BERNON Thomas, « La science des races. La Société ethnologique de Paris et le tournant colonial (1839-1848) », *La Révolution française. Cahiers de l'Institut d'histoire de la Révolution française*, 13 décembre 2018, n° 15.

DORON Claude-Olivier, *L'Homme altéré. Races et dégénérescence (XVIIe-XIXe siècle)*, Ceyzérieu/Paris, Champ Vallon, 2016.

DRESCHER Seymour et ENGERMAN Stanley L., *From Slavery to Freedom : Comparative Studies in the Rise and Fall of Atlantic Slavery*, Houndmills/Basingstoke, Macmillan, 1999.

ENFANTIN Barthélémy-Prosper, *Colonisation de l'Algérie*, Paris, P. Bertrand libraire, 1843.

HALL Catherine, *Civilising Subjects : Metropole and Colony in the English Imagination (1830-1867)*, Chicago, University of Chicago Press, 2002.

HOLT Thomas Cleveland, *The Problem of Freedom : Race, Labor, and Politics in Jamaica and Britain (1832-1938)*, Baltimore, Johns Hopkins University Press, 1992.

KHALFOUNE Tahar et MEYNIER Gilbert, *Histoire de l'Algérie à la période coloniale (1830-1962)*, Paris, La Découverte, 2012.

MOTYLEWSKI Patricia, *La Société française pour l'abolition de l'esclavage (1834-1850)*, Paris, L'Harmattan, 1998.

SCHMIDT Nelly, *Abolitionnistes de l'esclavage et réformateurs des colonies (1820-1851)*. Analyse et documents, Paris, Karthala, 2001.

SCHNAKENBOURG Christian, *Histoire de l'industrie sucrière en Guadeloupe aux XIXe et*

Actes de la table ronde internationale de Port-au-Prince, 8 au 10 décembre 1997, Paris, Karthala, 2000.

JAMES Cyril Lionel Robert, *Les Jacobins noirs. Toussaint Louverture et la révolution de Saint-Domingue*, Paris, Gallimard, 1949, 364 p. ; Paris, Éditions Amsterdam, 2008.（『ブラック・ジャコバン――トゥサン＝ルヴェルチュールとハイチ革命』青木芳夫監訳、大村書店、2002年）

LARA Oruno Denis, *Révolutions Caraïbes. Les premières lueurs (1759-1770)*, Paris, L'Harmattan, 2015.

MORGAN Kenneth, « Slave Women and Reproduction in Jamaica, c. 1776-1834 », *History*, 2006, vol. 91, n° 302, p. 231-253.

OUDIN-BASTIDE Caroline et STEINER Philippe, *Calcul et Morale. Coûts de l'esclavage et valeur de l'émancipation (XVIIIe-XIXe siècle)*, Paris, Albin Michel, 2015.

SCOTT Julius Sherrard et REDIKER Marcus, *The Common Wind : Afro-American Currents in the Age of the Haitian Revolution*, Londres, Verso, 2018.

SEBASTIANI Silvia, « L'Amérique des Lumières et la hiérarchie des races », *Annales. Histoire, Sciences Sociales*, 2012, 67e année, n° 2, p. 327-361.

TADMAN Michael, « The Demographic Cost of Sugar : Debates on Slave Societies and Natural Increase in the Americas », *The American Historical Review*, 2000, vol. 105, n° 5, p. 1534-1575.

第８章

BENOT Yves et DORIGNY Marcel (dir.), *Rétablissement de l'esclavage dans les colonies françaises, 1802. Ruptures et continuités de la politique coloniale française (1800-1830). Aux origines d'Haïti. Actes du colloque international tenu à l'université de Paris VIII les 20, 21 et 22 juin 2002*, Paris, Maisonneuve et Larose, 2003.

BENOT Yves et DORIGNY Marcel, *La Démence coloniale sous Napoléon*, Paris, La Découverte, 2006.

BERTRAND Michel, GONCALVES Dominique, *Le Planteur et le Roi. L'aristocratie havanaise et la Couronne d'Espagne (1763-1838)*, Madrid, Casa de Velázquez, 2008.

BOURHIS-MARIOTTI Claire, DORIGNY Marcel et GAINOT Bernard (dir.), *Couleurs, Esclavages, Libérations coloniales (1804-1860). Réorientation des empires, nouvelles colonisations, Amériques, Europe, Afrique*, Bécherel, Les Perséides, 2013.

BROWN Vincent, *The Reaper's Garden : Death and Power in the World of Atlantic Slavery*, Cambridge (Mass.), Harvard University Press, 2008.

DORIGNY Marcel et GAINOT Bernard (dir.), *La Colonisation nouvelle (fin XVIIIe-début XIXe siècle)*, Paris, SPM, 2018.

DORIGNY Marcel (dir.), *Haïti, première République noire*, Saint-Denis, Publications de la Société française d'histoire d'outre-mer, 2007.

DORLIN Elsa, *La Matrice de la race*, Paris, La Découverte, 2016.

démographie historique, 2011/2, n° 122, p. 41-67.

COWLING Camillia, PATON Diana, MACHADO Maria Helena Pereira Toledo et WEST Emily (dir.), *Mothering Slaves : Motherhood, Childlessness and the Care of Children in Atlantic Slave Sociaties : Special Issue, Abington*, Taylor & Francis, 2017, 440 p.

GAUTIER Arlette, *Les Sœurs de Solitude. La condition féminine dans l'esclavage aux Antilles du XVIIe au XIXe siècle*, Paris, Éditions Caribéennes, 1985.

LARA Oruno Denis, *Caraïbes en construction. Espace, colonisation, résistance*, Épinay-sur-Seine, Éditions du CERCAM, 1992, 36 p.

—, *De l'oubli à l'histoire. Espace et identité Caraïbes (Guadeloupe, Guyane, Haïti, Martinique)*, Paris, L'Harmattan, 2015, 348 p.

MATTOSO Katia Mytilineou de Queirós, *Être esclave au Brésil (XVIe-XIXe siècles)*, Paris, L'Harmattan, 1995, 331 p.

MORGAN Jennifer L., *Laboring Women : Reproduction and Gender in New World Slavery*, Philadelphie, University of Pennsylvania Press, 2004.

OUDIN-BASTIDE Caroline, *Travail, capitalisme et société esclavagiste. Guadeloupe, Martinique (XVIIe-XIXe siècle)*, Paris, La Découverte, 2005.

REGENT Frédéric, *Les Maîtres de la Guadeloupe. Propriétaires d'esclaves (1635-1848)*, Paris, Tallandier, 2019, 426 p.

RUGGIU François-Joseph et VIDAL Cécile (dir.), *Sociétés, colonisations et esclavages dans le monde atlantique. Historiographie des sociétés américaines des XVIe-XIXe siècles*, Bécherel, Les Perséides, 2009, 345 p.

SARAIVA Antonio, « Le père Antonio Vieira S. J. et la question de l'esclavage des Noirs au XVIIe siècle », *Annales*, 1967, vol. 22, p. 1289-1309.

SAVAGE John, « "Black Magic" and White Terror : Slave Poisoning and Colonial Society in Early 19th Century Martinique », *Journal of Social History*, 5 avril 2007, vol. 40, n° 3, p. 635-662.

TARDIEU Jean-Pierre, *Esclaves et Affranchis dans la vice-royauté du Pérou. L'impossible vie affective et sexuelle (XVIe-XVIIIe siècle)*, Paris, L'Harmattan, 2017, 148 p.

TURNER Sasha, *Contested Bodies : Pregnancy, Childrearing, and Slavery in Jamaica*, Philadelphie, University of Pennsylvania Press, 2017, 328 p.

ZUÑIGA Jean-Paul, « La voix du sang. Du métis à l'idée de métissage en Amérique espagnole », *Annales*, 1999, vol. 54, p. 425-452.

第７章

CELIMENE Fred et LEGRIS André, *L'Économie de l'esclavage colonial. Enquête et bilan du XVIIe au XIXe siècle*, Paris, CNRS, 2002.

GARRIGUS J., *Before Haiti : Race and Citizenship in French Saint-Domingue*, Springer, Palgrave MacMillan, 2006.

HURBON Laënnec (dir.), *L'Insurrection des esclaves de Saint-Domingue (22-23 août 1791)*.

BEGOT Danielle (dir.), *La Plantation coloniale esclavagiste (XVIIe-XIXe siècle). Actes du 127e congrès national des sociétés historiques et scientifiques, Nancy, 2002*, Paris, Éditions du CTHS, 2008.

BLACKBURN Robin, *The Making of New World Slavery : From the Baroque to the Modern (1492-1800)*, Londres, Verso, 1997.

CURTIN Philip D, *The Rise and Fall of the Plantation Complex : Essays in Atlantic History*, Cambridge/New York, Cambridge University Press, 1990.

DOCKES Pierre, *Le Sucre et les Larmes. Bref essai d'histoire et de mondialisation*, Paris, Descartes & Cie, 2009.

ELTIS David et ENGERMAN Stanley L. (dir.), *The Cambridge World History of Slavery (AD 1420-AD 1804)*, vol. 3, Cambridge, Cambridge University Press, 2011.

HEYWOOD Linda Marinda, *Njinga. Histoire d'une reine guerrière (1582-1663)*, traduit par Philippe Pignarre, Paris, La Découverte, 2018.

KLEIN Herbert S. et VINSON Ben III, *African Slavery in Latin America and the Caribbean*, Oxford, Oxford University Press, 2007.

KOOT Christian J., *Empire at the Periphery : British Colonists, Anglo-Dutch Trade, and the Development of the British Atlantic (1621-1713)*, New York, New York University Press, 2011.

MINTZ Sidney Wilfred, *Esclave = (égal) facteur de production. L'Économie politique de l'esclavage*, Paris, Dunod, 1981.

REDIKER Marcus, *À bord du négrier. Une histoire atlantique de la traite*, Paris, Seuil, 2013 ; « Points Histoire », 2017.（『奴隷船の歴史』上野直子訳、みすず書房、2016年）

SCHWARTZ Stuart B., *Sugar Plantations in the Formation of Brazilian Society : Bahia (1550-1835)*, Cambridge, Cambridge University Press, 1985.

THOMPSON Vincent Bakpetu, *The Making of the African Diaspora in the America (1441-1900)*, Harlow/New York, Longman, 1987.

THORNTON John K., « Les États de l'Angola et la formation de Palmares (Brésil) », *Annales. Histoire, Sciences Sociales*, 2008, 63e année, n° 4, p. 769-797.

WALLERSTEIN Immanuel, *Le Mercantilisme et la Consolidation de l'économie-monde européenne (1600-1750)*, Paris, Flammarion, 1985.（『近代世界システム２——重商主義と「ヨーロッパ世界経済」の凝集』川北稔訳、名古屋大学出版会、2013年）

第６章

BOULLE Pierre H., « La construction du concept de race dans la France d'Ancien Régime », *Outre-Mers. Revue d'histoire*, 2002, vol. 89, n° 336, p. 155-175.

CLARK Emily et VIDAL Cécile, « Famille et esclavage à la Nouvelle-Orléans sous le régime français (1699-1769) », *Annales de démographie historique*, 2011/2, n° 122, p 99-126.

COUSSEAU Vincent, « La famille invisible. Illégitimité des naissances et construction des liens familiaux en Martinique (XVIIe siècle-début du XIXe siècle) », *Annales de*

Documentary History, Cambridge, Cambridge University Press, 2010.

VINCENT Bernard, « L'esclavage dans la péninsule Ibérique à l'époque moderne », *Esclavages*, 2010, p. 67-75.

ZURARA Gomes Eanes de, *Chronique de Guinée (1453)*, éd. par PAVIOT Jacques et RICARD Robert, Paris, Chandeigne, 2011, 588 p.（『大航海時代叢書 第1期2 西アフリカ航海の記録』「ギネー発見征服誌」長南実訳、岩波書店、1967年）

第4章

ALENCASTRO Luiz Felipe de, « Le versant brésilien de l'Atlantique-Sud (1550-1850) », *Annales. Histoire, Sciences Sociales*, 2006, 61e année, n° 2, p. 339-382.

BERTRAND Michel et PLANAS Natividad (dir.), *Les Sociétés de frontière. De la Méditerranée à l'Atlantique (XVIe-XVIIIe siècle)*, Madrid, Casa de Velázquez, 2017.

CHAUNU Pierre, *Conquête et exploitation des nouveaux mondes (XVIe siècle)*, Paris, PUF, 2010, vol. 1.

EMMER Pieter Cornelis, POTON DE XAINTRAILLES Didier et SOUTY François (dir.), *Les Pays-Bas et l'Atlantique (1500-1800)*, Rennes, Presses universitaires de Rennes, 2009, 269 p.

FUENTE Alejandro de la, *Havana and the Atlantic in the Sixteenth Century*, Chapell Hill, University of North Carolina Press, 2011, 305 p.

GOMEZ Thomas, *L'Invention de l'Amérique. Rêve et réalités de la Conquête*, Paris, Aubier, 1992.

GREEN Toby, *The Rise of the Trans-Atlantic Slave Trade in Western Africa (1300-1589)*, New York, Cambridge University Press, 2012.

MAURO Frédéric, *Le Brésil du XVe à la fin du XVIIIe siècle*, Paris, Société d'édition d'enseignement supérieur, 1997 (1977).

—, et SERRÃO Joaquim Veríssimo, *Études économiques sur l'expansion portugaise (1500-1900)*, Paris, Fundação Calouste Gulbenkian/Centro cultural português, 1970.

MENDES António de Almeida, « Les réseaux de la traite ibérique dans l'Atlantique Nord (1440-1640) », *Annales. Histoire, Sciences Sociales*, 63e année, n° 4, p. 739-768.

SILVA Filipa Ribeiro da, *Dutch and Portuguese in Western Africa : Empires, Merchants and the Atlantic System (1580-1674)*, Leiden, Brill, 2011.

STELLA Alessandro, *Histoires d'esclaves dans la péninsule Ibérique*, Paris, Editions de l'EHESS, 2000.

WALLERSTEIN Immanuel, *Le Système du monde du XVe siècle à nos jours, vol. 1, Capitalisme et économie mondiale, 1410-1640*, Paris, Flammarion, 1980.（『近代世界システム1 ——農業資本主義と「ヨーロッパ世界経済」の成立』川北稔訳、名古屋大学出版会、2013年）

第5章

siècle, Paris, Hatier-AUF, 2008, 496 p.

OUERFELLI Mohamed, « La production du sucre en Méditerranée médiévale. Peut-on parler d'un système esclavagiste ? », *Rives méditerranéennes*, 31 décembre 2016, n° 53, p. 41-59.

ROTMAN Youval, *Les Esclaves et l'Esclavage. De la Méditerranée antique à la Méditerranée médiévale (VIe-XIe siècle)*, Paris, Les Belles Lettres, 2004, 403 p.

SIMONIS Francis, « L'Empire du Mali d'hier à aujourd'hui », *Cahiers d'histoire. Revue d'histoire critique*, 2015, n° 128, p. 71-86.

TRABELSI Salah, *L'Esclavage dans l'Orient musulman au Ier/VIIe et IVe/Xe siècles. Quelques brèves mises au point*, Paris, Karthala, 2015.

第３章

BARTHELEMY Dominique, « Qu'est-ce que le servage, en France, au XIe siècle ? », *Revue historique*, 1992/2, n° 582, p. 233-284.

BLOCH Marc, « Comment et pourquoi finit l'esclavage antique ? », *Annales*, 1947, vol. 2, n° 1, p. 30-44.

BONNASSIE Pierre, « Survie et extinction du régime esclavagiste dans l'Occident du haut Moyen Âge (IVe-XIe siècle) », *Cahiers de civilisation médiévale*, 1985, vol. 28, n° 112, p. 307-343.

BOURDEU Étienne, GAUDIN Guillaume, GIRARD Pascale, MENDES António de Almeida, MUCHNIK Natalia et PLANAS Natividad, *La Péninsule Ibérique et le monde (1470-1650)*, Neuilly-sur-Seine, Atlande, 2014.

BRESC Henri (dir.), *Figures de l'esclave au Moyen Âge et dans le monde moderne. Actes de la table ronde organisée les 27 et 28 octobre 1992*, Paris, L'Harmattan, 1996.

FEJIć Nenad, *L'Esclavage et le Discours antiesclavagiste au bas Moyen Âge. Quelques exemples du monde méditerranéen*, Paris, Éd. du CTHS, 2002.

FELLER Laurent, « Liberté et servitude en Italie centrale (VIIIe-Xe siècle) », *Mélanges de l'École française de Rome*, 2000/2, vol. 112, p. 511-533.

GOETZ Hans-Werner, « Serfdom and the Beginnings of a "Seigneurial System" in the Carolingian Period : a Survey of the Evidence », *Early Medieval Europe*, 1993, vol. 2, n° 1, p. 29-51.

LAHON Didier, *Esclavage et Confréries noires au Portugal durant l'Ancien Régime (1441-1830)*, Paris, Atelier national de reproduction des thèses, 2005.

MENDES António de Almeida, « Le Portugal et l'Atlantique. Expansion, esclavage et race en perspective (XIVe-XVIe siècle) », *Rives méditerranéennes*, 2016, n° 53, p. 139-157.

—, *Esclavages et traites ibériques entre Méditerranée et Atlantique (XVe-XVIIe siècle). Une histoire globale*, Paris, A.N.R.T., Université de Lille-III, 2016.

NEWITT Malyn Dudley Dunn (dir.), *The Portuguese in West Africa (1415-1670) : a*

参考文献

本文において直接使用した引用または参照以外にも、本書は多数の文献に基づいています。フランス語または英語で読むことのできる、それらの文献の主なものをここに挙げます。網羅的リストではありませんが、各章で扱ったテーマを掘り下げることを望む読者の方々への手がかりになりうるでしょう。［オレリア・ミシェル］

第１章

COTTIAS Myriam, MEILLASSOUX Claude, STELLA Alessandro et VINCENT Bernard, *Esclavage et dépendances serviles. Histoire comparée*, Paris, L'Harmattan, 2006, 406 p.

FINLEY Moses I., *Esclavage antique et idéologie moderne*, traduit par Denise Fourgous, Paris, Éditions de Minuit, 1981, 212 p.

ISMARD Paulin, *La Cité et ses esclaves. Institution, fictions, expériences*, Paris, Seuil, 2019, 378 p.

MEILLASSOUX Claude, *L'Esclavage en Afrique précoloniale*, Paris, François Maspero, 1975, 582 p.

MIERS Suzanne et KOPYTOFF Igor, *Slavery in Africa : Historical and Anthropological Perspectives*, Madison, University of Wisconsin Press, 1977, XVII + 474 p.

PATTERSON Orlando, *Slavery and Social Death : A Comparative Study*, Harvard University Press, Cambridge Mass, 1982, 511 p.（『世界の奴隷制の歴史』奥田暁子訳、明石書店、2001年）

TESTART Alain, *L'Institution de l'esclavage. Une approche mondiale*, Paris, Gallimard, 2018, 368 p.

第２章

AGUT-LABORDERE Damien, BARBAZA Michel et BAHUCHET Serge, *L'Afrique ancienne. De l'Acacus au Zimbabwe (20 000 avant notre ère-XVIIe siècle)*, Paris, Belin, 2018, 678 p.

BOTTE Roger, « Les réseaux transsahariens de la traite de l'or et des esclaves au haut Moyen Âge (VIIIe-XIe siècle) », *L'Année du Maghreb*, 2011, VII, p. 27-59.

GUILLEN P. Fabienne et TRABELSI Salah (dir.), *Les Esclavages en Méditerranée. Espaces et dynamiques économiques*, Madrid, Casa de Velázquez, 2012, 245 p.

HEERS Jacques, *Esclaves et domestiques au Moyen Âge dans le monde méditerranéen*, Paris, France, Fayard, 1981, 296 p.

——, *Les Négriers en terres d'islam. La première traite des noirs (VIIe-XVIe siècle)*, Paris, Perrin, 2008, 318 p.

MBOKOLO Elikia, *Afrique noire. Histoire et civilisation, tome 1 : Des origines au XVIIIe*

オレリア・ミシェル（Aurélia Michel）　著

1975年生まれ。ブラック・アメリカを専門とする歴史家。パリ・シテ大学で准教授を務めるとともに、アフリカ・アメリカ・アジア世界社会科学研究所(CESSMA)の研究者。テレビの文化局「アルテ」で2018年に放映されたドキュメンタリー映画「奴隷制のルート（Les Routes de l'esclavage)」の脚本作成に参加。

児玉しおり（こだま・しおり）　訳

神戸市外国語大学英米学科、神戸大学文学部哲学科卒業。1989年に渡仏し、パリ第3大学現代仏文学修士課程修了。パリ郊外在住の翻訳家。訳書に『世界を分断する「壁」』（アレクサンドラ・ノヴォスロフ著、原書房)、『レアメタルの地政学』（ギヨーム・ピトロン著、原書房）などがある。

中村隆之（なかむら・たかゆき）　解説

早稲田大学法学学術院准教授。東京外国語大学大学院博士後期課程修了。フランス語圏を中心とする環大西洋文学、広域アフリカ文化研究、批評と翻訳。著書に『第二世界のカルトグラフィ』(共和国)、『魂の形式　コレット・マニー論』(カンパニー社)、『野蛮の言説』（春陽堂書店）などがある。

世界人権問題叢書 104
黒人と白人の世界史
——「人種」はいかにつくられてきたか

2021 年 10 月 25 日　初版第 1 刷発行
2022 年 11 月 15 日　初版第 4 刷発行

著　者　オレリア・ミシェル
訳　者　児玉しおり
解　説　中村隆之
発行者　大江道雅
発行所　株式会社明石書店
〒 101-0021 東京都千代田区外神田 6-9-5
電話 03（5818）1171
FAX03（5818）1174
振替　00100-7-24505
https://www.akashi.co.jp/
装丁　明石書店デザイン室
印刷／製本　モリモト印刷株式会社

（定価はカバーに表示してあります）　ISBN: 978-4-7503-5230-5

アメリカの奴隷制と黒人 五世代にわたる捕囚の歴史
明石ライブラリー 115　アイラ・バーリン著　落合明子、大類久恵、小原豊志訳　◎6500円

ハリエット・ジェイコブズ自伝 女・奴隷制・アメリカ
ハリエット・ジェイコブズ著　小林憲二編訳　◎5500円

アメリカ黒人女性とフェミニズム ベル・フックスの「私は女ではないの?」
世界人権問題叢書 73　ベル・フックス著　大類久恵監訳　柳沢圭子訳　◎3800円

世界を動かす変革の力 ブラック・ライブズ・マター共同代表からのメッセージ
アリシア・ガーザ著　人権学習コレクティブ監訳　◎2200円

20世紀のアメリカ黒人指導者
明石ライブラリー 76　J・H・フランクリン、A・マイヤー編　大類久恵、落合明子訳　◎7800円

ブラジルの人種的不平等 多人種国家における偏見と差別の構造
世界人権問題叢書 74　エドワード・E・テルズ著　伊藤秋仁、富野幹雄訳　◎5200円

ハーレム・ルネサンス 〈ニュー・ニグロ〉の文化社会批評
松本昇監修　深瀬有希子、常山菜穂子、中垣恒太郎編著　◎7800円

ブラック・ブリティッシュ・カルチャー 英国に挑んだ黒人表現者たちの声
臼井雅美著　◎3600円

アメリカの歴史を知るための65章【第4版】
エリア・スタディーズ 10　富田虎男、鵜月裕典、佐藤円編著　◎2000円

現代アメリカ社会を知るための63章【2020年代】
エリア・スタディーズ 184　明石紀雄監修　大類久恵、落合明子、赤尾千波編著　◎2000円

人間狩り 狩猟権力の歴史と哲学
グレゴワール・シャマユー著　平田周、吉澤英樹、中山俊訳　◎2400円

白から黄色へ ヨーロッパ人の人種思想から見た「日本人」の発見 1300年〜1735年
ロテム・コーネル著　滝川義人訳　◎7000円

ナイス・レイシズム なぜリベラルなあなたが差別するのか?
ロビン・ディアンジェロ著　甘糟智子訳　出口真紀子解説　◎2500円

ホワイト・フラジリティ 私たちはなぜレイシズムに向き合えないのか?
ロビン・ディアンジェロ著　貴堂嘉之監訳　上田勢子訳　◎2500円

日常生活に埋め込まれたマイクロアグレッション 人種、ジェンダー、性的指向：マイノリティに向けられる無意識の差別
デラルド・ウィン・スー著　マイクロアグレッション研究会訳　◎3500円

無意識のバイアス 人はなぜ人種差別をするのか
ジェニファー・エバーハート著　山岡希美訳　高史明解説　◎2600円

〈価格は本体価格です〉